高职高专“十三五”规划教材 · 市场营销系列

广告策划实务

邱小平 编著

机械工业出版社
CHINA MACHINE PRESS

图书在版编目（CIP）数据

广告策划实务 / 邱小平编著．—北京：机械工业出版社，2017.4（2023.2 重印）
（高职高专“十三五”规划教材·市场营销系列）

ISBN 978-7-111-56530-7

Ⅰ. 广…　Ⅱ. 邱…　Ⅲ. 广告学－高等职业教育－教材　Ⅳ. F713.81

中国版本图书馆 CIP 数据核字（2017）第 056880 号

本书从高职高专“广告策划”课程的教学要求和特点出发，系统地介绍了广告策划的基本理论、广告策划实务的主要内容。本书有许多小知识、小案例、小思考以及训练与练习等，互动性很强；每章末尾的相应习题、案例分析以及实训应用，能帮助学生更好地掌握理论知识，提高实践能力。

本书适合高职高专市场营销专业以及经济管理类相关专业的老师与学生作为教材使用，也适用于从事广告策划的实际工作者。

出版发行：机械工业出版社（北京市西城区百万庄大街 22 号　邮政编码：100037）

责任编辑：孟宪勐　　责任校对：殷　虹

印　　刷：北京建宏印刷有限公司　　版　　次：2023 年 2 月第 1 版第 8 次印刷

开　　本：170mm×242mm　1/16　　印　　张：16.75

书　　号：ISBN 978-7-111-56530-7　　定　　价：35.00 元

客服电话：（010）88361066　68326294

前言

作者结合教育部和财政部联合发布的《教育部财政部关于实施国家示范性高等职业院校建设计划加快高等职业教育改革与发展的意见》的精神，根据培养高等技术型人才的实际需要，改革课程教学内容，紧密结合广告活动实际，体现岗位技术要求，以努力成为促进学生实践操作能力培养的优质核心课程并具有高职特色的优质教材为目标，对本书进行了认真的编写。

本书结合高职高专人才培养规格，以就业为导向，结合广东地区的经济发展，突出广东特色，同时兼顾全国范围的通用性；结合教学方法的改革实践及相关的考核；打破传统的以学科体系来编写教材的模式，理论以够用、实用为度，突出课程实际能力培养；强调实际操作能力的培养和职业素质的培养，突出“走向职业化”的特色，结合职业技能和资格证书的获取所需要具备的知识与能力的要求，构建内容体系。以企业管理类学生所需要的岗位和岗位群能力为导向，构建起较完整的内容体系。本书图、表、案例丰富，文笔简明，是一本易读易学的实用教材。

本书共分10个项目，包括：建立现代的广告主题理念、分析广告决策因素、分析广告信息主体因素、分析广告目标受众的心理、确立广告主题、建立和运用广告创意理念、思考广告创意、表现广告创意、广告投放策略和测定广告效果。

本书由广东农工商职业技术学院企业管理（市场营销）副教授邱小平编撰，由广东农工商职业技术学院杨群祥教授审稿，由“高职高专经管旅游类教学改革规划教材编委会”审定。

本书在撰写过程中得到了广东农工商职业技术学院杨群祥教授的精心指导和有力的支持；机械工业出版社的编辑也给予了大力支持。本书还参阅了许多学者的最新研究成果和案例，在此一并表示衷心的感谢！

邱小平

2016年10月

教学建议

本课程是一门实用性很强的课程，在教学过程中应多结合实际的案例进行教学。另外，根据高职教育的要求，在组织教学的过程中还应多结合高职教育的特点组织教学。

在教学过程中建议做到：

（1）基于工作过程组织教学内容体系。根据广告公司在实际开展广告策划活动时的基本程序，组织教学内容，进行专项能力的培养。

（2）以项目导向、任务驱动的方式组织教学。

（3）多采用工学结合的模式强化实践能力的培养。

在教学内容的组织上，以课程能力培养为宗旨，紧密结合广告公司实际，体现岗位能力的要求，以促进学生实践操作能力的培养为目标，将课程的教学内容分解为10个主要能力方面组织教学内容，包括建立现代广告主题理念能力、广告决策因素分析能力、广告信息主体分析能力、广告目标对象分析能力、广告主题确立能力、广告创意理念建立和运用能力、广告创意思考能力、广告创意表现能力、广告投放策划能力、广告效果测定能力。

以项目导向、任务驱动模式组织的整体教学内容

教学项目	教学任务		主要能力培养	学时安排	考核方式
项目1 建立现代的广告主题理念	任务1	明确广告主题的基本理念	建立现代广告主题理念能力	6	考试&报告
	任务2	掌握广告主题的基本理论			
项目2 分析广告决策因素	任务1	认识广告决策因素的要义和内容	广告决策因素分析能力	10	考试&报告
	任务2	掌握主要广告决策因素的分析			
	任务3	广告决策因素的把握			
项目3 分析广告信息主体因素	任务1	掌握广告信息主体的意义	广告信息主体分析能力	8	考试&报告
	任务2	掌握广告信息主体分析的策略			

（续）

教学项目	教学任务		主要能力培养	学时安排	考核方式
项目 4 分析广告目标受众的心理	任务 1	建立广告目标受众心理分析的基本理念	广告目标对象分析能力	4	考试 & 报告
	任务 2	广告目标对象的社会阶层心理分析			
	任务 3	广告目标对象的年龄阶层心理分析			
	任务 4	广告目标受众的一些其他心理分析与广告运用			
项目 5 确立广告主题	任务 1	确立广告目标	广告主题确立能力	6	考试 & 报告
	任务 2	确立广告主题			
	任务 3	掌握广告主题确立的要求			
项目 6 建立和运用广告创意理念	任务 1	建立广告创意的理念	广告创意理念建立和运用能力	6	考试 & 报告
	任务 2	运用广告创意主要的经典理论			
项目 7 思考广告创意	任务 1	运用广告创意的思维方式	广告创意思考能力	6	报告
	任务 2	运用创造性思维的基本方法			
项目 8 表现广告创意	任务 1	学习和运用广告创意表现的理念	广告创意表现能力	4	报告
	任务 2	广告创意的表现形式			
	任务 3	广告创意表现的确定			
项目 9 广告投放策略	任务 1	确定广告媒体投放的基本思路	广告投放策划能力	2	报告
	任务 2	选择合适的媒体进行广告投放			
	任务 3	广告投放策略策划			
项目 10 测定广告效果	任务 1	建立基本的广告效果测定理念	广告效果测定能力	2	考试 & 报告
	任务 2	广告心理沟通效果测定			
	任务 3	广告经济效果测定			
	任务 4	广告社会综合效果测定			
合计				54	

具体的教学方法建议：

（1）采用角色扮演的方式，增强教学效果。主讲教师以广告公司经理人、学生以广告公司部门员工的角色，进行情景模拟，融会贯通所需掌握的理论和实际能力的要求。例如，在“确立广告主题”项目的教学中，学生作为广告公司策划设计部门或小组的人员，对客户所委托的广告项目的市场环境和条件进行分析并设计确立广告主题。

（2）采用分组讨论的方式。分学习小组介绍方案，其他同学也作为参与人员进行讨论分析设定，最后老师作为“经理人”进行评价确定。

（3）现场实境教学法。带领学生深入实际市场环境开展实地的广告市场调研，老师负责指导和问题的解答。例如，在“测定广告效果”项目的教学中，学生作为广告公司的调研部门人员，对客户所委托的调研项目进行实地的广告效果调研。

建议改革考核方法，以知识考核和能力考核相结合的方式进行考核，总之，应当在教学中不断探索创新，促进教学效果的增强。

邱小平

目　录

项目 1

建立现代的广告主题理念

★ 学习目标

知识目标

1. 认识广告主题的要义、意义、本质和表述形式。
2. 掌握现代的广告主题理念。

能力目标

1. 能结合具体的广告分析理解广告主题。
2. 能结合具体广告信息主体进行广告主题的策划。

⊙ 项目介绍

无论是广告人（主要指广告公司）还是看广告的人（称为广告受众），认识广告都是从广告主题开始的，如某则广告是讲什么的。可以这样来认识，广告主题即广告出资者花钱委托广告公司制作，并由其购买媒体进行刊播的。学习广告策划实务，核心就是要从广告公司和广告主的角度，把握广告要用怎么样的信息和表现方式使得广告受众（看到广告的人）受到影响或产生购买的效果。所以，要认识到广告作为一种企业的投资行为，目的是为塑造商品品牌和企业牌号服务，从而最终实现促进商品的销售的目的。由此可见，广告活动的根本目标对广告的要求是最为重要的认识线条，就是要用好的广告信息让受众受到影响。由此出发，可以认识到广告的本质也就是有目的地通过目标信息的有效传播，实现目标受众的观念和行为发生有利于广告主的转变的一种信息宣传活动。所以，要认识到广告宣传的信息是围绕所要传播的信息来展开的，而一则广告的中心思想就是“广告主题”，也就是目标传播信息的核心，由此可见确立广告主题是广告活动的中心。而经常提到的广告创意也是为了使得广告主题的信息能更加有效地被受众接受。所以，要认识到广告宣传的信息是有明确的目的性的，是围绕所要传播的信息来展开的，这是广告的根本。同时也要认识到，广告创意对主题信息的传播能起到“帮助”的作用，能使得广告主题的信息更加能被受众接受，正是由于存在这样的关系，广告实务课程的学习，应当围绕广告信息主题的确立来展开。

⊙小知识

广告创意与广告主题的经典之作——麦当劳的《又哭又笑小婴儿篇》

广告描述的是一位小婴儿躺在摇篮里，摇篮一向上摇到窗口他就笑嘻嘻，一向下摇到窗口之下他就哭了，究竟是为什么呢？原来是小婴儿被摇高的时候能看到窗外麦当劳的标志，所以就笑了，相反看不到，就哭了。

对广告主题的思考必须依据一定的理论指引，广告人对广告主题理论的认识有很多，但比较有价值并与市场比较贴合的是“三因子学说”，该理论认为广告主题由广告信息主体的特点、广告对象的心理需求、广告的市场环境因素综合考虑而成。这一理论为我们思考广告主题指明了方向。

学习本项目可以培养自己思考广告主题的思路和策划能力。本项目作为重点项目应深入加以认识。项目涉及的内容非常丰富，包括广告主题的要义、意义、本质、确立的要求、表现形式、“三因子学说”主要理论等。本项目应和一些具体的好广告结合起来学习，形成一个好的广告主题的认识基础。

本项目是广告实务的开篇，会涉及广告一些基本概念，在项目中也做了简要的说明。本项目无疑是整个学习的核心之一。在学习中重点在于把握广告的本质；学习中将会遇到两个难点，一是广告本质的认识，二是广告三因子的认识。以上难点无疑也是学习的重点，注意多结合课外书籍，加深对广告主题的认识。

⊙小知识

什么是广告

广告是为了某种特定的需要，通过一定形式的媒体，公开而广泛地向受众传递信息的宣传手段。广告有广义和狭义之分，“广义广告”包括“非经济广告”和“经济广告”。“非经济广告”指不以营利为目的的广告，又称“效应广告”，如政府行政部门、社会事业单位乃至个人的各种公告、启事、声明等，主要目的是推广；“狭义广告”仅指“经济广告”，即“商业广告”，是指以营利为目的的广告，是商品生产者、经营者和消费者之间沟通信息的重要手段，也是企业占领市场、推销产品、提供劳务的重要形式，主要目的是促进商品、劳务的销售。

商业广告

商业广告是广告主借助一定的媒体（主要是大众媒体）进行有计划的商品或劳务、企业（广告信息主体）的信息传播，目的是通过宣传，促进商品销售的一项经济活动。

广告人

广告人通常指的是广告公司中从业的人员，广义包括所有从事与广告活动相关的人，从事广告媒体的人员。

任务 1　明确广告主题的基本理念

既然认识广告是从广告主题开始的，那么什么是广告主题呢？我们可以这样来思考，广告要有效果就必须能够将意图传播的信息传送到位，这样就要求广告要有鲜明的信息中心，告知受众你想告诉的东西，这就是我们称作的“广告主题”。也就是说一则好广告要求要有好的广告主题才行。可见，一则广告目标传播的广告信息是通过广告主题为中心来反映的。比如说，“立白”洗洁精，广告信息是“洗得干净，家里常备，不会伤害使用者的手”。广告主题也可以最简洁地确立为“不伤手立白洗洁精”。由此可见，广告主题像一根红线，将广告信息串联起来。通过以后的学习，我们还会认识到，广告主题还将其他广告活动环节串起来，为此，我们学习广告实务要先从广告的主题确立开始。

⊙小知识

广告主

广告主是广告需要的产生者，包括“法人、其他经济组织和个人”；广告经营者和广告发布者是满足广告活动需要的服务提供者，因此，在许多地方又往往把广告经营者和广告发布者统称为“广告商”。

1.1.1　认识广告主题要义

一则广告的时间是非常有限的，一般是短短的十几秒，广告人想要一下子表达商品或企业很多的信息是不可能的；而且一下子大量的信息也会使得受众接受不了，也和受众的记忆规律是相悖的，所以，我们要认识到广告必须有明确的信息中心才能有效果。因此，必须明确一则广告要表达的信息中心。我们可以把一则广告所要表达的信息中心称为该则广告的“广告主题”。

广告主题通俗一点的认识，就是一则广告所要带给目标受众的信息，或者说是广告人想要目标受众领会的广告商品或企业的信息（广告人包括广告公司和广告主，这里和后面内容都是仅指广告公司）。如立白洗护合一洗衣液要带给受众的是一种家用的高效、很理想的洗衣液的广告信息中心。

广告主题比较理论的表述，可以这样认识，广告主题是在广告目标的基础上，从广告定位（广告信息主体定位、广告目标对象定位、广告决策定位）中提炼生发的一项“广告诉求”，它既可以是产品的实体利益也可以是基于产品利益的某一方面的销售说辞或者建议主张。

认识广告主题比较理论的表述，可以再结合一些广告专业词汇。广告主题是在广告市场分析的基础上，为实现“广告目标”，从广告各方面因素中提炼生发的、一项一定的“广告诉求”(appeal) 下的“销售说辞或建议主张”。

“广告诉求”是指按广告引起广告受众注意心理变化的不同的信息刺激方式。可见，广告是通过“一定信息刺激方式”促成广告效应的。在现代商业社会，只有符合受众心理规律和行为特点的广告才能让受众动心。广告诉求的方式，也就是广告刺激受众的方式，具体包括以下四种。

（1）知觉诉求，就是通过对广告受众的感官刺激，形成好的感受从而达成广告效果的广告信息刺激方式。如有一则美的冰箱广告，广告主题是“快速制冷”，通过烧得通红的龙虾，放回冰箱后变回活蹦乱跳的样子，让人看后马上感受到美的冰箱不错的制冷效果。

（2）理性诉求广告，以说理的形式，利用或借用一些人们熟知的道理，来说服人们相信广告的信息。如现代的人衣食住行都有了，按照马斯洛的需求层次论，人们需要的是具有个性化的需求，如游轮旅游广告；再如，哈药六牌钙加锌广告，广告中提到根据科学实验证明，小孩不能缺钙和锌，所以，要吃“盖中盖”牌的儿童钙加锌，这就是好的广告例子。

（3）情感诉求广告，利用情感打动受众，形成强烈的情感共鸣的诉求方式。如雕牌洗衣粉广告，就是针对中秋节，在外的游子都思念父母和家人的亲情。女儿刚毕业在外面打拼，老爸老妈“杀到”女儿的住处，做好吃的菜等女儿回来，老爸为了找借口还说出了“你妈非要来”的托词，让受众潸然泪下，形成了很好的广告情感共鸣效果。

（4）观念诉求，观念是指对某种事物的看法、态度。感念诉求往往是利用一些新的感念来让受众形成新的认识，通过接受新的认识从而接受广告商品。如某男士化妆品广告，提出了“成功男人的要求”的观念，这样，作为有为男人都会产生这样的追求，接受该观念和商品。

四种广告诉求方式，可以用通俗的表述来理解认识，即“让您感知”“让您觉得有理”“让您感到有情”“让您产生新的认识”。

再有，就是要义中提到的销售说辞或建议主张。可以这样简单地认识理解，销售说辞就是好的言辞，能使人有好的感受、在理、动人、认同。如“给妈妈的爱”；建议主张即对事物的新认识，如“美丽一生”。综合来说，广告要用利益促动受众，带给受众的利益无非就是实在的实际感受利益和情感以及新追求的精神利益。

1.1.2 广告主题的意义

广告主题的意义可以从几个方面来认识。

（1）广告主题是一则广告策划活动的中心，是广告策划活动的核心之一，广告创意思考、广告表现、广告设计制作都必须围绕这一中心来展开。例如德芙巧克力广告在刚推出的时候，作为一种新品牌，广告主题“让市场认识浪漫的德芙巧克力”，通过房祖名和郭采洁演绎借书等富有浪漫气息创意的爱情故事广告，受到青年人的喜欢。

（2）广告主题可以明确一则广告的目标，即广告在一段时间所要达到的效果和结果。广告目标的实现是靠目标信息的宣传到位来实现的。一则广告目标传播的信息是结合市场的发展来进行的，也就是结合广告商品的条件来确立的，如刚步入市场、还处在市场中应当强化优势的阶段或者是处在应当维持受众良好印象的阶段。这样，就要确立对应合适的信息宣传目标和广告目标，即让市场认识商品、取得市场竞争优势、维持市场良好的印象或是提醒广告受众注意。

（3）广告主题直接决定了广告的成败。如果广告主题出现错误，往往再有创意也是难有市场宣传效果的。例如，现在的手机广告大打“沟通效果”的主题，现在的手表广告大打走时准确的主题，信息宣传目标都是错误的，因为市场早就走过了这个阶段，已经步入全新的阶段，再用这样的广告主题会让人觉得广告人落伍了，与时代脱节，广告效果从何谈起。

⊙小案例

彩电业发展冰火两重天 康佳遭遇十年来最大亏损

在国内彩电市场逆市上扬的同时，彩电企业的发展却呈现“冰火两重天”的不同境遇。一方面是乐视、小米等新品牌的爆发式增长，另一方面则是康佳等老牌企业的巨亏。据康佳发布的 2015 年业绩预告显示，康佳预计亏损 12 亿～14 亿元，这也是康佳过去十年来遭遇的最大亏损。业内专家分析，康佳亏损固然与补贴退款、管理层动荡、人民币汇率波动有关，但也和品牌未能完成重塑，严重脱离新消费需求息息相关。产业观察家表示，中国彩电市场已经步入了一个全产业链变革的众屏时代，包括众多品牌的屏、众多作用的屏、众多种类的屏，彩电产业转型升级日趋明显、产品创新层出不穷、技术革新日新月异。与此同时，用户群体在发现变迁，对于老牌彩电厂商来说，除了在产品技术、商业模式等方面的创新外，还需要重塑品牌的年轻化、时尚化。

资料来源：钢联资讯 2016-01-29，http://mt.sohu.com/20160129/n436261308.shtml。

1.1.3 对广告主题本质的认识

一则广告的信息中心，根本点是塑造商品品牌和企业形象，最终目标是促进商品销售服务的。所以，广告主题的本质就是商品（企业）的卖点、商品的比较优势。在新商品广告中第一点是非常明显的；在竞争激烈的成长期，后者是明显的。而在维持期也是要多利用比较优势的。

⊙小知识

广告策划的认识

广告策划活动简称为广告策划，又称广告企划，是在广告市场调研基础上，对广告整体活动或某一次广告活动的预先设想（运筹）和谋划（规划）。广义上来说，是对广告运作的全过程做预先的考虑与设想，是对企业广告的整体战略与策略的运筹与规划。狭义上来说，是对某一阶段的某一则广告运作的全过程做预先的考虑与设想。

广告策划活动的主要内容，即广告活动程序。①进行广告市场分析；②确定广告目标；③确定广告主题；④确定广告创意；⑤确定广告表现方式；⑥确定广告（实施）策略；⑦确定广告预算及分配；⑧确定广告效果测定方法等。

⊙小思考

结合立白洗洁产品分析说明广告主题在整个广告活动过程中的地位。

⊙小知识

商业广告的本质

商业广告的本质就是对商品化的信息进行商业化的艺术加工和宣传的一种社会经济活动。其中，"商品化的信息"，指的是广告的根本目的就是促进商品销售。例如，京东与苏宁、国美广告之争。"商业化的艺术加工"，指的是广告创意，它是广告的灵魂。例如，汽车创意广告赏析。"商业化的艺术加工"，指的是广告不是为了艺术而艺术，而是为了商品销售进行必要的艺术加工。例如，沐浴露商业化的宣传广告。

1.1.4 广告主题确立的要求

结合广告主题的重要性，这里强调广告主题确立的要求，形成一些基本的思路。

（1）能符合商品的生命周期。市场上的商品是随时间不断发展变化的，广告商品应多结合行业的商品的生命周期进行广告主题的思考。

（2）能符合市场的发展。这包括市场大环境的变化、行业的发展变化，特别是竞争、消费等方面的变化。

（3）要有一定新意。要注意广告商品能带给受众新的实际或者精神方面的利益。

/ 实施任务 1/　结合项目明确广告主题确立的基本要求

结合上面知识点的学习，完成下面两个方面的任务。一是完成“欧莱雅”化妆品广告主题确立的基本设计；二是完成自己选定的商品的广告主题确立的基本设计。

1. 任务的组织

（1）各小组先结合项目进行讨论，各自拟订个人的方案，然后小组再进行讨论，确定出小组的最后方案。

（2）老师组织小组之间进行交流，由各小组结合实际项目设计的方案进行相互讨论和交流；老师负责说明和决策。

（3）学习小组将完善好的设计方案提交老师进行评定。

2. 任务实施的要求

（1）每位同学都要积极参与，发表自己的观点。

（2）广告主题的确立必须紧密结合广告主题的本质。

（3）必须用电子文件和纸质文件将最后结果上交老师。

任务 2　掌握广告主题的基本理论

关于广告主题的研究，有很多学者提出了不同看法，包括里夫斯的 USP 理论、舒尔茨的 IMC 理论、奥格威的品牌形象理论等，这些都能一定程度上说明广告的主题。而被业界称为“三因子学说”（三因素学说）的一种广告主题理论具有较强的实战性，能很好地贴合现实实际广告，也能很好地进行广告主题设计的思考。所以，利用该理论来指引广告主题策划是一种可取的方式，我们作为重点来认真认识和掌握好这一理论。

1.2.1　三因子学说

“三因子学说”认为，广告主题的确立应当从主要的三个因子出发，即广告环境因素、广告信息主体因素、广告目标受众心理因素，通过这三个因子的深入分析，并进行综合来确立广告主题。

这里要注意几点的认识。

对于三因子的归纳，有多种不同的表述。有的表述成“广告决策因素、广告主体因素、广告对象因素”；或者是“广告目标因素、信息个性、消费心理”。我们认为应当以专业知识的相互结合，再加上广告法规中的统一表述要求，总结成

"广告环境因素(或者广告决策因素)、广告信息主体因素、广告目标受众心理因素"是比较清晰和完善的。

第一个因子用"广告环境因素"或者"广告决策因素"表述，是因为广告活动作为一种市场经济活动与其他的市场活动都是一致的，一切从市场实际出发，分析市场提供的条件和要求作为活动的基础；而利用"广告决策因素"可以说是从广告策划活动管理要求出发，要求对每一个有关的环境因素进行认真分析，做出恰当的决策。而要注意第一个因子不用"广告目标因素"表述，是因为"广告目标因素"本身就是通过广告市场环境分析来确定的。所以，为了与其他课程，如"市场营销""商业心理学"等衔接，以及从最基本的原点认识出发，我们通常把"广告市场环境因素"作为第一个因子。

第二个因子表述成"广告信息主体因素"而不表述成"广告主体因素"，是因为"广告主体"这一概念在广告法中有明确的定义，广告主体(advertisement subject)是指广告信息传播活动中的传送者，即广告活动的提议者、策划者、创意者和实施者。提议者是指广告主；策划者、创意者是指广告公司，也称为广告经营者；实施者是指广告媒体，也称为广告发布者。广告主体主要有三种，即广告主、广告经营者和广告发布者。所以，为了不发生认识上的混淆，我们把三因子中的第二个因子表述为"广告信息主体因素"，加上"信息"两个字，就与广告法中的"广告主体"区别开了，同时也贴合广告活动的基本点，就是有目的的信息宣传活动。还需要说明的是不表述为"信息个性"，是因为"广告信息主体"更加全面，而且好理解认识；信息个性只是对"广告信息主体"分析提出的要求而已。

⊙小思考

结合一则飘柔洗发水广告，试用三因子进行分析。

1.2.2 运用三因子学说

"三因子学说"的基本思路，可以这样来认识，即广告主题的确立应分析好广告商品所处的相关的环境条件，可以专门称之为"广告环境因素"，即"广告的市场条件"。具体来说应考虑三方面的环境因素：①政治、经济、文化、法律、技术、自然等宏观因素形成的条件；②行业发展等中观发展的条件；③微观的条件。在环境分析基础上再结合将拟广告的商品有什么条件(卖点、可以用的销售说辞)，最后要考虑的是广告目标对象买的要求条件是什么，把这三者综合起来系统考虑，就会生成好的广告主题。

这里要注意的是，三因子涉及的内容很多，我们将在项目 2、项目 3 以及项目 4 中具体展开学习。

⊙小思考

（1）房地产广告主题策划。要求收集恒大、万科、富力等主要开发商的资料策划一则房地产广告的主题。

（2）日常生活用品广告主题策划，要求收集相关资料，选择相应商品进行广告主题思考。

1.2.3 广告主题表述的基本范式

广告主题经过思考形成以后，怎么表达出来呢？这里可以学习一种基本的范式。

“这是某某样的商品（企业、劳务）”。例如，“BYD汽车是一种性价比很高的汽车”；再如，“海尔是真诚为顾客服务的企业”；又如“这是‘张柏芝’推介的漂亮的大运摩托车”等。

广告主题在广告脚本或其他文案中如何加以表述，与广告人的习惯有一定的关系，但总的来说，应当简明扼要。如“不伤手立白”“浪漫德芙”“快乐麦当劳”“美妙一瞬”等。

⊙小知识

必要的英文专业词汇

1. 广告策划（ad planning）；2. 广告口号（slogan）；3. 目标受众（target audience）；4. 广告人（ad man）；5. 广告诉求（appeal）；6. 创意总监（creative director）；7. 广告攻势（campaign）；8. 广告插页（insert）；9. 广告牌（panel）；10. 广告路牌（billboard）；11. 霓虹灯广告（electric spectacular）。

/实施任务2/ 结合具体项目进行广告主题三因子思考

结合上面知识点的学习，完成下面两个方面的任务。一是完成“欧莱雅”化妆品广告主题确立的三因子设计；二是完成自己选定的商品的广告主题确立的三因子设计。

1. 任务的组织

（1）各小组先结合项目进行讨论，各自拟订个人的方案，然后小组再进行讨论，确定出小组的最后方案。

（2）老师组织小组之间进行交流，由各小组结合实际项目设计的方案进行相互讨论和交流；老师负责说明和决策。

（3）学习小组将完善好的设计方案提交老师进行评定。

2. 任务实施的要求

（1）每位同学都要积极参与，发表自己的观点。

（2）策划的广告主题因子必须紧紧结合设计要求。

（3）必须用电子和纸质文件将最后结果上交老师。

‖ 学习指导 ‖

1. 学习建议

广告是我们生活中的广告，可以说是我们再熟悉不过的了。每一天我们醒来就可能是从接触广告开始的。而我们所熟悉的广告，是广告主（广告出资者）花钱委托广告公司制作，并购买广告媒体进行刊播的。所以，我们学习广告，就是要从广告主和广告公司的角度，来认识广告是怎么样使得广告受众（看到广告的人）受到影响或促成购买效果的。广告具体影响受众是靠广告诉求，即借助特定的广告主题信息刺激来引发受众心理的变化。所以，我们认识广告是从广告主题入手的。该主题最基本的认识就是一则广告想告知受众的东西，如广告商品如何好、广告企业如何好等。确立广告主题是一个系统过程，需要综合考虑三个主要因素（因子）后才能确定，包括广告环境因子、广告商品（广告信息主体，如商品突出的价值使用价值等）、广告受众心理（如需要什么样的就好）。而每一个因子都可以说是需要认真学习认识的，在以后项目 2、项目 3 及项目 4 展开学习后，在项目四中再进行综合说明。学习中要注意理顺广告主题在广告活动中的中心地位和核心作用，广告主题与广告创意的关系，理解好广告的一些基本概念，并多结合一些实际好广告进行认识。

2. 学习的重点与难点

重点：广告主题的本质

难点：三因素学说的理解

3. 核心概念

广告主题　三因子学说

‖ 课后思考与练习 ‖

1. 单项选择题

（1）广告主题是一则广告的（　）。

A. 中心　B. 重心　C. 本质　D. 诉求

（2）广告主题是广告创意的（　）。

A. 表现　B. 基础　C. 结果　D. 成果

（3）商业广告的本质是商品化的信息的商业艺术化的（　）。

A. 结合　B. 组合　C. 传播　D. 宣传

（4）三因子不包括（　）。

A. 环境　　B. 商品　　C. 服务　　D. 资金

（5）一般来说广告主题采用（　）信息点。

A. 一个　　B. 两个　　C. 三个　　D. 多个

2. 问答题

（1）简要说明广告主题在广告活动中的地位和作用。

（2）简要说明三因子学说的要点。

3. 案例分析题

2016 年 6 月欧洲杯期间，广东体育频道转播了多场比赛，期间插播了“百岁山”矿泉水的广告，老教授和公主的爱情故事让大家感叹不已。请认真结合该则广告进行分析认识广告的许许多多的问题。

[案例分析要求] 认真结合案例分析认识：

（1）该则广告的主题是什么？

（2）该则广告有没有创意，有的话是什么？

（3）你是如何认识该则广告的广告主题三因子的？

项目 2

分析广告决策因素

★ 学习目标

知识目标

1. 认识广告主题决策因素包括的基本内容。
2. 认识广告主题决策各个因素的细化分析。

能力目标

1. 能结合具体的广告理解广告主题的决策因素。
2. 能结合具体广告项目进行广告决策因素的分析策划。

⊙ 项目介绍

本项目是广告主题三因素学说中的第一个因素，也是最基本的因素，因为一切的市场活动都是从认识市场和结合市场环境的分析开始的。学习本项目要知道广告活动必须考虑到的相关的大环境因素，称为“广告宏观环境因素”，如国家政治、经济、文化、法律、技术、自然等因素，这些因素有的方面与将要设想的广告主题有一定关系；还有就是比较接近广告商品所处的中观（行业等）环境因素，称为“广告中观环境因素”；再有就是比较直接的因素，包括广告主的条件、广告商品的市场条件、广告目标受众对象、竞争对手广告、广告目标因素、广告时间、广告地点、广告策略、广告预算等，把这些因素统称为“广告微观环境因素”，这些因素无疑是我们思考广告主题最为直接、不能不加以考虑的具体因素。同时还要注意的是，每一个因素包含的内容是非常丰富的，要把每一个因素是怎样影响广告主题的进行认真分析和细化认识，才能为广告主题的思考结果能切合实际提供的基础。以上的认识是从传统习惯的市场营销活动意义上的认识。为了贴近市场，我们还要从第二个角度来认识，即广告的目标市场角度，如果广告目标市场是整个国家（或国外市场），那么就要以整个国家（或国外市场）的市场环境因素来考虑；如果是面对特定区域，如华南地区、东北地区、江浙一带等，就要以该区域的市场环境来考虑；如广告的目标市场是特定地区，如广州、小珠三角等，就要以该地区的市场环境来考虑。

学习本项目可以让大家对广告环境有比较全面的认识，具体内容比较丰富，要认真加以领会，最好能结合一些看到的广告进行认识分析，加深理解。本项目也是课程的核心内容，在学习中将可能遇到三个主要难点，一是对宏观环境中政治因素的认识；二是对宏观环境中经济因素的认识；三是对竞争对手的分析。以上三点无疑也是学习的重点。

任务1 认识广告决策因素的要义和内容

2.1.1 广告决策因素要义

广告作为一种经济行为，广告主题的确立首先是从分析广告市场环境开始的，因为经济行为都是市场说了算的。广告人要思考的是市场中同类商品的广告是怎么做的、广告的商品以前的广告是怎么做的、广告新商品与同类商品比较有什么特点、广告受众的心理是怎么样、国家和政府的经济政策有什么要求、社会文化有什么发展变化、广告目标覆盖地域的人文特点怎么样，等等。这些因素就是所设想广告能否符合现实市场要求达成有效的关键，否则，很容易就会造成“水土不服”“竹篮打水一场空”的后果。我们就把这些对广告主题的生成有影响的因素统称为“广告市场环境因素”或者“广告决策因素”。

所谓“广告决策因素”，也就是指“广告市场环境因素”，是指对广告主题的生成存在直接和间接影响关系的所有因素的总称。按照一般市场营销活动的习惯认识，把这些影响因素分为三大类，即“宏观环境因素”“中观环境因素”和“微观环境因素”。“宏观环境因素”主要包括政治、经济、社会文化、法律、技术、自然（气候、地理等）、人口等方面；“中观环境因素”是指行业发展水平状况等环境因素；“微观环境因素”主要包括目标受众对象、竞争对手广告、广告主的条件、广告商品的市场条件、广告目标因素等。

正如项目介绍中所说明的那样，为了贴近市场，我们还要从第二个角度来认识，即广告的目标市场角度，如果广告目标市场是整个国家（或国外市场），那么就要以整个国家（或国外市场）的市场环境因素来考虑；如果是面对特定区域，如华南地区、东北地区、江浙一带等，就要以该区域的市场环境来考虑；如广告的目标市场是特定地区，如广州、小珠三角等，就要以该地区的市场环境来考虑。

2.1.2 广告决策因素的内容

现实生活中的广告有的被人们津津乐道，有的被人们遗忘、有意避开甚至讨厌，这说明广告并不是都受到人们喜爱的。最起码我们要认识到看广告的人是有自己的思想观念意识的，而且也是会变的，我们的广告必须主动去认识和适应，否则人们不看这样“不知趣”的广告，广告也就没有效果和意义可言。有些话广告必须不能说，国家是有规定的；广告商品的同类也在做广告，可能有些话、“点子”已经在用，而我们不能把它照搬过来，因为这是广告的“大忌”，等等，从这些方面的引线中我们要意识到广告是要受到外部条件约束限制的。我们把对广告主题活动产生一定影响关系的各个因素统称为“广告市场环境因素”。由此可以认识到广告主题的确立，首先是从认识和分析广告商品所处的广告市场环境开始的。例如，我们要做一则日产 SUV 奇骏汽车广告，首先就是要对 SUV 汽车市场环境做深入的认识分析，比如现在国家对汽车排量征税是怎样的，国家对汽车尾气排放标准是国五还是国四标准，汽车不符合标准是上不了牌照的；同类别竞争对手的广告又是怎么做的；消费者购买汽车时主要看重什么，等等。无疑，这些与将要确定的这则汽车广告主题息息相关。由此可见，广告主题确立涉及的“广告市场环境因素”是有很多个方面的。

再从广告活动的性质来认识说明。广告活动是市场营销组合活动之一，具体可以通过 4P'S 策略来认识，其属于促销策略其中的策略之一。可见广告活动是为市场营销服务的工具，而且是一把利器。我们知道营销组合策略是企业为了适应市场环境的要求，实现企业市场营销目标，开拓市场的“组合拳”。广告是其中一种“拳法”而已，所以，开展广告活动必须首先考虑的是市场营销环境是如何的。

这里还要说明的是传统的“广告市场环境”与“市场营销环境”是不完全相同的。“广告市场环境”就是指从广告主题策划角度思考的“市场营销环境”，两者不是矛盾的，而是紧密联系的。市场营销环境划分为“市场营销宏观环境”与“市场营销微观环境”，有的学者还增加了“中观（行业）环境”的类别。传统的“广告市场环境”也是对应划分为宏观、中观和微观三个层面的，可见两者是紧密相连的。市场营销活动更多考虑企业如何开拓市场、应对竞争、维护市场的策略，而且所运用的策略不仅是广告策略，还包括了产品、价格、渠道、促销（公关、营业推广、广告、人员推销等）等策略手段。我们从宏观和微观两个层面来做比较。由于“宏观环境”对所有的企业和经济活动都是有影响的，所以，广告活动要考虑的宏观环境因素是基本一致的，但细究具体考虑的内容，也会有不同侧重，市场营销更多从产品进入市场或新市场开拓的角度考虑；广告更多只是单一从“广告主题”思考。从“微观环境”来说，“市场营销微观环境因素”所包括的内容就与“广告市场微观环境”有比较明显的不同。具体来说，微观市场环境因素主要包括需求、供应商与供求关系、竞争者、市场营销策略运用；广告微观环境因素包括广告主条件、竞争对手广告、广告目标受众对象、广告商品的市场条件、广告目标因素（广告媒体、广告时间、广告地点、广告策略）。由此可见，微观环境的内涵和侧重都是存在不同的。

以上，主要是从传统意义的广告市场环境进行了分析说明，从广告投放范围来认识，其时实质是一致的。

2.1.3 广告和广告主题的关系

一般的广告活动都是一种资源集约的活动，投入资金数量大，覆盖地域广，采用的媒体多，涉及的社会关系复杂，影响时间长。所以，一则广告会具有很强的社会影响力，应当认真分析研究社会环境因素的要求，为社会发展服务。如一则提倡老年人“活出内心的需求，活出年轻样”的广告，就会影响很多中老年人的消费观念、生活观念。同时要认识到同类竞争商品对要做的商品的广告的影响是巨大的，甚至是致命的。如同类别的德芙巧克力广告刚确立的广告主题是“纵享丝滑”，好时巧克力的广告主题跟着用“好享丝滑”，这样的广告只会是替人家做嫁衣裳。再有就是要认识到社会是不断发展的，广告作为一种社会意识上的宣传，应当对社会的发展是有利的。例如，现在的社会都推崇运动健康，而某则广告则讲奢华享受，就与社会发展的主旋律相违背。最后要认识到广告的受众需求是变化的，随着社会政治、经济、文化等方面的发展，人们的思想观念意识也在发生变化，广告人无疑必须认识到这些变化，并据此去策划广告的主题和创意。例如，现在男士化妆品进入到许多男士的消费中，广告就是要宣传传播这样的观念，促进消费。由此可见，“广告市场环境”与广告主题和广告成败紧紧相连。

总的来说，我们要做多方面的“广告市场环境”分析，才能得到好的广告主题和好的广告。我们要思考的是市场中同类商品的广告是怎么做的、我们的商品以前的广告是怎么做的、我们的新商品与同类商品比较有什么特点、受众的心理是怎么样的、国家和政府的经济政策有什么要求、广告投放地的经济发展水平怎么样、广告商品所处的行业发展水平怎么样、社会文化有什么发展变化、广告目标覆盖地域的人文特点怎么样，广告主自身条件怎么样、广告投放期间自然环境条件怎么样，等等，这些因素是所设想广告能否确实有效的关键，否则，很容易造成广告“水土不服”。由此可见，“广告市场环境因素”是可以直接影响甚至决定广告主题的好坏，以致广告的成与败的。

在结合基本的三因子理论来认识“广告市场环境”的意义，我们可以把三因素中的“广告信息主体”和“广告对象心理”两个因素，作为确立广告主题的最基本的核心因素；“广告市场环境因素”是其他有关的影响因素，也可以称为“广告主题相关因素”。

/ 实施任务 1/ 结合具体项目进行广告决策因素的分析

1. 任务的组织

（1）各小组先结合自己确立的项目进行讨论，各自拟订个人的方案，然后小组再进行讨论，确定出小组的最后方案。

（2）老师组织小组之间进行交流，由各小组结合实际项目设计的方案进行相互讨论和交流；老师负责说明和决策。

（3）学习小组将完善好的设计方案提交老师进行评定。

2. 任务实施的要求

（1）每位同学都要积极参与，发表自己的观点。

（2）策划的广告决策因素分析必须紧紧结合项目实际。

（3）必须用电子文件和纸质文件将最后结果上交老师。

任务 2　掌握主要广告决策因素的分析

2.2.1　传统意义下的广告宏观环境因素分析

广告宏观环境因素指直接和间接地影响所有企业的发展的各种外部因素，具体是指政治、经济、社会文化、法律、技术、自然、人口等因素形成的宏观条件。这些条件是对所有的经济活动都是一样存在影响制约的，这里还是要强调，我们只不过从广告主题活动的角度去认识与广告主题策划有关系的因素而已。这样的话，我们在认识具体的某一因素时并不从完整的因素去认识，而是从与广告主题活动有相关的角度去分析认识。

1. 政治因素

首先，我们应该认识到广告活动是为我们国家的社会发展服务的，当然应当服从服务于我们的国情。国情可以从很多方面来认识，从我们国家的治理、发展角度来认识，归结为政治因素。政治因素是指对组织（含经济组织、非经济组织，比企业的含义广）的经营活动具有实际与潜在影响的政治因素（含政治力量和有关的政策等）。简单来说，党和国家借助政治制度和有关的政策、法律法规三者来保证人民的利益形成的环境，就称为政治环境（政治因素）。也可以说政治环境是指在一定发展时期内，党和政府在治理国家中所制定和执行的政治制度（政治体制）、路线、方针、政策、法律法规的发展条件和要求。政治环境的好坏影响着宏观经济形势，从而也影响着企业的生产经营活动。政治环境具体包括政治体制、政府的稳定性、政策及其连续性等方面。

（1）政治体制。政治制度也称政治体制，是指政治权力的基本框架、结构和运作方式的总和。正是在中国共产党的领导下我们国家实现了政通人和国泰民安，人民安居乐业社会和谐。我国政治稳定，人们热爱党和祖国，实践证明只有在中国共产党的领导下我们泱泱大国才能长治久安、繁荣富强。我们国家的政治体制也为我国经济持续稳定发展奠定了基础，带来了改革开放以来中国经济的高速发展。我们国家的政治使人民信任、企业有信心，所以，每逢国庆节许多的企业都以贺国庆为主题做“庆贺广告”，形成普天同庆的喜庆气氛。同时要注意，进入国际市场的企业也同样要认真考虑拟进入国的政治体制问题。其包括外国的体制是否与本国的相同，是资本主义还是社会主义；是民主制还是专制制；是多党制还是一党制，抑或是两党轮流制。在多党派的情况下，各党派所代表的利益团体是不同的，各派的政见不同，地位不同等，对国家的对外政策、国家经济政策、法规的制定和实施都会产生较大的影响。特别是要注意，现在我们的企业对国外的业务越来越多，不同党派执政会对对外关系的政策造成重大影响，如美国有的总统对中国比较友好而有的比较疏远；日本有的党派对中国比较友好而有的比较敌对。这样就会造成机会和威胁不断地变化。举一个例子，在1977年的时候，美国洛杉矶市的商人布卢姆，以25万美元买下了1980年莫斯科奥运会的吉祥物“米沙”玩具熊的专利权。此后的两年里布卢姆和他的公司致力于“米沙”的推销工作，并把“米沙”商标的使用权出让给了58家公司。成千上万的“米沙”被制造出来，分销到全国的玩具商店和百货商店。开始时“米沙”的销路很好，布卢姆预计这项业务的营业收入可达5 000万～1亿美元。不料在奥运会开幕前，由于苏联拒绝从阿富汗撤军，美国总统宣布不参加在莫斯科举行的奥运会。骤然间，“米沙”变成了人们深恶痛绝的东西，布卢姆的盈利计划成了泡影。

尤其还要注意的是，进入国家的当地政府对外国产品和投资所采取的积极或消极的态度，是广告环境需要认真考虑的重点。如有的国家不允许外资做广告，或者有诸多的限制。改革开放后的我国，市场越来越开放。过去没有我国政府的同意外资是不能进入保险行业的，而现在保险行业出现了多家有外资投资的公司，如中意保险是中国与意大利两国政府允许的企业之间资本等方面的合作，在其广告主题中也体现了中意友谊的精神。根据2007年修订的《外商投资产业指导目录》的规定，广告业务已不再属于外商投资的限制类，亦非禁止类或鼓励类产业。上海自贸区设立后，工商部门出台了《关于支持中国（上海）自由贸易试验区建设的若干意见》，该意见提出试行外商投资广告企业项目备案制，全面放开外商投资广告企业的准入限制，对申请经营广告业务的外商投资企业，试行准入前国民待遇；取消对投资方主体资格、广告经营业绩的条件限制；取消投资方成立和运营的年限要求；取消外商投资广告企业设立分支机构，在注册资本和广告业绩方面的要求。这些实际例子都说明了政治体制变化，执政者的思想会不同，会造成企业发展的障碍或者是发展机遇条件。

（2）政府的稳定性。政府的稳定性直接影响到政策的连续性。分析这一因素，特别是对于有对外投资的企业来说更为重要。在对外经济政策的连续性上，政府的不断更迭所引起的政策多变、换届政府不继续履行上届政府的诺言或政策、对投资采取没收或国有化的政策，会直接影响外国投资的收回和利益，这也是对外投资企业最为担心的。我国鼓励外商投资，政治稳定，政府政策稳定，每届政府都是从政策连续、可持续发展的长远利益考虑，这给外商吃了颗定心丸。从广告的主题关系来说，这些都可以加以利用。如一些生产大件商品企业，为使消费者买得放心，可以保证完善的长久的售后服务。一些进口汽车广受消费者喜爱，但消费者担心的是配套的服务问题，可以考虑在广告中利用这一主题进行宣传。还有一些新加坡投资商人投资的房地产项目，也是可以考虑与广告主题结合标的。事实上，消费者在这些方面的顾虑越来越淡化了。

（3）政府的经济政策。而我国的各项政治制度归根结底是为实现和维护广大人民的根本经济利益服务的，目的是让广大人民群众过上富足的生活。由此可见，政治属于上层建筑，它根源于经济，政治由经济基础决定，并对经济基础具有反作用。这一反作用不是消极的，而是积极主动的，主要就是通过各项经济政策来实现。国家对社会经济的管理是依靠经济政策的实施推行来达成的。具体包括整个国家（含对外经济政策）、各个地区和行业等经济政策。国家的宏观经济政策主要体现在：①人口政策；②产业政策；③能源政策；④财政和金融货币政策。我们既要考虑国家的层面，也要多考虑我们准备做广告投放的地区的层面。

1）人口政策。我们国家的人口政策近年来有了一些变化，如适度放开二胎生育政策到全面放开二胎政策。现在广告主题就可以加以利用，特别是有些地方的生育观念是比较强的，广告中出现其乐融融的四口之家就不为怪了。再有就是当地的户口政策，总体来说，北上广深一线城市的入户政策是比较严格的，而二、三线城市的政策会宽松很多，而四线城市基本上放开了。所以，在广告中可以加以利用，例如，在房地产广告中可以结合入户政策，以“成为向往城市的一员”的广告主题进行宣传。具体来说在广州佛山同城的概念下，许多楼盘就是推出了以“入户大广州”为主题的广告。

2）产业政策。在地方经济发展中会紧密结合产业布局出台一些促进行业产业发展的政策。如近年广州市出台了促进汽车产业发展的政策、促进现代服务业发展的政策、促进会展业发展的政策、促进电子商务业发展的政策等，这些政策提供了行业发展的好机会，可以在广告主题思考时加以利用。如广州市政府的汽车产业政策，大力促进广州汽车产业的发展，广州已经跃升为中国第三大汽车产业基地、中国最大的汽车消费市场，这些发展都可以结合到广告主题中，如“购买广汽，一部到位”。再比如 2011 年年初广州市出台的限制购买第三套房的政策，对房地产过热进行降温；而 2015 年 7 月广东各地又出台了放开房地产市场的政策，促进了当地房地产行业的发展，“不限购，可入户，广州一小时生活圈”等为广告主题的广告成为具有很大影响力的广告。还可以结合广州市跨境电商的高速发展去加以认识。

3）能源政策。能源是支撑社会物质生产、人类文明进步的物质基础，是现代社会发展不可或缺的基本条件。改革开放以来，中国的能源事业取得了长足发展。目前，中国已成为世界上最大的能源生产国，形成了煤炭、电力、石油天然气以及新能源和可再生能源全面发展的能源供应体系，能源普遍服务水平大幅提升，居民生活用能条件极大改善。能源的发展，为消除贫困、改善民生、保持经济长期平稳较快发展提供了有力保障。中国能源发展面临着诸多挑战：能源资源禀赋不高，煤炭、石油、天然气人均拥有量较低；能源消费总量近年来增长过快，保障能源供应压力增大；化石能源大规模开发利用，对生态环境造成一定程度的影响。为减少对能源资源的过度消耗，实现经济、社会、生态全面协调可持续发展，中国不断加大节能减排力度，努力提高能源利用效率。中国将以科学发展观为指导，切实转变发展方式，着力建设资源节约型、环境友好型社会，依靠能源科技创新和体制创新，全面提升能源效率，大力发展新能源和可再生能源，推动化石能源的清洁高效开发利用，努力构建安全、稳定、经济、清洁的现代能源产业体系，为中国全面建设小康社会提供更加坚实的能源保障，为世界经济发展做出更大贡献[㊀]。中国国务院新闻办公室2012年10月24日发布白皮书《中国的能源政策》，该书指出维护能源资源长期稳定可持续利用，是中国政府的一项重要战略任务。中国能源必须走科技含量高、资源消耗低、环境污染少、经济效益好、安全有保障的发展道路，实现节约发展、清洁发展和安全发展。[㊁]

为实现能源目标，各行业、各个地区都在推出一些鼓励的政策。在新能源政策上，广州和深圳都鼓励新能源汽车的发展。广州推出了购买新能源汽车补贴政策、直接上牌政策等鼓励措施。类似这些政策，在2015年广州汽车竞牌价位已经接近3万元的情况下无疑有巨大的吸引力，所以很多新能源汽车就是利用这一点来作为广告主题的。为了减少汽车尾气排放污染，继2014年10月广东全面推广使用国五标准汽油后，新车的排放标准提前迈入了第五阶段。2015年2月15日广东省环保厅发出《关于广东省提前执行第五阶段国家机动车大气污染物排放标准的通告》，要求自2015年3月1日起，在珠三角地区实施轻型汽油车国五标准；自2015年7月1日起，在粤东西北地区实施轻型汽油车国五标准；自2015年7月1日起，在珠三角地区的公交、环卫、邮政行业实施重型柴油车国五标准。汽车"提标"是防治机动车尾气污染、改善空气质量的有效举措，预计1年少排放4万吨氮氧化物。很多汽车广告就是利用这一政策作为广告主题，说明是符合国五标准的汽车，让顾客放心购买。

4）财政和金融货币政策。财政政策和货币政策都是政府用于调控宏观经济的手段，两者在调控对象、执行部门等方面是不同的。货币政策是指中国人民银行（中央银行）通过价格手段（降息或加息）或者数量手段（提高或降低准备金率）调控货币供应量的政策；财政政策是指政府财政相关部门（如中国的财政部、发改委等）通过调节税率或者提高或降低政府开支（例如建设公共设施）等影响宏观需求或供给的政策。而在调控对象上货币政策是通过货币发行量和利率、存

㊀ 来自百度文库《中国的能源政策（2012）》白皮书（全文）。

㊁ 来自百度百科，中国的能源政策。

款准备金率影响宏观和微观经济的；而财政政策则是通过税收、补助等影响总供给和总需求进而影响宏观和微关经济。从主要手段上来说货币政策主要是通过调整准备金率来调整通货，以达到宏观调控的目的，而财政政策主要是通过调整政府的财政行为比如说扩大或缩小政府采购或调整税收等手段来达到宏观调控的目的，一般通过调整政府采购的手段实行财政政策。从具体手段上来说，货币政策包括利率、再贴现率、存款准备金率、公开市场操作、货币供应量等；财政政策包括财政支出政策、税收政策、转移支付政策等。从使用上来说，一般货币政策用得较多且对经济影响巨大；而财政政策使用较少，而且一般用于经济过热或衰退时期。注意，一般宏观调控经济需要财政政策和货币政策结合使用，互相配合。㊀

（4）政策的连续性。政策的连续性对于企业有一个良好的外部经营环境具有重要作用。政策会随着时间和条件的改变有所变化，但相对稳定性则是必需的。企业应对政府有关经济政策和法规目前的状况、未来一段时间内将作何调整、会在什么时候、什么条件下做出调整有一定的了解，这对企业的发展战略具有重要意义。例如国家对于中外合资合作企业关税或类似所得税等方面的优惠政策。政策的连续性直接影响企业的生产经营发展与企业文化，也一样会影响到广告主题的思考运用。如从2015年5月开始，由于政策的支持，广州的商家以广百为代表发展起跨境电商。广州百货巨头广百股份投资500多万元在自有电商平台的基础上，增设跨境购频道，并在广百实体店中同日一口气开出三家“广百荟·跨境购”跨境电商体验店，位置在广百黄金珠宝大厦、海珠广百新一城、新大新番禺店，成为广州首家自建跨境电商平台的最大型百货企业。使得广州市民足不出户就可以享受国外一些优质的商品，而其他的一些商家如摩登、友谊都在积极发展，这一政策利好需要政策的支持，而且是连续稳定的支持，以促进广州跨境电商在国内的领先发展。

⊙小案例

跨境电商政策发生新的变动

近年来一直享受政策红利的跨境电商风云突变。财政部、海关总署、国家税务总局联合发布《关于跨境电子商务零售进口税收政策的通知》，4月8日起告别“免税时代”，使用“跨境电商综合税”代替行邮税，跨境电商商品整体价格上涨基本已成定局。

原来政策——任性购

原来对低于1 000元人民币的跨境电商零售进口商品征收“行邮税”，分别征收10%、20%、30%、50%的行邮税，大多数商品的行邮税在10%，而且税额

㊀ 来源于百度文库，货币政策—财政政策—金融政策。

不超过 50 元时，海关还免征相关税额（虽然限值每笔 1 000 元，但是对消费笔数并无限值）。

新政规定

跨境电商零售进口商品单次交易限值为人民币 2 000 元，个人年度交易限值为人民币 20 000 元。

（1）在限值以内关税率暂设为 0%，进口环节增值税、消费税取消免征税额，暂按法定应纳税额的 70% 征收。

（2）超过单次限值（如 2 001 元，指可以是几种商品累计起来）、累加后超过个人年度限值的单次交易（本次累加以前，刚好超过 20 000 元，本次的交易），以及完税价格超过 2 000 元限值的单个不可分割商品（如手袋），均按照一般贸易方式全额征税。

购买海外商品

贸易类型	品类	4 月前后对比	
一般贸易		关税＋增值税＋消费税	
跨境电商	品类	改前行邮税	改后综合税
	食品、饮料、书刊等	10%（消费 500 元内免税）	11.9%
	相机、服装、自行车等	20%（消费 250 元内免税）	11.9%
	高尔夫、高档手表等	30%（消费 166 元内免税）	32.9%
	烟酒、化妆品等	50%（消费 100 元内免税）	32.9%
海淘		（1）原来税率四档（参上）调整后为三档 15%——对应最惠国税率为 0 的商品 60%——对应征收消费税的高档消费品 30%——其他商品 （2）现行货值在 5 000 元人民币以下的随身行李、税额在 50 元人民币以下的邮递物品免征行邮税政策不变 （3）或许仍有价格优势	
代购			

几点认识说明

1. 新税率对 2 000 元以下且原来行邮税超过 50 元的商品是利好。

（1）如中型电器。

（2）250 元以上服装（指原来行邮税超过 50 元的。如 300 元的服装：原来按行邮税 300×20%=60 元；现按综合税 =300×11.9%=35.7 元。注意，低于则不同了，原来按行邮税 250×20%=50 元，且消费 250 元内免税，其实也是符合 50 元内免税；现按综合税 =250×11.9%=29.75 元）。

（3）高单价化妆品（指原来行邮税超过 50 元的。如 200 元化妆水：原来按行邮税 =200×50%=100 元；改后按综合税 =200×32.9%=65.8 元；注意，低价：如 99 元的化妆水，原来 =99×50%=49.5 元，免税。现在 =99×32.9%=32.57 元）。

2. 对原来行邮税低于50元的食品、保健品、奶粉、纸尿裤、100元以下个护等商品价格有较大影响，将从基本免税到按购物总价11.9%甚至更高的税率征收跨境税。如税前售价为120元的纸尿裤，原免税现按11.9%征税贵了14.28元。

3. 个人购买的单件商品完税价格超过2 000元限值为例（大牌手袋、电饭煲、数千元净水器等），则按一般贸易方式全额征税，缴税变多。

原来15 000元手袋 =15 000×10%=1 500元

现在 =15 000×1.13×0.17=2 881.5元（手袋暂时不征收消费税）

4月8日前抓紧囤货

某个精明的顾客挑选了300元的两片面膜和200元的一瓶洗发水，根据行邮税规定，护肤品及化妆品类的税率为50%，即需要缴纳250元的行邮税。可以分开多个订单，保证每个订单的行邮税额都在50元以下，就可以免税。

资料来源：2016-04-01《广州时报》。

要注意的是，政府的经济方针政策一般具有动态的特点，经济政策就是对经济的发展运行的要求。随政治经济形势的变化而变化，国家在不同阶段和不同时期，依据不同的经济目标制定和调整方针、政策，这必然对企业的营销产生直接或间接的影响。经济政策包括整个国家（含对外经济政策）、各个地区和行业等经济政策。需要我们认真加以分析认识，为确立好广告主题服务。

2. 经济因素

广告拟投放的地域的经济发展水平、经济结构等方面的经济条件和发展状况，无疑在广告主题确立时可以考虑进行结合运用。我们先来认识经济因素所指的是什么。经济因素是指企业市场营销活动（包括广告活动等）所面临的社会经济条件及其运行状况和发展趋势。经济因素包括影响组织、存在在组织外部的经济政策走向、经济结构、产业布局、资源状况、经济发展水平以及未来的经济发展趋势等。下面一一进行分析认识并且结合广告主题的关系进行说明。

（1）经济政策及其走向，包括整个国家（含对外贸易）、各个地区和行业等经济管理运行政策规范。国家的宏观经济政策主要体现在人口政策、产业政策、能源政策、财政金融货币政策。这些政策的认识，我们在前面政治因素中进行了说明，当然也可以归集在经济因素进行认识。要注意国家维度的政策和地区维度的一些经济政策，都可能与广告主题有关。如国家维度的一些政策，国家关税和贸易政策、2010年国家关于汽车家电下乡优惠政策、2010年国家关于减免农民税收的政策。这些在广告主题运用中都有广告案例，如汽车家电下乡，很多家电企业采用这一主题进行广告。各个地区维度的经济政策，如广州市为了大力发展汽车产业专门制定了广州市政府有关汽车产业的政策等，在前面政治因素中都有提到运用的例子。

改革开放后，我们国家一直以经济建设作为中心，整个国家的事业秉承这一宗旨蓬勃发展。同时我们国家是按照市场经济体制运作的，既需要遵循市场经济的规律，又要利用经济政策和借助经济杠杆调节市场。例如，2010 ~ 2011 年国家为了调控房地产市场过热，出台了“国 16 条”“国 8 条”“新国 10 条”一系列的房地产政策，各地方也遵循国家的政策精神出台了地方的政策，如广州市也在 2011 年 2 月 16 日出台了限购第三套房的政策。而因为广州限购，其周边的城市则大打不限购为优势卖点的广告主题，如中山雅居乐、清远阳光 100 等楼盘。

这里要重点说明的是，在广告活动中更要多关注地方经济政策的走向，如广州市出台了大力发展商品流通业的政策、大力发展现代服务业的政策、大力发展汽车产业的政策、房地产政策、电子商务政策，等等，与相关行业的广告活动有着密切的关系。

（2）经济发展水平。经济发展水平是经济环境中直接影响消费市场的决定性因素，它会决定当地的市场购买力，可以直接反映当地消费者有没有钱买、买多少、买什么。经济发展水平高、提高得快，就业人口就会相应增加得快，同时社会失业率低、企业开工率高以及经济形势的宽松，必然会引起就业者收入的增加。如广东的四小龙之一东莞市就是一个用工的大市，随着经济的增长用工数量不断增加，员工薪酬待遇一路攀升。而收入增长会促进消费需求增加和消费结构改变；反之，需求量就会减少，消费结构就会变化。如广州市商品流通业的发展，伴随当地每年大约 10% 的经济发展水平的增长，广州市已于 2010 年成为全国流通业发展的翘楚；特别是广州市以 2010 年的亚运会为契机，发展高端的零售业，以天河 MALL 为代表的大流通得到了迅速发展，成为华南地区高端消费的中心。

反映经济环境中经济发展水平最主要的指标是社会购买力。社会购买力可以直接反映广告地域居民的富裕程度。而社会购买力又与居民的收支、储蓄和信贷以及物价等因素密切相关。例如可以从节日里广州市天河城、正佳广场广百商店、友谊商店，这些反映广州商业的名片、商业发展的窗口，人头涌动、热情购买的景象中，基本得出社会购买力发展的水平。而在广告主题思考上也可以多结合“天河城、广百、友谊是广州人美好生活的象征、名片”等进行运用。

（3）经济特征，包括国家或某一地区的人口、收入、自然资源及经济基础结构等方面的条件，这些因素都会在不同程度上影响市场经济发展的方向、结构和速度。广州处于珠江经济带，珠江水网丰富，连着港澳，经南中国海直通经济活跃的东南亚国际市场，是南中国一条资源密集的“金腰带”。如广州市的经济，第三产业发展迅速，被誉为“购物天堂”“美食之都”，除了这些发展外，第二产业也得到了高速发展，“广州制造”“广货”成为一个响当当的牌子；广州的汽车制造、会展业、轻工业在国内也是举足轻重。改革开放近 40 年，广州充分发挥比较优势，坚持在全国引领改革开放步伐。特别是 2001 年中国正式加入 WTO

以来，广州充分利用“入世”带来的红利，积极主动地参与经济全球化和区域经济一体化，积极参加国际分工与合作，促进开放型经济高速发展；外贸进出口平衡发展、“引进来”“走出去”齐头并进、开放型经济结构不断优化、开放型经济载体不断丰富、区域开放合作进程加快。㊀可以总括地说广州经济是最活跃的经济，引领国内市场的经济。而在广告主题思考上可以多结合“购物天堂”“美食之都”“会展之都”等进行运用。

（4）其他经济因素。经济的环境条件还包括许多的方面，经济发展周期就是也需要考虑的方面。市场经济存在一定的周期性发展的属性，起落平稳。如经济不可以一直高涨，否则会形成经济泡沫，所以，对于过热的经济又要适度地降温，自 2009 年开始的房地产价格高涨一直持续到了 2011 年中旬，国家自 2010 年年中开始进行专门的调控，到了 2011 年 2 月还在持续。再有就是经济发展速度。经济的发展速度直接反映了经济发展的情况。如广州市每年以 10% 左右的水平高速发展，保证了广州市充满生机和活力，各行各业蒸蒸日上、红红火火，市民过上了富足的生活。经济带动了人民购买需求层次的上升，促进人们消费观念的发展变化，如“享受生活”“品质生活”“一步到位消费”等，这些在确立广告主题时也是应当加以考虑的。

3. 社会因素

广告是面向社会大众的，具体来说在广告活动中我们是有目的地选择其中一些目标对象的，这些受众无疑是社会的一分子，他们生活在特定的社会阶层、社会群体，从事为社会服务的特定职业，接受过一定的教育，等等。所以，我们在思考广告主题时就是要分析清楚这些特定人的价值观念，崇尚什么，信仰什么，认为什么是美的、好的等，这些都可以归集为文化的范畴。我们把这些分析和认识归结为“社会因素”或者“社会文化因素”。所以，社会因素主要指社会文化环境。

社会是一个人的集合体，是由具有不同思想观念的人这一细胞构成的。每个人各有其不同的基本观念、信仰和追求。社会文化环境主要是指一个国家、地区的民族特征、价值观念、教育水平、风俗习惯、宗教信仰、生活方式、伦理道德、语言文字等的总和，也就是主要指由价值观念、宗教信仰、风俗习惯、文化教育、人文素养、社会道德风尚等因素构成的环境。我们从广告主题的角度来思考，可以把社会文化分层面来认识。我们的广告可能要面对全国的媒体受众（无差别市场广告策略），那就要分析认识整个国家的社会文化。总的来说，我们国家是一个具有悠久历史的国家，在 5 000 年的历史长河中形成了非常优秀的民族文化，勤劳、勇敢成为中国人共同的文化特质；我们建设有特色的社会主义社会具有她的共同的核心价值观。同时还要从具体广告覆盖地域的角度，即广告目标市场当地的文化环境去认识。正如俗语所言，“一方水土养育一方人”，广告覆盖

㊀ 资料来源：东方网，广州开放型经济特征。

的当地地域也形成了富有当地特色的文化。如广州市具有广府文化，当地人具有求真务实、开放包容、敢为人先、追求富裕的文化特质，在广告主题策划中无疑是要多加考虑的。

社会文化环境不像其他营销环境那样显而易见和易于理解，但对消费者的市场需求和购买行为会产生强烈而持续的影响，进而影响到企业的其他市场营销活动和广告活动。例如，自21世纪末兴起的美容美发热，相应的美容广告越来越多，广告商品层出不穷。美发店也为迎合人们的观念变化和需求变化像雨后春笋般出现，如截至2016年8月在广州市天河区粤垦路上不足400米的街道两旁，就有4家养生美容店在同场竞争。伴随着人们思想观念的变化，广州市整形美容业也得到了迅猛地发展，曙光美容、新华美容、新东方美容、华美美容等美容店同时在大力开拓市场，成为市场的领头羊，这些都是好的例证。

社会文化环境的内容构成非常丰富，主要构成大致包括六个方面，我们要多从广告主题确立的角度去认识。

（1）价值观念。价值观念是指人们对于事物的评价标准和崇尚的风气，其涉及面比较广，对企业营销活动影响深刻。价值观念可以反映在不同的方面，如社会阶层观念、财富观念、创新观念、时间观念等，这些观念方面的差异无疑造成了企业不同的营销环境。例如在服装消费特别是女性服装的消费上，教育程度较高、收入较高的消费者大多数都在追求有品位的、比较高端的品牌的消费。再如，社会道德中的尊老爱幼，往往具有较高的文化教育程度者比较具有尊敬师长长辈、爱护小孩的观念。这些文化现象，在我们思考以教育程度较高的对象为目标受众的广告主题时可以多加运用。

（2）教育水平。任何国度和地方的消费者在教育程度和职业上的差异，都会导致生活方式、消费行为与消费需求、思维方式、审美观念等的差异。所以，我们要对广告目标对象所具有的教育水平进行认真调查和认识分析。具体来说，文化教育程度较高的消费者都具有崇尚有品位的生活的观念，即大家经常称之为“小资生活”“品质生活”“金质生活”的观念。这些人群的价值观念也有别于其他的社会阶层。价值观念是指人们对于事物的评价标准和崇尚的风气，其涉及面比较广，对企业营销影响深刻。价值观念可以反映在不同的方面，如社会阶层观念、财富观念、创新观念、时间观念，等等，这些观念方面的差异，无疑造成了企业不同的广告市场环境和其他的市场营销环境。例如在服装消费特别是女性服装的消费上，教育程度较高、收入较高的消费者大多数都在追求有品位的、比较高端品牌的消费，我们在思考品牌服装广告的主题时就要多考虑受众的心理需求的满足。再如，尊老爱幼的社会道德，往往具有较高的文化教育程度者比较具有尊敬师长长辈、爱护小孩的观念。广告主题确立时要注意多加以利用。追求和推崇有品位的生活是这些人群的社会阶层观念的反映，洁柔纸巾国际版的广告就是采用“纸巾是脸面，纸巾是有品味生活的写照”的广告主题，让受众看后印象非常深刻。这一点还可以结合上面“价值观念”的说明来认识。

（3）风俗习惯。世界范围内不同的国家、国家内不同的民族、同一国度内不同地域的居民在居住、饮食、服饰、礼仪、婚丧等物质和文化生活方面都各有特点，长期发展形成了富有特色的风俗习惯，各地民族在风俗习惯在存在着明显的差别。例如，阿拉伯国家的女性服饰具有浓郁的特色，女性运动员在参加第十六届亚运会时都是头巾披脸，形成一道独特的风景。从广告目标市场来认识，利用人们喜爱的风俗习惯无疑可以更加贴近当地消费者的心理，使广告更容易被接受，例如房地产广告中，利用人们靠山面水的居住习惯来确定的广告主题，就有不少广告采用。

⊙小知识

阿拉伯国家的女性服饰

阿拉伯女性服饰具有浓郁的特色，女性运动员在参加第十六届亚运会上都是头巾披脸，形成一道独特的风景。在阿拉伯世界里，多数妇女都有穿罩袍的规定与习惯。其实，那就是一件宽松的黑色拖地大外套，只是罩袍因各国不同的风俗习惯而有不同的款式、颜色与剪裁，甚至有不同的穿法。除此之外，受到西方服饰潮流的影响，中东妇女的罩袍也跟随时装发生变化，不再只是一块简单的黑布而已。阿拉伯妇女也有不穿罩袍的时候。一是在家里，穿居家便服，但若有男性亲属在场，仍须包戴头巾；二是在纯女性（不可有任何一名男士）的聚会场合，可以脱下罩袍头巾，露出庐山真面目。出席纯女士们的正式晚宴，这将是女士们亮出美貌、身材、名牌服装、珠宝首饰的难得机会。对阿拉伯妇女而言，西方妇女华丽的洋装礼服她们也有，但她们独特的罩袍头巾，西方妇女却没有。

资料来源：百度知道，阿拉伯国家女人为什么是遮脸？

和阿拉伯人交往的礼仪

风俗习惯：握手与拍摄

勿主动与女性握手或随意拍摄女性。从社交礼仪上讲，一般情况下男性不主动跟女性握手，应先等女性伸手以免尴尬。在阿拉伯国家，女性一般不会主动跟男性握手。海湾国家的女性绝对不跟男性握手。几乎在所有阿拉伯国家都不能不经允许拍摄女性，尤其是戴面纱的女性。这一点在海湾国家更要注意，随意拍摄往往会引起官司。另外，一些敏感处所也不允许拍摄，拍摄前最好先弄清有关规定或咨询当地人。

资料来源：http://arab.tingroom.com/wenhua/albfsly/25.html。

（4）宗教信仰。宗教几乎是与人类相伴随的最悠久的社会现象，数以亿计的人信仰宗教，在宗教影响下生活的人就更多了。人类文明几度鼎盛，又历经多少劫难，但宗教仍代代相传。宗教具有如此顽强的生命力，必有其合理的缘由。宗教又是一个极其复杂的社会现象，是一个富有神秘色彩的社会现象，宗教还是内容极为丰富的文化现象。古往今来，人类一切文化几乎都与它有关，受其影响，人类各种文化甚至可以以不同的宗教来分类，宗教文化本身也有极为丰富的内容：哲学、科学、伦理、艺术，乃至习俗，包罗了文化的一切领域。

宗教是影响人们消费行为的重要因素之一，不同的宗教在思想观念和生活方式、宗教活动、禁忌等方面各有其特殊的传统，这将直接影响其消费习惯和消费需求。如世界三大宗教佛教、基督教、伊斯兰教，各有教规和教义，我们在遇到广告覆盖该地区时要多结合一些资料去认识清楚。

（5）人文素养。人文素养即人文科学（如政治学、经济学、历史、哲学、文学、法学等）的研究能力、知识水平和人文科学体现出来的以人为对象、以人为中心的精神——人的内在品质。[⊖]社会文化具有国度、民族、地方的不同人文文化。德国一家电视台推出了一则广告，广告中美国前任总统奥巴马、前国务卿希拉里身着舞蹈服装跳起了恰恰舞，法国前总统萨科齐也成了冰舞选手，类似这样的广告在国内是无法刊播也难以被人们接受的。广州是一个包容性很强的城市，具体可以从广州市仍然存在的城中村中各式人物共同追求都市生活梦想的现实中看出；还可以从广州珠江电视台热播的电视连续剧《外来媳妇本地郎》中康伯一家对外来媳妇的喜爱得到领会。广州人具有很好的守纪律的习性，大家在地铁、公共汽车候车排队中可见一斑。广州人具有“白话情结”，认为白话意味着南方人。广州人具有“洋品情结”，当年广州“吉之岛”（现改名为广东永旺）开业时出现万人空巷的景象就是很好的例证。

（6）其他社会文化环境。社会文化环境还包含了亚文化、语言、社会结构、社会道德风尚等多方面的因素，其中社会消费潮流，会使消费者产生共同的审美观念、生活方式和情趣爱好，从而导致社会需求的一致性。广告主题确立可以考虑加以利用，如广告主题采用“潮流兴某某时尚”。最后，要认识到随着经济生活的国际化、世界文化交流的加深和不同民族、地区文化的相互渗透，企业所面临的社会文化环境也在不断发生变化，在广告活动中要善于发现变化，并且及时把握时机，制定相应的广告主题策略。可见，要认识好社会文化因素还需要更深入和更多方面的学习。

⊙小知识

亚文化

亚文化是指存在于一个较大社会群体中的一些较小社会群体所具有的特色文

⊖ 来源于百度百科，人文素养。

化，所谓特色表现为语言、信念、价值观、风俗习惯的不同。人类社会的亚文化群主要有以下三大类。

（1）国籍亚文化群。国籍亚文化群是指来源于某个国家的社会群体。如：美国的“唐人街”，体现了中国的国际文化，但总体上受到所在国的影响。

（2）种族亚文化群。种族亚文化群是指由于民族信仰或生活方式不同而形成的特定文化群体。比如我国多个少数民族，在饮食、服饰、建筑、宗教信仰等方面的不同。

（3）地域亚文化群。同一个民族，居住在不同的地区，由于各方面的环境背景不同，也会形成不同的地域亚文化。比如我国汉族，在不同地区，有不同方言。

4. 法律因素

这里首先要说明的是，有很多的学者将法律环境因素与政治因素合在一起认识，我们这里还是分开突出来认识。在广告活动中，我们必须认识到企业是“社会人”，要遵纪守法。具体来说，企业要遵循的法律包括《中华人民共和国合同法》《中华人民共和国消费者权益法》《中华人民共和国反不正当竞争法》《中华人民共和国广告法》《中华人民共和国产品质量法》《中华人民共和国税法》《中华人民共和国专利法》《中华人民共和国商标法》《中华人民共和国直销法》等法律。

法律环境是指组织外部的法律、法规、司法状况和公民法律意识所组成的综合系统。我们的国家不断在完善这一系统，构建起健全的法律体系。如随着明星代言虚假商品广告的增多，国家专门制定了明星代言广告也要承担连带责任的规定。随着经济和社会的发展，国内市场的贸易政策和法规也在不断完善。另外还要注意，国外市场的贸易政策和法规，是进入国际市场的企业必须了解的情况，具体包括该国的关税情况、配额分配情况、国内税、货币管制措施以及卫生与安全规定等，我们的广告涉及的时候要认真分析认识。而在贸易保护主义日益加重的情况下，各国的非关税壁垒也日益严重，如果不全面了解当地的有关法规，必然会导致经营的失败和广告难以成功和有效后果。例如中国纺织品反倾销案就是经营失败的例证。

5. 技术因素

技术革命的发展，不仅会导致新产业部门的出现，而且会促使市场需求大幅度上涨，也必然会导致消费结构、市场需求结构发生变化，最终改变人们的消费模式和生活方式。在美国、日本等发达国家，新技术革命的出现使零售商业结构和消费者购物习惯发生了很大的变化，出现了电视购物、网络购物，在我国也是一样的。同时要注意，技术革命导致产品生命周期缩短。消费者都有求新的心理。新技术的不断发明运用，大大提高了产品的生产水平和产品质量，带来对市场原有产品的更替。而且在速度上来说许多产品的更新是飞速的，如手机、电视机等产品。

广告商品的技术性能是消费者购买商品时最为看重的方面。比如电视机、洗衣机、冰箱，往往以技术性能优越作为广告主题，这样是最容易吸引消费者的，特别是新产品，TCL彩电就经常以科技领先为主题，如“科技改变生活”。所以，在分析认识广告商品主题时我们首先要想到的是以广告商品的技术性能特点、技术水平来作为广告主题。日产汽车在日系三雄中异军突起，它的广告主题就是突出“技术日产”。技术要素不仅仅包括那些引起革命性变化的发明，还包括与企业生产有关的新技术、新工艺、新材料的出现和发展趋势以及应用前景。我们在广告主题确立时可以具体从这些方面去思考结合。

6. 自然环境因素

任何组织和个人都是自然环境的产物，不能脱离自然环境生存。自然环境因素具体包括一个组织的活动、产品或服务中能与环境发生相互作用的要素，如交通、地理环境、气候等具体的自然因素。以交通来说，交通的便利使得人们的生活更加便利，也拉近了相互之间的“心理距离”，过去从广州到武汉要七八个小时，现在广武高铁只要三个小时，所以武汉当地的旅游广告、房地产广告开始将目光瞄向了广州的人。2013年3月10日，660多名广东东莞旅客踏上去武汉的赏花高铁。另外660多名广东游客定于3月11日抵达武汉。这批“千人高铁团”是广州对武汉3月份前来举办“新花城”推介会的一次积极回应。武汉市旅游局局长张侠介绍，2013年3月初武汉市旅游局在广州成功举办了“新花城”旅游推介会，面向市场推出了以梅花、樱花、杜鹃花、牡丹花、荷花这“五朵金花”为主题旅游产品。借着樱花即将开放的有利时机，武汉市旅游局向广东市民发出邀请，武汉市康泰国际旅行社积极联系组织，广东当地旅行社积极配合宣传，广东千人高铁团迅速就成形了。从地理环境来说，自然环境因素是指广告目标对象所处的地理位置以及与之相联系的各种自然条件的总和，包括气候、土地、河流、湖泊、山脉、矿藏以及动植物资源等。具体从气候来说，炎热的夏天，直接与降温防暑商品的广告主题相关，而寒冬腊月又直接与保温取暖商品的广告主题相关。气候会影响消费者的饮食习惯、衣着、住房及住房设施。某种气候条件下，消费者的选择会带有一定的针对性，这种情况并不是人为因素造成的，所以同样的产品在不同条件下，会有截然相反的需求状况，销售方面当然也会有很大差别，广告主题也可以不同。例如空调，在广州湿热气候下可以以抽湿能力作为主题，在大冷天可以以变频能制热作为主题。从土地等条件来说，好山好水与一些名优土特产品广告主题相关，如茶叶、人参等。从山脉来说，名山大川与水质相连，近年新推出的昆仑山矿泉水、长白山矿泉水、恒大冰泉等都是从这一主题出发的。以上这些因素我们在具体思考广告主题时要好好加以结合运用。

7. 人口因素

广告投放的地域面对的是什么样的“人”的情况，无疑是我们在思考广告主题时要加以考虑的。人口直接决定市场的结构、容量等方面，有人才有市场，才有广告投放的价值。人口的属性包括很多方面，如人口的数量、人口密度、年龄结构、性别结构、职业分布、收入分布、家庭数量、家庭收入、家庭年龄、民族类别及结构、地理分布、流动性、出生率等方面。我们在思考广告主题时要做一些必要的考虑，如当地人口数量很大，广告主题可以说明是宜居宜业的好地方；结合人口密度大，房地产广告主题可以是“尺地寸金”“共同追逐梦想的人们”“方便的老城区”等；结合年龄结构，广告主题可以考虑“老龄化社会”“创客”“四世同堂”等；结合性别结构，广告主题可以是“登对”“美眉天地”“酷哥世界”；结合职业分布，广告主题可以是“知识的摇篮”“白领品位一族”等；结合收入分布，广告主题可以是“任性一族”“中间社会”“梦想一族”“月光族”等；结合新家庭数量多，广告主题可以是“标配消费”“一步到位消费”；结合家庭收入，广告主题可以是“家族荣耀”“勤俭之美”“幸福快乐之家”；结合家庭年龄比较大，广告主题可以是“幸福三口之家”“温暖家园”“给父辈的报答”等；结合民族类别和结构，广告主题可以是“民族之光”“民族大团结”等；结合人口的地理分布，主要是指人口是分布在农村或城市、热带或寒带、山区或平原等不同地理环境，广告主题可以是“广袤大地”“草原月色美”“高山之巅”等；结合人口流动性，广告主题可以是“新客家人”“安居乐业”“梦想家园”等；结合人口出生率控制比较好，广告主题可以是“优生优育”“优质生活”等。

2.2.2 传统意义下的中观环境因素分析

1. 要义

中观环境是与广告活动具有更进一步关系的一些因素，主要指的是广告商品所处行业的发展条件。

广告商品所处行业的发展条件是不同的，有的行业属于国家和当地政府扶持大力发展的、处于蒸蒸日上的朝阳行业，有的则属于要调整、减少、抑制发展的。由于存在这样的差别，所以，在政策、资源禀赋上就会存在很大的不同，如跨境电商的发展、电子商务的发展、相关行业互联网 + 的发展等，都是当今当红的行业。

2. 主要的内容

很明显的是行业发展条件与企业存在更为紧密的关系，具体来说包括如下几个方面：

（1）特定的行业发展的状况；

（2）行业的生命周期；

（3）行业的政策；

（4）行业资源的条件等，例如广州市是商品流通业发展条件非常好的国家级商贸城市，这成就了它连续几年成为《福布斯》排行榜中的最佳营商城市。

行业发展为广告商品提供了发展的条件和舞台，以上这些中观环境条件，在思考广告主题时必须认真加以考虑，如广州购物中心业态、百货业态在珠三角起到引领作用，在国内也是处于领先地位，在广告主题确立时可以采用“珠三角的天河城”等。再以广州的会展业为例，可以说是处于国内领先地位，广州市政府也通过制定促进发展的政策促使广州向国际会展中心迈进。具体以广州汽车会展业为例，在国内汽车会展业中，广州车展向来和北京车展、上海车展并称三大车展，每次广州车展全球首发车之多，体现出了国内顶级车展的地位。作为华南地区的桥头堡，广州车展依托的不仅仅是广州市场，其背后的支撑力量是消费实力强大的珠三角区域乃至整个华南市场，更因为在其辐射范围内，还有广州、深圳、佛山等多个地方的汽车产业链。随着珠三角汽车板块的继续发展与扩张，广州车展的地位仍然是其他区域市场的车展所难以取代的。而佛山市场、佛山汽车产业链条，都为其影响力的扩张助益良多。这些都可以作为确立广告主题时考虑的因素进行结合应用。

2.2.3 传统意义下的广告微观环境因素分析

广告微观环境因素（有的学者称为广告微观决策因素）是指对广告主题的确立具有直接影响的因素。它所包含的内容是非常丰富的，主要包括了广告主、广告商品、广告目标对象（广告受众）、竞争对手、广告媒体、广告时间、广告地点、广告策略（含广告预算）、广告目标等，由于广告商品、广告目标对象（广告受众）还作为三因子中的另外两个因子，将在后面项目展开学习，在这里只是简单提提。

1. 广告主

想做广告的企业的内部发展条件无疑直接影响广告主题的确立。一个实力一般的企业广告主题不能说成是实力超群的企业，因为这已经是违背了《广告法》的规定。广告主的内部发展条件包括企业的历史、商品生命周期、商品生产技术水平、行业地位、品牌价值、企业经营管理水平、企业形象、市场扩张能力、新产品开发能力、企业文化等，这些条件，在思考广告主题时可以加以利用和结合，如对实力超群的格力公司，广告主题基本上是直接表达企业领先的地位，“好空调，格力造”。

2. 广告商品

广告主题要表达的商品，种类不同条件是不同的，每天有成千上万种商品做广告，广告主题是不同的。而且广告商品生命周期是发展的、生产技术是发展的，市场环境也是发展变化的，所以，我们应当好好结合广告商品的条件进行思考广告主题。一般来讲要考虑的，包括广告商品是进口合资还是国产的、广告商品价格水平、广告商品品牌影响力等方面，由于在考虑的时候这一因素是消费者最为关注的因素，重要而且内容很多，所以，我们把它独立出来作为广告主题思考的第二大因素来分析认识，具体内容在第三项目中深入学习。

3. 广告目标对象

广告活动是一种目标明确地针对特定的广告对象，进行有目的的信息宣传的活动。目标对象定位是谁，将直接影响广告的主题。例如化妆品“可伶可俐”，针对的是年轻的女性，广告以轻松活泼的格调展现了广告商品的主题“青春美好”，符合了年轻人的个性。世界快餐业的老大麦当劳的目标对象一直是小孩，在2003年做出多年来首次重大品牌策略调整后，在全球120多个国家同时召开品牌宣传发布会，并播出全新的系列广告，以“我就喜欢”作为宣传口号，圈定的目标对象直指年轻白领一族。此次宣传活动之高调及规模在业界均被认为是麦当劳多年历史上罕见的举动。以“我就喜欢（i'mlovin'it）”为广告主题的广告宣传活动，是麦当劳历史上第一次在同一时间、在全球120多个国家和地区以同一组广告、同一种信息来进行品牌宣传。新广告在美国为麦当劳树立起前卫、时尚的崭新形象，随着“超级男孩”贾斯汀主唱的广告曲在美国青少年中的流行，人们逐渐接受了广告传达的信息：光顾麦当劳不仅是因为它便宜，而且是因为“我就喜欢”。麦当劳2005年加强了对儿童的广告宣传攻势。目标对象为4 ~ 7岁儿童的“快乐用餐”，广告同时在小学学校进行健康饮食的指导，在操场上进行半小时的“与麦当劳叔叔亲密接触”活动等。这里还要强调的是虽然广告商品会有众多的不同层次的消费者购买，但是广告不能面面俱到，要把主要的销售对象作为目标销售对象和广告的目标对象策划广告主题。

由于广告主题没有进入广告受众的心坎就难有好的效果，所以在考虑广告主题的时候这一因素是广告人必须最为关注的因素。这一因素重要而且内容很多，所以，我们把它独立出来作为广告主题思考的第三大因素来认识分析，具体内容在项目四中深入学习。

4. 竞争对手

竞争对手的广告主题我们在设想自己的广告时一定要加以掌握，因为在广告行业中有一句行话叫作“模仿是徒劳的”，我们的广告主题尽可能不要与竞争对手的一样，包括后面项目要学习的创意表现等都是要求必须要具有独立性的。这样，就要求我们要认真调研积累竞争对手的广告作品。要注意，既然是竞争对手，我们的广告往往与对手是“针锋相对”的。例如王老吉与加多宝凉茶的广告就是最好的说明。同时还要注意，要赢得竞争我们的广告商品必须比竞争对手具有一定的优势，这在思考确定广告主题时都必须加以注意。

5. 广告媒体

广告媒体是指在一定范围内能借以达成目标信息传播效果的物质载体。广告媒体的内容很多，包括大众传播媒体与非大众传播媒体两大类。每一类又包括多种的类别。这里要先认识到不同的广告媒体特质是不同的，在传播广告信息上具有不同的特点，比如电视媒体具有多维的特质，特别是能传递动感的信息。报纸只具有文字和图画的元素，只能传播静态的信息。所以在确定广告主题的信息传播方式时要注意这些特性并加以考虑。

由于媒体是广告刊播借助的载体，我们在广告实务中还要考虑如何利用好具体的媒体和媒体组合，促使广告效果目标顺利实现。例如利用报纸媒体，我们在设想广告主题的时候就想好了利用报纸做主要以文字为主的广告，那么，在该广告设计好后，就遇到利用什么报纸的问题，用《羊城地铁报》还是《羊城晚报》还是《广州日报》等。这些内容的学习，具体将在项目 9 中的任务 2 下进行专门的介绍。

6. 广告时间

客户要求以及广告人选择推出广告的时间与广告主题存在相关性。因为在要求的时间或选择的时间里，可能存在广告的一些特殊时间节点和事件。如广告要求在中秋节前播出，可以考虑利用中秋佳节为主题内容做思乡或贺佳节的广告；在广告要求播出的时间里正好迎来了亚运会，可以做亚运赞助广告。在思考主题时还可以结合节假日和一些受众关注的事件，例如借势“神五”策划蒙牛牛奶实现品牌飞升。在 2003 年，最令国人振奋的事件无疑当属“神舟五号”载人航天飞船的成功发射与回收。“神五”实现了中国人的“飞天梦想”，成为中华民族伟大复兴的重要象征。航天工程历来都是一个国家科学技术和综合国力的表现，会推动国民经济和社会的发展。同时“神五”升空，也是提升中国国家形象的一项重要工程。借势“神五”成为各行各业的契合点。这其中不少企业适时把握了这个千载难逢的良机，全力以赴打造品牌。但各企业之间在“神五飞天”事件营销上有很大差距，赞助“神五”的企业很多，但今天能够清晰记住的首推蒙牛，根据央视市场研究公司品牌成长检测系统，2004 年 2 月份的数据显示，蒙牛品牌在乳业品牌的各项指标评估中都排在第一位，抓住“神舟五号”上天的契机，蒙牛成功地进行了一次借势飞升的营销战，营造出好的广告主题吸引目标对象。类似可以利用的时间节点还很多，如父亲节、母亲节、情人节、中秋节、国庆节、春节，可以利用的事件包括“快男”“快女”、欧冠、世界杯等。

7. 广告地点

广告针对的是哪一个地域的受众，应该考虑到所面对的受众的民族特点、风俗习惯、文化教育水平、经济发展水平、人们的消费观念等方面。特别是针对特定范围的受众，用当地人习惯的语言进行广告有时广告效果可能会更为理想。如利用广州市民喜欢的翡翠台做广告，好迪和P&G生产的护舒宝都是这样做的，当地市场销售很好。再有，每一个地方都存在着当地的人文环境，广告主题必须加以考虑。例如在广州做广告要考虑到当地市民热衷于讲究意头，广告主题在确立时必须加于认真地考虑。具体广告例证包括星群夏桑菊、王老吉、加多宝等，大家可以通过优酷搜索广告欣赏。

8. 广告策略

在广告活动中必须考虑运用一定谋略和措施来加强广告的效果。而广告效果的生成靠一次或短期某则广告是不可能达成的，为了达成和提高广告效果往往需要做一系列的广告，这样，在广告活动中就形成了系列广告策略。系列广告策略的形式主要包括主题系列广告策略、形式系列广告策略、功效系列广告策略、产品系列广告策略。这里就存在广告主题是在一定时期内维持不变还是根据广告商品的阶段发展变更的问题，所以，在广告活动中就存在了是沿袭以前的主题还是变更新主题广告的问题。由此在微观环境分析时还是要加以考虑。如果企业采用随广告商品的生命周期的变化对广告主题也相应做必要调整，这一策略称作“广告主题系列策略”。

换句话说，就是在广告商品的一定时期内根据广告商品的不同市场特点做不同主题的多则广告。具体来说可能二三年或更短时间时间内，或者三五年、十年、八年或更长时间内，根据广告商品的不同市场特点做不同主题的不同的广告。例如，运动手表刚开始开拓市场时广告告知市场“这是一款与运动相伴的手表”，过了一段时间面对市场高速增长有了市场竞争对手时突出这款手表的优势，再过一段时间处于成熟饱和期就要维持市场的美誉度，最后一段时间新型的替代商品已经出现，商品处于衰退期就要以提醒顾客购买为主题。还有一种策略就是在好长的一段时间内广告主题保持不变，但广告的表现形式进行变化的策略，我们把这一策略称为“广告形式系列策略”。有些大牌商品的广告经常采用这种策略，如麦当劳“我就是喜欢”的广告一做就是十几年，但演绎的形式不断变化；可口可乐广告“快乐靠自己”、百事可乐“年轻一代的选择”等广告也是如此。

总结前者主题系列广告，是由于市场条件已经变化，广告主题必须随着加以改变。后者形式系列广告来说，可以有几个方面好处，一是主题维持不变，可以增加广告重复的效应；二是通过形式的改变可以增强广告的吸引力。这里还是要提醒注意，究竟广告主题要维持多长时间不变，广告人应当通过市场调研来确定。而且还要注意，采用形式系列策略的情况下，策划的本则广告就要参照以往的广告主题来确立广告主题了。

功效系列广告策略，就是在不同则的广告中强调广告商品具有不同功效为主题的一系列广告。如空调广告，第一则广告以空调“快速制冷”为主题；第二则广告以“变频”为主题；第三则广告以“抽湿”为主题；第四则广告以“超静”为主题。所以，在思考广告主题的时候，我们也可以一并考虑到广告该怎么做，采用什么策略，并且考虑相应的广告主题。

产品系列广告策略，就是通过多则广告、整分合的形式展现企业的生产、经营实力，广告的风格基本不变，广告主题基本也是不变。如美的为了展现企业产品线很丰富，企业实力超群，可以用多则广告组合展现美的生产的丰富产品，如冰箱、洗衣机、电饭煲、空调、电磁炉、电熨斗等，将几个产品组合在一则广告中展现，通过几则广告展现后，再通过一则广告进行全面反映。苏宁、国美的广告有的时候也会采用这一策略，先在一段时间内突出苏宁经营的代表性商品，如空调、彩电、冰箱，然后整合反映苏宁的全品牌经营。

9. 广告预算

广告预算直接决定了广告主投入广告的费用高低。这样也就直接决定了广告可能采用的媒体形式，可以请的代言人，从而也就决定了广告主题的确定。比如说是大制作还是小制作，是突出品牌还是功效性价比。这里首先要说明的是，一方面广告人可以通过广告预算向广告主说明要达成广告目标需要投入的各项费用。另一方面，作为广告主也应当对自己能拿出多少的资金投入广告进行预算。广告预算的内容非常丰富，一些充实的认识可以参见附录。

⊙小思考

收集一则有创意的广告并加以评述。

10. 广告目标因素

这个因素比较重要和特殊，要认真认识和深度分析。前面我们已经认识到广告是市场营销组合策略中促销策略之一，按照市场营销活动的要求，应当先从市场营销环境入手，认清市场的形势、条件、发展要求。可见，广告活动作为其中一种促销活动手段，无疑也应该从广告环境因素出发来设想活动。那么，按照这一思路，我们做了宏观环境、行业环境和微观环境因素的分析，以及投放地的环境分析，下面就是要来设想我们的活动一环。广告活动作为一项活动必须要在心目中设想好预期达到的效果和结果，而且是可以通过一定的投入努力后实现的结果，这也就是广告目标，通过目标来指引为实现目标该怎么做。比如说广告信息该说什么、广告策略、广告效果测定等。

这里还需要说明的是，作为指引广告活动的广告目标的设计，广告人在长期的广告实践中，已经能够明确的确定在不同的环境条件下应采用的最好的广告目标。如一般最基本的目标是创牌、竞争、保牌。当然，广告目标还可以进一步具体化。而由于广告目标的不同，应该在广告中说什么是不同的，即广告主题将直接受到影响。

⊙小案例

广东广旭广告公司1993年为“丽珠得乐”胃药策划的一组系列广告，就是以唤起消费者共鸣取胜的，贯穿几则广告的标题是：“其实，男人更需要关怀”。“男子汉系列”广告由3部电视片、1个MTV、6则平面广告组成，平面广告有《演员篇》《养路工篇》《摄影师篇》《教师篇》《建筑工人篇》《货车司机篇》共6篇。“男子汉系列”的预定广告目标是品牌的建立，给产品一个独特感性形象，提高和扩大“丽珠得乐”的知名度，以知名度去扩大市场占有率。

通过以上的分析大家可以明确广告目标在广告活动中的地位和所处的环节。我们应该按照逻辑关系来认识相互之间的关系，广告目标是来源于环境因素的分析的，包括广告信息主体的分析和目标对象心理的分析，这样才能确定出一个合适的目标，从一定意义上说是全部环境因素综合得出的。同时要认识到广告目标直接决定了广告主题信息的核心。所以，广告活动的流程是广告环境——广告目标——广告主题——广告创意——广告表现——广告制作——广告实施——广告效果测定。我们还把广告目标相关的部分知识放在项目五中学习。

2.2.4 从广告目标市场角度分析市场环境

正如在“广告决策因素”要义的说明中提到的，我们除了从传统习惯的市场营销活动角度去认识广告决策因素，为了贴近市场，我们还要从第二个角度来认识，即广告目标市场角度，如果广告目标市场是整个国家（或国外市场），那么就要以整个国家（或国外市场）的市场环境因素来考虑；如果是面对特定区域，如华南地区、东北地区、江浙一带等，就要以该区域的市场环境来考虑；如广告的目标市场是特定地区，如广州、小珠三角等，就要以该地区的市场环境来考虑。

在实际的广告活动中，由于广告主的市场战略策略的要求，进军的目标市场和目标的布局以及步骤是有计划的。所以，就会出现首先要思考的问题，策划的这则广告是投放在什么范围的，是采用全国性的媒体进行大范围、高强影响呢，还是采用区域媒体，面向区域市场呢；或者是采用地方性媒体，面对地方市场呢。这样，在对对应的市场环境进行分析的后，就会有新的角度的思考了。

1. 采用全国性的媒体进行大范围宣传下的环境分析

广告目标市场是全国，利用具有全国性影响力的媒体，如中央电视台、中央人民广播电台、《人民日报》《参考消息》、手机、网络等，我们以中央电视台为代表。由于是面对整个国家的受众，就要分析国家层面的环境。宏观、中观和微观的因素，这些方面的认识与我们前面所讲的按照传统意义的环境认识是一致的。

如分析我们国家的社会文化环境，就要认识到中华民族是一个具有优秀传统文化的民族，崇尚勤劳、友善、孝道等。

2. 采用区域性的媒体进行中等范围宣传下的环境分析

广告目标是区域市场，如华南地区（广东、广西、福建、海南、港澳），就要利用在华南地区具有影响力的媒体，如《广州日报》、广东卫视、华南网等。同时，在广告主题策划时就要针对华南地区的一些环境因素进行分析，包括该区域实行的一些政策（如沿海开放政策）、区域经济、技术、文化、自然等因素，广告商品所处行业在该区域发展情况等因素。

⊙小知识

《广州日报》多年来注重新闻报道、市场推广、自身建设、业界创新等方面塑造品牌价值和影响力，成为华南第一报媒和最具品牌传播力的媒体。作为华南第一大报媒领先品牌，无疑倍数放大了客户的广告效应。广州日报取得以下成就：广告收入连续16年全国第一；中国第一家推出独立的《导读和索引》版；印务中心印刷能力亚洲第一；单日大报出版数量全国第一；珠三角发行订户数量高，零售量最大；数字报纸在中国出版科学研究所的数字报纸综合评测中排首位；广州日报报业集团粤传媒上市开创全国先河。

资料来源：《广州日报》，百度百科。

3. 采用地方性的媒体进行小范围宣传下的环境分析

广告目标市场针对当地（或某地）的较小的市场，如广州市（或东莞等其他城市）、小珠三角等。这就要利用在该地域具有影响力的媒体，如广州日报、羊城晚报、地铁报、信息时报、广东卫视等。同时，在广告主题策划时就要针对该地方的一些环境因素进行分析，包括该地域实行的一些政策（如广东省或广州市制定的一些地方政策）、地域经济、技术、文化、自然等因素，广告商品所处行业在该地方的发展情况等因素，如广府文化，广州人讲究意头，广告主题就可以考虑加以结合。

⊙小知识

《中共广州市委广州市人民政府关于加快发展现代服务业的决定》（穗字〔2008〕12号）指出重点发展高端服务业，着力打造现代服务业中心。重点发展现代物流、金融保险、商务会展、信息服务、总部经济、文化创意、科技服务、服务外包、房地产等高端服务业，着力打造亚洲物流中心、区域金融中心、国际商务会展中心、国际化信息港、亚太地区重要总部经济区、区域“创意之都”。

资料来源：三亿文库，http://3y.uu456.com/bp-e29b7a4d767f5acfa1c7cd94-1.html。

/ 实施任务 2/ 结合具体项目进行广告决策因素的策划

1. 任务的组织

（1）各小组先结合选定项目进行讨论，各自拟订个人的方案，然后小组再进行讨论，确定出小组的最后方案。

（2）老师组织小组之间进行交流，由各小组结合实际项目设计的方案进行相互讨论和交流；老师负责说明和决策。

（3）学习小组将完善好的设计方案提交老师进行评定。

2. 任务实施的要求

（1）每位同学都要积极参与，发表自己的观点。

（2）策划的广告决策因素必须紧紧结合设计要求。

（3）必须用电子文件和纸质文件将最终结果上交老师。

任务 3 广告决策因素的把握

广告环境因素这么重要，如何来认识和掌握这一因素呢。这就需要广告人平时积累，需要的时候开展专项的市场调研活动，必要的时候委托专业的市场调研公司开展调研。不管如何，一般的市场调研技术是广告人必须掌握的，多个专业也开设了对应课程，这里不再展开详细的说明。

2.3.1 广告市场环境因素调查的内容

小结广告环境因素的内容。从传统意义上来说，宏观环境因素包括政治、经济、文化、法律、技术、自然、人口。中观因素包括行业环境因素。微观环境因素包括广告主、广告商品、竞争者、广告媒体、广告策略、广告目标，等等。

2.3.2 广告环境因素调研的方法

由于广告活动本身就是一项市场营销活动，所以，具体的调研方法，完全可以采用一般的市场调研方法，即二手资料收集法、实验法、观察法、访问法。具体内容本书不做展开，感兴趣的读者可参考本人已出版的《市场调研与预测》⊖一书。

2.3.3 广告市场环境因素调研的要求

要紧紧围绕广告市场环境的内容，以调研问卷为工具，设计调研方案，采用

⊖ 本书由机械工业出版社出版。

合适的调研方式方法，开展调研。

⊙小练习

设计调研方案和问卷，调研飘影洗发水的市场营销环境。

/ 实施任务 3/ 结合具体广告项目进行广告决策因素的调研

1. 任务的组织

（1）各小组先结合选定项目进行讨论，各自拟订个人的方案，然后小组再进行讨论，确定出小组的最后方案。

（2）老师组织小组之间进行交流，由各小组结合实际项目设计的方案进行相互讨论和交流；老师负责说明和决策。

（3）学习小组将完善好的设计方案提交老师进行评定。

2. 任务实施的要求

（1）每位同学都要积极参与，发表自己的观点。

（2）策划的调研方案和问卷必须紧紧结合设计要求。

（3）必须用电子文件和纸质文件将最终结果上交老师。

‖ 学习指导 ‖

1. 学习建议

本项目作为三因子的第一个因子，内容丰富。必须认真结合一些实际广告案例进行理解认识环境因子中的细化因子。同时可以留意中央电视台刊播的广告，结合广告进行环境因素资料搜集和分析认识；结合广东卫视刊播的广告进行环境因素资料搜集和分析认识；结合广州“地铁报”刊播的广告进行环境因素资料搜集和分析认识。从而对要分析的环境因素有更进一步的认识。调研环境的内容，可以多结合《市场调研与预测》的内容，进行必要的复习运用。

2. 学习重点难点

重点：微观环境认识

难点：宏观环境认识

3. 核心概念

广告决策因素　宏观环境因素　微观环境因素

‖ 课后思考与练习 ‖

1. 单项选择题

（1）广告决策因子是指（　）。

A. 商品　B. 地区　C. 市场环境　D. 诉求

（2）政治环境因素不包括（　）。

A. 政治体制　B. 经济政策　C. 人文　D. 政府稳定性

（3）技术环境的变化会使商品的生命周期（　）。

A. 缩短　B. 稳定　C. 扩展　D. 延长

（4）自然环境不包括（　）。

A. 气候　B. 交通　C. 地理　D. 人口

（5）微观环境是比中观环境（　）影响广告的一种环境因素。

A. 更简洁　B. 更直接　C. 更间接　D. 长远

2. 判断题

（1）市场环境是有效地确立广告主题的基础（　）。

（2）任何广告主题的确立都必须遵循宏观环境的约束（　）。

（3）微观环境因素往往对广告主题的确立是决定性的（　）。

（4）广告主题的思考应当从宏观环境开始（　）。

（5）社会文化环境的调研可以认识受众的价值观（　）。

3. 问答题

（1）简要说明广告宏观环境包括的内容。

（2）简要说明中观环境包括的内容。

（3）简要说明微观环境包括的内容。

4. 案例分析题

2013 ~ 2016 年，以“珠江纯生”啤酒“是时候放松一下”为主题的广告，广告效果非常不错。该广告主要在珠江电视台、广东卫视播放，而且是粤语版本（该广告也有普通话版）。请结合该则广告进行广告主题环境因素的策划分析。

[案例分析要求] 要求认真结合案例分析认识：

（1）该则广告的环境分析应当包括哪些内容？

（2）你是如何认识该则广告的广告主题三因素的？

项目 3

分析广告信息主体因素

★ 学习目标

知识目标

认识广告信息主体的要义。

能力目标

1. 能够结合一些广告案例进行信息主体的定位分析。
2. 能够结合具体的商品策划广告信息主体的定位。

⊙ 项目介绍

广告主题的确立应当紧紧围绕广告商品本身的特质来进行。因为广告商品的价值和使用价值是消费者购买的基础和根本。广告商品有什么吸引力，消费者购买的理由是什么，无疑是广告人要认识分析清楚的，这样才能作为广告主题的核心内容进行宣传。对于广告信息主体的分析，有许多的学者称为“广告信息个性”，其实是没有区别的，我们把这一个因素称为“广告信息主体因素”，是因为必须明确广告做的是什么东西这一个主体的概念，但“广告主体”是广告法明确的概念（我们在第一个项目中已经做了说明），所以我们从信息主体来认识表述就显得很清晰，它指的是广告中信息的主体，无疑就是广告商品、广告企业、广告劳务。同时要注意，广告信息主体分析的目的也就是找到“广告商品的信息个性”，可见，采用“广告信息个性”因素认识，只不过是将因素分析的结果作为一个因素。而广告商品的信息个性，就是与其他商品比较具有的“不同的优势之处”，利用它在市场上打造出广告商品特有的形象吸引力。这里我们引入“广告定位”的概念，广告商品形象的树立要借助广告主体定位的方式来进行。而广告定位的方式又是多种多样的，从广告商品来说，包括实体定位和观念定位；从广告企业来说，包括市场领先者定位（抢占第一定位、强化定位）、市场后来者定位（跟随企业定位，如比附定位、补隙定位、逆向定位）、市场挑战者定位（对比竞争定位等）。

任务1　掌握广告信息主体的意义

3.1.1　认识广告信息主体的要义

1. 广告信息主体要义

广告信息主体是指广告信息所要说明的对象，主要包括商品、劳务、企业、社会组织。我们每一天听到、看到大量的广告，最主要的是生活中活生生的商品；还有就是在市场竞逐的企业，为了创出牌号做的企业形象广告；再有就是一些提供社会服务的企业，提供的大量劳务，如教育辅导、美容美发、出国服务等的广告。

2. 几点说明

（1）劳务一般指的是无形的商品，是广告信息主体的重要组成部分。为了更好地认识和归类，将它归附于商品一并认识。

要注意区分一个很相近的概念，就是“广告主体”。一条广告信息，在传达给消费者之前，会经过广告主、广告公司、广告媒体，三个元素之间的互动运作，他们能直接决定和影响广告信息。广告主体（advertisement subject）是指广告信息传播活动中的传送者，即广告活动的提议者、策划者、创意者和实施者。提议者是指广告主，策划者、创意者是指广告公司，也叫作广告经营者；实施者是指广告媒体，也叫作广告发布者。《广告法》采用三分法，将广告主体分为“广告主”“广告经营者”和“广告发布者”，其中“广告主”和“广告经营者”的范围包括“法人、其他经济组织和个人”，“广告发布者”的范围包括“法人和其他经济组织”。广告经营者和广告发布者，是满足广告活动需要的服务提供者，因此，在许多地方又往往把广告经营者和广告发布者统称为广告商。

⊙**小知识**

广州著名广告公司

上海李奥·贝纳广告有限公司广州分公司地址：广州市天河北路233号中信广场5204室邮编：510620　电话：87553068-380 87553098。

上海奥美广告有限公司广州分公司地址：广州市天河北路233号中信广场6103室邮编：510613　电话：38771888 38770422。

电扬广告有限公司广州分公司地址：广州市天河北路233号中信广场6406室邮编：510613　电话：87554328-27 87521066。

达美高广告有限公司地址：广州市先烈中路69号东山广场1007室邮编：510095　电话：87321148-108 87321777。

⊙小知识

广告的客体

广告的客体就是指广告作用的对象，即接收广告信息的受众，广告客体包括显在消费者和潜在消费者。

（2）广告信息主体是指广告信息所要说明的对象，主要包括商品（劳务）、企业（社会组织）。广告还通过商品观念来进行宣传，即通过观念影响受众。要注意的是，商品观念只不过是对商品的看法，本质上属于广告商品的属性，将在广告定位中认识。劳务是广告主体的重要组成部分，以无形商品将它归附于商品一并认识。企业形象是市场竞争的利器。所以，企业作为市场主体常从企业品牌（牌号）塑造和企业形象树立来进行宣传。另外，一些行业企业协会（如广东省连锁企业协会）和组织（如广州市人力资源和社会保障局）等也是会开展广告宣传的，一样应作为广告主体。同样为了更好地归类说明，把它们归入企业主体中认识。所以，广告主体最终将从广告商品和广告企业两大类别进行说明。

⊙小知识

广告对象是一个比较通俗的表述，有时指的是"广告信息主体"，有时指的是"广告受众"，所以，不够清晰，一般不用。

（3）与广告主比较。广告主是指出资做广告的自然人或法人组织。而广告信息主体是指广告要讲的商品或企业。两者是完全不同的。

3.1.2 广告信息个性

当今市场存在产品同质化、信息同质化以及品牌无本质差别的问题，使消费者面对同质的产品和信息难以区分、难于记忆、无所适从。所以，必须走个性化的道路。通过广告中信息的"与众不同"即"个性"，才容易引发受众注意和吸引广告受众。对于人来说，所谓"个性"就是个别性、个人性，就是一个人在思想、性格、品质、意志、情感、态度等方面不同于其他人的特质。我们可以把广告商品看成一个人，也应该在众多的商品中去塑造一个有个性的人。广告信息个性就是指广告商品所具有的、有别于其他商品的、能进行广告宣传的特质。要注意的是任何人都是有个性的，也只能是一种个性化的存在，个性化是人的存在方式。人的特质表现于外，就是他的言语方式、行为方式和情感方式等，我们在打造广告商品的个性时也可以从这些方面着手。

有个性的信息容易被广告受众注意，广告信息主体的个性是被注意的重要条件之一，而注意又是广告成功的一半。例如"农夫山泉有点甜"，突出的信息主体个性使得农夫山泉成为人们最喜爱的矿泉水。广告主题受广告信息主体的个性影响很大，所以，本项目对广告信息主体的个性进行认真深入的分析认识，并简称为“广告信息个性”。

⊙小知识

广州大洋广告有限公司、粤传媒

广告收入连续18年雄居全国平面媒体首位，品牌价值2016年增至126.27亿元。连续两年在世界品牌实验室发布的“中国500最具价值品牌”排行榜上，紧随中央电视台、凤凰卫视和《人民日报》之后，位居中国传媒第四、中国报业第二，粤传媒将在巩固并扩大广州日报传统优势的基础上，支持系列报刊深化和拓展细分市场，推动新媒体跨越式发展，打造全媒体时代传媒产业的航母群！

3.1.3 广告信息主体分析的意义

通过广告信息主体的分析，确立具有个性的广告信息，意义主要表现在两点。

（1）是广告成功的前提条件。只有具有鲜明的信息个性的广告，才能引起受众注意，才能引发受众的兴趣以致产生购买行为。因为商品具有独特的利益是促使受众形成新的消费或者改变原有消费习惯的动力。例如，去头屑大家习惯用海飞丝，而新推出的产品“康王”去屑洗发水，具有药用的成分配方，可以根本上解决头屑烦恼，在药店可以购买得到，这些个性化的信息无疑对一直受到头屑困扰的消费者来说具有巨大的诱惑力，会尝试去购买。相反，一般的产品信息是难于撼动海飞丝的市场地位的。

（2）有利于塑造品牌形象。广告信息个性能使广告商品或品牌具有鲜明的个性，就像一个“活生生的充满魅力的人”一样，拥有好的印象和吸引力，并明显地区别于其他产品或品牌的作用和效能。例如，格力空调广告，信息个性鲜明，“格力空调掌握核心技术”“好空调格力造”，其他都不必多说了。再比如香奈儿的香水广告，“具有魔幻般的神奇力量”的信息个性，打造出高端的一流香水形象。

⊙小知识

广告代理商

广告代理商（advertising agency）习惯上称为广告公司，即《中华人民共和国广告法》中所称的广告经营者，一般设有许多职能部门和业务部门。

/ 实施任务 1/ 结合项目明确广告信息主体的个性要求

1. 任务的组织

（1）各小组先结合选定广告项目进行讨论，各自拟订个人的方案，然后小组再进行讨论，确定出小组的最后方案。

（2）老师组织小组之间进行交流，由各小组结合实际项目设计的方案进行相互讨论和交流；老师负责说明和决策。

（3）学习小组将完善好的设计方案提交老师进行评定。

2. 任务实施的要求

（1）每位同学都要积极参与，发表自己的观点。

（2）广告信息个性的确立必须紧密结合项目实际。

（3）必须用电子文件和纸质文件将最后结果上交老师。

任务 2 掌握广告信息主体分析的策略

广告中对广告受众应当讲广告商品的哪一方面，才能使得广告受众感兴趣，实现对广告商品信息的有效传播呢？这里我们引入一个重要的概念——广告定位。

3.2.1 掌握广告定位的意义

一则“金利来，男人的世界”的广告诱惑了多少男人的心，为什么呢，是因为广告进入了男人的心智，大家发自内心喜爱。所以，该品牌的饰品成为男人追逐的商品。广告这种走心的魔力就是“广告定位”的功效。

在当代的信息社会，怎样才能使广大的消费者在众多的信息中捕捉到重要的、并能开启心智的信息？那就必须借助广告定位的妙手。定位能使某件事情、某个产品在现实的和未来的消费者心目中留下不易改变的观念。比如说，广大学生在学生阶段是没有消费名牌包的能力的，但是，像 LV、古驰、阿玛尼等品牌早早就会被大家喜爱注意，成为大家心目中最好的东西，也成为日后购买的选择对象。

1. 广告定位的要义

⊙小知识

广告定位理论的认识

定位理论的创始人艾·里斯和杰克·特劳特指出：“‘定位’是一种观念，它改变了广告的本质”，“定位从产品开始，可以是一种商品、一项服务、一家公司、一个机构，甚至于是一个人，也许可能是你自己。但定位并不是要你对产品做什么事，定位是你对未来的潜在顾客心智所下的功夫，也就是把产品定位输入你未来潜在顾客的心中。

要注意的是，确立广告信息主体的个性策略，这里只是借用了“定位”的概念，或者说是延伸概念，与原来的意义是不同的，我们将在广告创意理论中学习创始人的“品牌定位理论”。

广告定位是广告公司与广告主根据目标广告对象对某种产品属性的重视程度，把广告产品确定于某一市场位置，使其在特定的时间、地点，向某一阶层的目标消费者出售，以产品的特质形成良好的市场形象和良好的市场竞争力的方法。简言之，广告定位就是在潜在消费者的心目中为产品设置一个特定的位置。例如，JEEP 是最好的 SUV、路虎是血性男人至爱的 SUV、客家娘酒是专为妇女定制的酒、香奈儿香水是最好的香水，等等。广告定位是细分市场后针对选择的目标市场，通过广告为产品在消费者的心目中确定一个位置的方法。

2. 广告定位的意义

广告定位目的是在广告宣传中，为企业和产品创造、培养一定的特色，树立独特的市场形象，从而满足目标消费者的某种需要和偏爱，它是为促进企业产品销售服务的。例如，“不伤手”立白洗洁精广告，突出了产品的信息个性是“不会伤害使用者的手”，因此广受爱美的家庭主妇的喜爱；再如，“肯德基清洁好吃有营养”突出了食品的卖点，触及食客的关心点而受欢迎；在香港的中国银行打造了“最有实力的中国银行”而深入人心。由此可见，企业的产品在市场上和消费者心目中的定位是企业广告主题策略和广告诉求的基本点。

⊙小知识

市场细分

市场细分是广告定位的基础。市场细分的依据：①地理；②人文；③心理（根据购买者的社会阶层、生活方式或个性特点）；④行为（根据购买者对一件产品的了解程度、态度、使用情况或反应说明）。

市场细分的结果是让我们在一个市场上找到有可识别的相同的欲望、购买能力、地理位置、购买态度和习惯的大量人群，这个人群是我们产品的潜在消费者，他们正是我们广告传播的对象。

市场细分使得广告对象变得具体明确，因此，根据市场细分进行广告定位是一个科学有效的方法。

STP

S 市场细分——T 选择目标市场——P 市场定位或目标市场定位（根据市场定位进行广告定位）。市场定位（目标市场定位）就是为自己的产品选择某个范围内的特定消费者。广告定位的步骤①按照市场细分原则，认真分析研究消费群体对质量、性能、价格、包装等方面的要求和对本产品的态度。②根据市场调查结果以及消费群体的态度，确定本产品与同类产品之间的差异。

3.2.2 广告定位的主要策略

如何进行广告定位，下面我们分两大类主体的方向进行说明，即广告商品（劳务）定位策略和广告企业（组织）定位策略。

1. 广告商品定位

广告商品定位主要是围绕广告商品的物质利益与精神利益进行定位。所以广告商品定位具体又可以细分为两个大类，即广告商品的实体定位（实际利益定位）和广告商品的观念定位（精神利益定位）。

（1）实际利益定位策略就是围绕广告商品能够带给目标受众实实在在的利益打造形象，也就是广告商品能够带给消费者实在利益的收获的感受。例如，海飞丝，“头屑去无踪”；而目前还不能很好打开市场的洗碗机，“想说爱你不容易”，因为确实不够便利。广告商品实际利益定位具体又有四种策略。

1）功效定位。围绕广告商品出众的功效利益给消费者提供信息，打造功效超群实用实在的市场形象。广告诉求的重点是广告商品的功效优点和长处。例如，日夜百服宁广告，突出白天吃白片不嗜睡，晚上吃蓝片睡得香；再如霸王洗发水，中药世家配方，养发护发不掉发，功效突出。

功效定位，最适用于处于引入期的广告商品。因为新产品促使消费者购买最大的吸引力就是很有用或者很好用。这一定位又特别适用于较为理性的产品和功能性的产品广告。例如，家用或办公用打印机、传真机，大家在购买时都会是注重产品的性能功效，而不会注重或是哪一位明星宣传代言的。

这一定位模式是最基本的定位模式，我们在思考广告商品定位时首先就是要想到尽量采用它。因为产品都是由功效认知和品质认知上升为品牌认知和美誉认知的。

⊙小案例

洗碗机：想说爱你不容易

“洗碗机最好别买，买了也不好用！”提起洗碗机，在消费者的口耳相传中总是生出这样的警告……但记者采访了解到，随着“80后”成为家庭主妇的主要组成部分，现在中国的消费者对于洗碗机的需求越来越大了。在百度上输入“洗碗机”，排在最前面的就是“洗碗机好用吗”的搜索内容。到底要不要选择洗碗机呢？有人欢喜有人愁，对洗碗机的看法，消费者赞弹各半。“我们家就是用洗碗机洗碗的，每次一个半小时，洗得还是挺干净的。相对于手洗来说，洗碗机用水用电是多了点，不过还是轻松了很多，还能给餐具消毒。”家住天河区的肖女士如是说。但家住越秀区的李女士就不敢苟同了。“把碗放进洗碗机前还要冲洗一下，还要用专门的洗碗粉……还不如直接洗碗。我家洗碗机买了三年一共用了不到20次，洗的时间长、声音大又费水，现在基本是个摆设了。”记者采访发现，消费者在选择洗碗机时的犹豫多半是由于对其缺乏认知，主要有以下五大疑惑。疑惑一：洗碗机能把碗洗净吗？据美的洗涤电器技术人员介绍，目前对于洗碗机的洗净度，国际上分为A，B，C三级标准，国际知名品牌几乎所有产品都能达到A级标准，国内的洗碗机品牌则以B，C级居多，不过现在很多国内洗碗机品牌也能达到A级标准。疑惑二：如何安放洗碗机？洗碗机分台式、独立式和嵌入式三种，台式洗碗机占地小容易摆放，适用于2～3人的家庭；独立式容量大、洗涤数量多，摆放不受橱柜的限制，适合人数多的家庭；嵌入式洗碗机洗涤量大，嵌入橱柜可以节省更多的空间，适合家庭人数多，或经常有聚餐的新装修家庭。和洗衣机类似，洗碗机也需要考虑进水口和出水口。疑惑三：洗碗机一次用掉多少水和电？不同型号的洗碗机选择不同的洗碗时间其耗水量和耗电量是不同的。“跟手洗碗相比，平均来说，洗碗机省水50%以上。”疑惑四：是否一定要用专用洗碗粉？洗碗机必须使用专用洗碗粉，目的是分解油脂、增强洗净度。洗碗粉跟我们常用的洗洁精的不同之处在于它没有泡沫。洗碗粉和亮碟剂市场价一般一套为30元左右，正常可以使用两个月。疑惑五：进口、国产如何选择？目前市场上，国产品牌洗碗机的价格在2 000～6 000元，而进口品牌洗碗机的价格最低9 000多元，最贵的8万多元。在消费者心目中，进口品牌的洗碗机质量和性能更可信。不过随着技术的进步，消费者拥有物美价廉的国产洗碗机已指日可待。专家：洗碗机是必然趋势。据美的洗涤电器国内营销部负责人介绍，“洗碗机是个好产品，它集洗碗、除菌、烘干、储存等功能于一身。从一日三餐来看，洗碗机的使用频率理论上是比洗衣机还要高的。”专家预计，随着人们生活水平和劳动自动化程度的不断提高，厨房餐具和器皿洗涤的自动化终究会受到消费者的重视。

2）品质（技术）定位。这一定位模式突出广告商品的内在的、特有的品质。例如大众汽车过硬的品质，让人开得放心；再如“农山泉有点甜”；又如万科的楼盘质量让人住得放心；再有就是在广州百货店购买洗发水让人用得放心，洗得开心。

质量是企业的生命，企业应坚持质量取胜。所以，企业在思考广告商品定位模式时可以多加以考虑，特别是在成长期竞争比较激烈的时期，可以通过突出品质优势赢得消费者。如深入人心的大众汽车“优良品质”、丰田汽车“经济可靠”、沃尔沃汽车“安全可靠”等。要注意的是，质量定位适合产品生命周期的任何阶段。

3）价格定位。本定位模式突出广告商品的价值优势或价格优势。价值优势主要为了满足消费者的心理性需求，如豪华、气派、奢华、高档。例如，名牌钻戒、名表、名车多表现高端生活享受。价格优势主要是突出性价比，例如，麦当劳经常采用具体单价多少可以获得一个诱人的组合套餐的方式吸引消费者购买；恒大楼盘经常采用直接在广告中标明单价每平方米多少钱的方式来吸引消费者购买。

同时要说明的是，市场上常采用的主打性价比优越的广告，本质上也是价格定位策略的运用，可以采用“优质高价”定位和“优质低价”定位。

这一定位比较适合于广告产品处于成熟期饱和期的阶段。

4）市场定位。这一定位模式突出广告商品是为特定市场对象度身定做的，即针对特定的、最有利的市场使用者对象。可以使消费者产生这种产品很适合我；能体现我的身份；买它最合适不过的感受。例如，客家娘酒“女人自己的酒”；XO 酒“商务男士喜爱的酒”；胃仙 U 突出“职场人士常备”等。

这一定位模式比较适合广告商品处于成长期时采用。2010 年 4 月 19 日，广汽丰田执行副总经理冯兴亚，把混合动力汽车凯美瑞的购买者定位为“那些有社会责任感的、愿意购买混合动力车型当作自己名片的成功人士”，定位精准，赢得市场青睐。

⊙**小思考**

广告定位与产品定位的区别是什么

答：产品定位强调为谁和怎样生产；广告定位强调向谁和怎样述说。具体包括：（1）操作目的和操作对象的不同：产品定位的操作目的是使自己的产品概念最有吸引力；广告定位的操作目的是使产品概念对目标消费者有吸引力。产品定位的操作对象是物化的产品本身；广告定位的操作对象是精神层面的消费者的心理。（2）目标不同：产品定位的目标即卖出产品，赢得顾客、争取最大利润；广告定位目标还兼有其他责任，如提高企业形象、知名度等。（3）稳定性不同：产品定位相对稳定；广告定位是一个动态过程。产品定位可以称为“实体定位”，要提高产品在消费者心目中的地位，首先就必须要有针对性地进行产品的研究、开发、生产与制造工作，使自己的产品在实体上就有一个清晰的定位（并通过广告来刻意强化这一定位，是消费者进行有明确目标的购买）产品定位主要强调其实体上的差异性，如高科技含量、先进的设备、精湛的工艺等，突出产品的品质、价值、功效、服务等方面的特点，刻意强调它的独一无二，不可替代。

5）寻找空位定位法。有的学者称为补隙定位，国家营销师职业资格培训教程称之为“回避定位”。寻找消费者心目中在产品款式、价格、功能、性别、年龄等方面的不同市场的空隙，即市场“空白点”“蓝海”，从而回避与目标市场上的竞争对手直接的竞争，带给特定消费者较高的性价比利益。例如，福特通过开发小型车针对年轻人市场；奇瑞汽车通过小型车奇瑞 QQ 迎合部分年轻人市场，采用的都是这一策略。

（2）观念定位。与前面实体定位不同，观念定位主要是结合消费者对广告商品精神利益的追求进行定位，所以又称为“精神利益定位”，即突出广告商品的精神意义，树立新的商品观。例如，碧桂园广告“给你一个五星级的家”；铁达时手表“情感铁达时”；旅游广告“让生命回归自然，充实生命”等。

⊙小案例

“行走的艺术”深圳开幕

鞋子是每个人必不可少的日常用品，然而它背后藏着的故事很多且饶有趣味而少为人知。2012 年 7 月 28 日～8 月 9 日在深圳美术馆举行的“行走的艺术：意大利鞋之历史、艺术、时尚”展览上，就将鞋子的不少奇闻轶事告诉了观众。其中展示的 1500 年以来的百余双名鞋原件，为观众打开了一扇制鞋艺术的美丽之门。到了 20 世纪 90 年代，越来越丰富的可能性刺激了时装设计者的创造性，珍贵的材料加上金属工艺所制作的女鞋，装饰了刺绣和珠宝，呈现出极为多样的想象力和强烈的艺术效果。“裸足”穿晚会鞋也是从这一阶段开始流行起来。

观念定位的具体形式随着消费者对心理性需求（精神需求）的满足越来越看重，新的定位形式也在不断产生，出现了多种策略，下面学习一些具体的定位策略。

1）新概念定位也称为新观念定位。在市场上创造一个引起消费者注意的问题，并利用自己的产品来解决或满足它，从而宣传广告产品拥有的一个全新的概念。例如，新肤螨灵霜广告，说我们生活中没注意到脸上有螨虫，要脸面好必须要除螨，除螨则要除根，这一全新的概念，然后推出新肤螨灵霜能够消除螨虫。再如，现在市场上电视机的概念多多，如 4K 电视、高清电视、互联网电视、云电视等。这都是概念营销的例子，用的都是新概念定位。

2）联想定位。利用人们的联想心理，将广告中所表达的一些精神意义连接到受众的联想中。具体的形式主要有三种。

A 名人联想定位。利用人们对社会名人普遍存在着的仰慕心理，向往名人的成就，比同名人的思想、行为进行广告定位宣传，即利用名人效应来进行广告宣传。在广告中利用名人有两种方式。

一种是直接的方式。这种方式就是直接邀请政界要人、商界巨贾、体育健将、演员歌星、名模等社会名星来进行广告宣传。例如，请易建联来做珠江啤酒广告；力士洗发水请影视明星张曼玉、张敏、刘嘉玲、舒淇等明星，告诉消费者她们对力士的高度评价和使用感受；诗芬洗发水请“玉女”周慧敏为其做广告，而周慧敏的一头秀发令人赞叹难忘，自然诗芬就受到了注意；广州华美整形美容医院牵手香港明星温碧霞，打造“温碧霞信赖的医院”等。

第二种是间接的方式。这种方式就是广告间接利用与名人的关联关系，来提高商品的知名度和美誉度。例如，广州市环市中路某楼盘，曾经借助香港明星刘德华的名气，在楼盘外墙打出大大的条幅“刘德华在此楼盘购置一套单元”；广州市正佳广场开业前做的广告，就是直接指明“与天河城一路之隔”，后面新开业的万菱汇、太古汇主打的广告也是“与天河城相邻，地处天河商圈核心”（这一定位也属于后述的比附定位）。

B. 事件联想定位，就是利用国内外一些社会大众关注的热点事件，通过广告商品与之的关系进行宣传，使广告受众产生好的联想。例如，“蒙牛”就抓住了“中国神五”载人航天这一大好时机，在刚刚宣布中国首次载人航天圆满成功不久后，第一时间就在各大媒体打出了中国航天员专用牛奶等一系列的广告。蒙牛的另一次成功的联想定位是“蒙牛超级女声”赞助，在人们关注中国首次海选出的超级女声中，让人们也记住了蒙牛真“牛”。

C. 比附定位，也称作对比定位、跟随定位、攀缘定位。这一定位就是借助广告商品与知名企业或人物存在一定关系来扩大广告企业以及广告产品的影响力。其中借助与名人之间存在关系的定位，即人物比附方式与前面的“名人联想”中的间接方式相同。例如，深圳比亚迪尽管进入汽车领域的时间并不长，在 2008 年，“股神”巴菲特旗下的伯克希尔 – 哈撒韦公司出价 2.3 亿美元购买其 10% 的股份一事，在业内引起了广泛关注，比亚迪汽车也抓住时机与大众“来电”进行广告。

⊙小案例

“21–B”汽水

《福尔摩斯探案集》是风靡世界的侦探小说，尽管它创作于多年以前，但至今福尔摩斯这个大侦探的形象仍具有相当的魅力。小说中写到的福尔摩斯的住址“伦敦贝克街 21–B”至今仍收到大量的邮件。一家位于伦敦贝克街的公司由此想了一个绝妙的生财之道——在贝克街办一个汽水厂。汽水以“21–B”为品牌，汽水的广告中说，“21–B”牌汽水有神奇的效果，经常饮用它不仅可以解暑消渴，强胃健体，还可以提高思维能力和智力水平，其商标上还印着福尔摩斯的侧面像。广告利用“21–B”把汽水与福尔摩斯相联系，使顾客对汽水产生了兴趣，并产生喝了汽水后就会吸收福尔摩斯的智慧与灵感的感觉。

下面再用一个大家可以多留意的移民市场的例子来说明，其实还有很多除商品市场以外的市场，大家需要去多留意，包括教育培训市场、婚嫁市场、出国留学市场、人才流动市场、创意产品及服务市场，等等。

⊙小案例

移民新加坡非富豪莫问时间

近一阶段，中国香港地区的富豪、明星纷纷定居新加坡。如前英皇娱乐旗下女星梁洛施于4月底在多伦多为香港首富李嘉诚的次子李泽楷生下一子，李家已决定让孙子10岁以前在新加坡成长。由于李泽楷在新加坡有不少生意和房地产，据报道，过一段时间，李泽楷全家会在新加坡定居，将来的“中国香港首富之家”有可能变为“新加坡首富之家”。而武打巨星李连杰去年也选择在新加坡定居，最近新加坡《商业时报》又传出消息，李连杰和妻子利智上个月在新加坡买下一栋价值1 980万新元的优质洋房，并且考虑入籍。李连杰对外宣称是为了女儿接受中西教育。在富豪、明星的表率作用下，移民申请人将目光从加拿大、澳大利亚转到了新加坡，新加坡到底有何优势受到这么多人热捧？新加坡适合什么财力的家庭？本报记者采访了联鸿海外董事总经理邹丽娟，请她对这种现象做个探讨。

如果说中国香港地区投资定居计划是针对中等富裕家庭的产品，新加坡投资移民项目则是针对大富之家的。据联鸿海外董事总经理邹丽娟介绍，绝大多数新加坡移民申请人选择的是150万新元（合952万元人民币）被动投资政府基金。而中国香港地区投资定居只要求650万港元的资产，新加坡的投资额要比中国香港地区高出300万人民币。除了150万新元计划，新加坡还有200万新元和500万新元的投资计划，以满足更富有家庭的投资移民。投资移民门槛比中国香港地区高，但投资额并不是最大的拦路虎，更高的门槛是新加坡移民当局近期对移民申请人营业额的要求。当局要求申请人担任企业股东需要达到3年以上，拥有企业10%以上的股权，上一年度营业额要达到1 000万新元（合4 760万元人民币），而且最近3年平均每年营业额亦须达到1 000万新元以上。新加坡2个“1 000万新元”的要求等于是只为富豪打开移民大门，并将中等富裕家庭关在门外。新加坡税制受富豪偏爱。如果与中国香港地区投资定居方案对比，新加坡投资移民方案就太呆板了，可投资的金融产品太单一，只能被动投资政府基金，而中国香港地区则可以投资股票、债券、基金、后偿债项等5种金融产品和房产的资产组合。

据邹丽娟介绍，新加坡投资定居受富豪偏爱的原因不在于投资移民方案本身，而在于新加坡特殊的税制。对于穷人和普通家庭来说，是无须税务咨询和合法避税的；但是，对于富豪来说，税务咨询和合法避税则是发财绝学。新加坡税率非常低，企业所得税和个人所得税对富豪来说非常有吸引力，没有遗产税，而且公民及绿卡持有者在新加坡以外的收入均免税。为吸引世界各地的财富，新加坡采取一系列措施迎合富豪需要，如建造配备私人游艇码头的高档公寓。新加坡已成为富豪分布密度最大的国家之一。资金来源解释要求不高。如果从资金来源解释的严格程度上说，新加坡比中国香港地区宽松，中国香港地区比美国宽松，美国又比加拿大、澳大利亚宽松。新加坡移民当局只对移民申请人的“第一桶金”做一般性了解。不少人只知道瑞士金融业对富豪财产隐私的保护，其实新加坡金融业对于富豪财产隐私的保护是有过之而无不及的。新加坡银行业一直“阻击”经济合作与发展组织（OECD）关于“银行客户信息保密和交换”的规定，严格实施银行保密法规。国际货币基金组织（IMF）把新加坡与瑞士、列支敦士登、摩纳哥等国共同列入“避税天堂”黑名单，美国甚至有意对新加坡适用新制定的“反避税法”。不过，新加坡似乎并不打算让步，新加坡总理李显龙曾说，西方国家对银行保密法规的审查和限制将会使更多资金从欧洲流向新加坡。可带父母移民很有吸引力。新加坡投资移民的一些优势其实非常有吸引力。比如，新加坡投资移民办理速度非常快，6 个月可以办理移民；入籍和获取新加坡护照的速度更是快得惊人，绿卡持有者只需在任意 2 年中累积住满 1 年，就可获得护照乃至申请加入国籍，而在美国、加拿大、澳大利亚，新移民获取护照的历程都长达 4 ~ 5 年。获取新加坡护照可以在 100 个国家免签证，这是许多企业家梦寐以求的。然而，最具有新加坡特色的移民政策是，投资移民申请人可以带父母一同移民。而在其他国家和地区，主申请人只能带配偶和适龄子女（一般 21 岁以下）。有移民顾问称这一特色融合了东方特有的“孝道”文化。主申请人的父母和岳父母绿卡申请时，每人需再投资。

资料来源：新浪教育，http://edu.sina.com.cn/a/2009-06-30/0935173730.shtml。

而利用广告商品与知名企业存在的关系来扩大广告企业以及广告商品的影响力的例子也是多多。如许多商业广场在招商的时候，都会利用“麦当劳”或者“肯德基”已经进驻进行宣传，因为它们进驻意味着该商圈值得青睐。前面提到的比亚迪也是利用与大众汽车合作开发新能源汽车进行宣传的，以此说明了有真正的实力才能促成与巨头合作。

3）逆向定位。人们在日常生活中最常用的是顺向思维，某人喜欢逆向思维往往让人觉得新奇、“怪异”。所以在广告定位中如果能进行逆向思维，常常能取得出人意表的效果，事实证明果真可能会是如此。例如，美国的美特牌丝袜电视广告，其画面上是一双穿着丝袜的美腿，镜头慢慢上移，却是穿绿灰色短裤、着棒球运动员汗衫的大男人——乔·纳斯，笑眯眯地对着大吃一惊的观众说：“我当然不穿长筒女丝袜，但如果美特女丝袜能使我的腿变得如此美妙，我想它一定能使你的腿也变得更加漂亮。”这则广告效果奇好，促成了美特牌成为名牌。我们分析这则广告，就是利用性别的反常和名人的错位，引起人的惊奇刺激，把美特牌丝袜的魅力夸大到无以复加的程度，令人印象深刻。进一步来分析，女性用品一向选用女性模特做广告，这类广告是司空见惯的，不足为奇，如果用男模特做女性用品广告，则会令人感到新奇刺激。按照心理学原理，心理学家认为刺激信号越是变化得出人意料，反射也就越强烈，就如同相声演员丢的“包袱”和说书先生卖的下回分解的“关子”。我们再结合一些实际例子来分析认识。假如广告主的产品很好，但如果不用说的方式，是不是也能证明自己的产品好呢？答案是可以的。具体来说哑巴卖刀就是一个典型事例。哑巴不会说话，他不能告诉你他的刀如何如何好，但是他可以展示给你看，让你知道他的刀如何锋利、不会卷刃等，这比单纯地说自己的刀如何如何好，效果要强多了，为什么呢，因为一反常规，引发人们更多的注意、兴趣；又例如水浒中的梁山英雄好汉杨志迫不得已卖刀，不出声只用头发放在刀刃上轻轻一吹即断告知了围观的人；再举一例，有些手表店为了说明自己的手表防水，故意把手表丢在金鱼缸里，让消费者亲眼看到手表在水里还能正常走动，用的也是这种“逆向思维”的定位策略；最后举一例，有这样一个故事，英国伦敦某条街道上有三家裁缝店，由于竞争激烈，其中一家率先打出了广告：“本市最好的裁缝店”，第二家也不甘示弱，紧跟着也打出广告：“本州最好的裁缝店”，第三家见状也打出广告，写的却是：“本街最好的裁缝店”。结果却是第三家生意明显好于前两家。在这个故事里，第三家裁缝店的广告如果写的是“全国最好的裁缝店”，因为由全市到全州再到全国，这是顺向思维，也是一般人常用的思维方式，但他写的却是“本街最好的裁缝店”，别人都往大的方向想，他却往小的方向想，这就是逆向思维。而与众不同的逆向思维，使得他的广告格外引人注目，因为无论你是本市最好还是本州最好。到了这条街上，就是我是最好的，自然对目标受众产生了更大的吸引力。

逆向思维在运用中主要有 4 种策略形式。有些形式不一定适合我们目前的市场，但可以开拓我们的思维，并加以创新。

A. 一反常规。不按常规出牌，异乎寻常的表达方式，是一种最具有张力的表现形式。例如，法国的一则席梦思床垫广告，不营造浪漫，为了突出产品健康安全而在广告中展示了一只瞪着眼睛的毛毛虫，它的旁白：也许，这只喜欢温暖的毛毛虫，今天就要与您共眠呢！

B. 借助有名气的竞争对手的声誉，来引起消费者对自己的关注、同情和支持。例如，美国出租车租赁行业有这样的两家公司。一家是后起之秀艾维斯（Avis）公司，一家是行业的领头羊赫兹（Hertz）公司。艾维斯公司的广告就采用了“借他人的光芒来照亮自己”的策略（同时也利用了人们同情弱者和信任诚实的人的心理），广告语是“赫兹当然是第一流的，我们只能屈居第二”。这样做使客户认识到艾维斯的话很实在，不自吹自擂，从而愿意和他们打交道。而对赫兹出租车公司来说，有人免费为他们做广告，承认他们是第一，当然是乐于接受，同时也投桃报李，当自己业务忙不过来时就推荐给艾维斯，这样一来，艾维斯的业务量也大增，双方可以说是“双赢”了。

C. 通过承认自己的不足来突出自己优势之处。例如，金龟汽车广告，在20世纪60年代进军美国市场的时候，车外观很一般，再加上是以前德国纳粹头子希特勒作为象征纳粹时代辉煌的代表之一而大肆鼓吹过的东西，美国人有一定的抵触情绪，所以总体在美国市场表现一般。后来请广告大师伯恩巴克策划广告，他就采用了“逆向定位”策略，具体是采用了“正话反说”，所以他做的广告是这样“诋毁”自己的，“丑陋的金龟汽车”，广告产生了巨大效果，使得金龟汽车卖得很火；又例如普兰德洗染店，该店采用的定位策略有“异曲同工”之妙。她在广告中说明“普兰德是最好的，但是有的污渍也是不能全部洗干净的。如果洗不干净的地方拿到别的店去洗，洗得掉洗得干净，普兰德将双倍返还洗染费和路费”；再例如吉利刀片的广告，在介绍锋利等优点之后，很坦率地告诉消费者“本刀片容易生锈，请使用后擦干存放”。可想而知的是刀片见水容易生锈，是可以容忍的缺点，而广告主这种坦诚的态度比胡吹乱夸“产品质量第一、畅销全球”更容易获得消费者的信任。还有的例子，就是大牌微软公司经常公布其产品 Windows 操作系统的缺点并提供“补丁”。最后再举两个例子，有一则密码保险箱的广告，是这样说的，“记忆密码有困难的人，请不要用狮牌保险箱，免得麻烦。”受众在开心一笑的同时，也记住了产品的坚固性能和保密性能好的优点；赛格尔汽车广告称，“它唯一的缺点是每小时70公里时，您能听得见玛丽母亲所说的每个字眼。”广告就是利用年轻人的逆反心理，巧妙地将汽车行驶中的“静”表现得天衣无缝。

D. 宣传有来往的非竞争对手。由于非竞争对手没有利害冲突，这种宣传一般较易操作。但确实与我们常规思维有明显不同。举一个例子，湖南长沙有一家卷闸门厂，产品质量很好，苦于打不开销路，有一天从报上看见省计量检测中心获奖，灵机一动，在报上刊出一则祝贺广告，广告引起了计量检测中心的注意，他们了解得知卷闸门厂的产品质量过硬，于是也“投桃报李”，每逢有机会就向来检测的客户推荐，很多客户在实地考察之后，最后都与该家卷闸门厂做成了业务。

4）是非定位，是从观念上人为地把商品市场加以区分的定位策略。例如，美国七喜汽水。在美国市场上软饮料销售中，可口可乐和百事可乐三分天下有其二，剩下的市场为形形色色饮料所瓜分。七喜为了能在可乐之后取得相对优势，为自己进行了巧妙的定位——采取了一个非常简洁的策略“七喜，非可乐”，直接地将饮料分为两大类，即可乐型和非可乐型，要么喝可乐，要么喝非可乐，而明确标举自己非可乐的只有七喜独树一帜，显然，七喜的定位策略中明显地使用了“是与不是”的判决模式，堪称广告史上运用“是非定位”的成功典范。

⊙小案例

星巴克咖啡公司是零售、焙制特色咖啡的世界一流公司。星巴克也是世界著名的咖啡品牌。7000多个星巴克咖啡店分布在北美洲、拉丁美洲、欧洲、中东和环太平洋地区。它进驻上海后，经营非常成功，至今已经开设十多家连锁店。它的成功之处在于实施星巴克多元化的市场战略，最重要的是星巴克提出的第三空间理论：“人有两个空间，第一个是办公室，第二个是家，如果你厌倦了你的办公室，烦透了你的家，请快到星巴克第三空间，去享受你的生活”。这就是星巴克文化。把星巴克定位为那种能够提供快捷、轻松（通过装饰、摆设、灯光、背景音乐等表现出来）、自由（提供自助式服务选择、随便阅读的报刊和网络浏览）、方便（提供各种小吃如甜点）的第三空间，深深吸引了广大的消费者。星巴克推行的是一种“文化营销”，在广告定位上更可以称得上是“是非定位”的又一经典案例！

资料来源：MBA智库百科，http://wiki.mbalib.com/wiki/。

5）生活场景定位，不突出广告商品功效、品质、市场或价格，而是突出特定生活场合对它的特定需求。例如，“可口可乐——欢欣的时刻”；“柯尼卡胶卷——书写生活日记”的时候；“Nestle coffee——世界的早餐”，等等。

6）情感定位，突出产品代表某一“特定情感”形象。例如，南方黑芝麻糊广告，难忘的儿时记忆深深地触动人们心弦；“百年润发”洗发水，周润发和江美仪丝丝入扣的情感演绎不知打动了多少人；蒋雯丽演绎的“太太乐鸡精”广告，母爱之情溢于言表，广告中一曲“懂你”让多少人潸然泪下；“海尔曼斯毛衫，编织动人的风采”，演绎的是母亲用身上的毛衣，编织毛衣给自己的女儿，这一幕深深地印在了女儿的脑海，女儿长大了有了能力后买“海尔曼斯”毛衫给自己母亲，广告看后让人泪眼蒙眬。从这些例子中，可以认识到很多好广告采用情感诉求的定位方式，一些大牌都是采用情感定位的方式丰富自己的品牌，这方面的认识，我们还将在项目五“广告主题确立和广告创意策划”中做比较深入的说明。

7）重新定位。由于市场环境的变化，或者企业条件的变化，企业在市场上重新打造广告商品的形象，即改变目标顾客对其原有广告商品的印象，使目标顾客对其商品新形象有一个重新的认识。重新定位的原因是企业在市场的发展过程中，研发改变广告商品特色；也会是市场竞争对手的压力——对手推出了定位于广告商品附近的同类商品，侵占和威胁了本企业广告商品的一部分市场，企业需要重新定位以面对竞争，如可口可乐与百事可乐之争，王老吉与加多宝之争；再会是消费需求的变化，形成新的消费偏好，企业要通过产品提升同时进行广告重新定位以迎合消费的变化，如智能家电成为新一代家电的新宠，企业通过广告重新打造该企业是智能家电之王，等等。最后还有一点，企业原来定位不被消费者接受、理解甚至曲解，企业需要通过重新定位加以改变，例如雀巢速溶咖啡，被误认为是懒惰家庭主妇的选择，通过广告重新宣传定位为高端优质有品位的速溶咖啡，从而打开了市场的新篇章。

8）对抗竞争（进攻性）定位。国家营销师职业资格培训教程称为"对峙定位"，是指直接与最强者对立，树立有能力与最强者竞争的市场形象。无论在目标市场，还是在市场营销策略上与最强者都是针锋相对的。例如，百事可乐与可口可乐之争，国美与苏宁之争，王老吉与加多宝之争，等等。

⊙**实训**

结合某新上市的无醇啤酒，策划适宜的定位策略。

9）产品档次定位。现在的消费者心理需求越来越强烈，特别是对高端奢侈品越来越喜爱。所以，可以通过商品的档次体现出对商品需求层次的满足，特别是对高端商品的需求。例如，古驰、LV、阿玛尼、雅诗兰黛等。要说明的是，这一定位，也可以归入到实体定位中的"市场定位"或者与之交叉认识。

10）多重因素定位，就是依据多重因素对产品进行定位，使产品给消费者的感觉是产品的特征很多，具有多重作用或效能。例如，一些名牌饮品分别以天然原料（品质定位），饮用佐餐均相宜（功效定位），适用儿童、少年以及成年人（市场定位）等综合方法定位。

2. 广告企业定位

（1）广告企业定位的重要性。随着市场经济的发展，企业之间的竞争已是全方位的了，包括人才、文化、资源实力、组织管理等方面。在这一转化过程中，企业形象成为竞争能力的载体。打造企业品牌，提升企业竞争力成为现代企业发展的必由之路。同时，要认识到塑造企业品牌比塑造广告商品品牌更为重要，原因主要是广告活动的核心目标发生了变化。一方面是由于广告商品及其信息同质化的现象非常严重，需要用企业"难于复制"的载体来加以区隔；另一方面也是由于消费心理发生了巨大变化，人们更加注重追求名牌、社会地位和品位感。大家购物时经常会问是什么牌子的，哪一家企业生产的，哪一家商店卖出的或者是到哪一家商店购买的，等等。消费首要标准是品牌，所以现代广告应以塑造和宣传品牌形象为准则。

⊙**小知识**

阿里零售品牌价值超沃尔玛首居全球第一

2015年5月29日消息，美分析师称阿里巴巴将超越沃尔玛成为全球第一大零售商，同时价值也要高于亚马逊。据前天英国《金融时报》最新公布的2015

年“全球最具价值品牌百强榜”来看，分析师的预判成为了事实。亿邦动力网了解到，在百强榜中，阿里巴巴以排名第13位的成绩首次上榜，亚马逊位列其后排名14。相较于2014年的第10名，亚马逊的排名下降了4位，而沃尔玛的价值排名则由22位下降到26位。而在最具价值的零售品牌排行榜中，阿里巴巴一跃成为价值第一的零售品牌。另外，京东商城同样进入了这个零售品牌排名，名列第16位。根据英国研究机构英敏特（Mintel）市场调查结果显示，2013年阿里巴巴的在线零售平台淘宝和天猫贡献了中国超过70%的在线销售额，京东则占到整个中国在线市场6%的份额。与阿里巴巴、京东商城对比反差较大的就是英国最大的零售商Tesco超市，排名也从2014年的第6位降到了第12位，品牌估值下降了37%，也是零售排行榜里面掉价最大的。零售品牌看好的另一块领域是家居装修，其中，美国的Home Depot和Lowe’s的品牌估值分别上涨了25%和23%。Home Depot现在已经成为全球第四大最具价值零售品牌。

资料来源：亿邦动力网讯，http://www.ebrun.com/20150529/135648.shtml。

（2）广告企业定位的策略。在定位策略思考时，主要要结合广告企业的市场地位和影响力来进行定位策略的选择运用。

1）市场领导者定位策略。市场领导者往往实力超群，在市场上往往比其他企业具有比较优势。主要采取的策略有下面几种。

A. 抢先定位。抢占市场第一的位置。例如，法国皮尔·卡丹最早进入中国市场，抢占了市场先机，人们一提到购买皮制品就会想到该品牌；再比如，大宝抢占了中老年人化妆品市场，“咱老爸也用”的广告深入人心；而整形美容新市场中包括曙光美容、华美整形美容、美莱美容都在积极抢占市场先机。

抢占市场第一位置意义重大。市场学家指出营销定位时代一定要占据潜在消费者心目中的第一位置，因为第一意味着最好、实力最强、最先做、最专业等，并且在长期市场占有率方面能达到50% ~ 70%。高于处于第二位的企业一倍的市场占有率，使其市场地位不容易改变。

⊙小案例

广东首批民办本科高校毕业生戴上学士帽，广东白云学院349名毕业生获颁学士学位。2009年6月16日，广东白云学院首届本科2009届学生毕业典礼暨学位授予仪式隆重举行，颁出了白云学院办学历史上第一张学士学位证书，这也是新中国成立以来广东民办高校第一张学士学位证书。这次获颁学位证的有学院2009届5个专业349名符合条件的本科毕业生。

2005年，经国家教育部批准，原广东白云职业技术学院升格为本科院校，更名为广东白云学院，并于当年招收第一届本科学生，改变了广东省没有民办本科院校的历史。首年开办机械设计制造及其自动化、电子信息工程、计算机科学与技术、工商管理、会计学五个专业。升本至今，白云学院已经走过了四年本科教育之路。在开办本科的过程中，白云学院坚持走“规范+特色”的合格本科建设道路，办学条件不断改善，办学水平不断提高，人才培养质量得到保证。学校与五个本科专业于今年5月顺利通过学士学位授予权评审。它的首批本科毕业生现已学有所成，接受社会的检阅。

资料来源：网易新闻，http://news.163.com/09/0617/08/5C0D51EP000120GR.html。

B. 强化定位，也称为加强定位。这种定位采用强化消费者起初的观念的策略。如PC市场先导者微软不断强化行业领先地位；格力空调不断强化自己是制造空调的专家这一定位；海尔强化提供“一流服务”的人性化企业的定位；中国银行强化“实力最强的银行”的定位，等等，都说明了领先企业可以多采用这一定位策略。

2）市场后来者的定位。市场的后来者可以称为市场的跟进者、“跟随者”，是在领导者之后的位置上的企业或品牌。定位思想主要是在消费者心目中寻找一些空隙、“蓝海”，迅速加以补充。具体可以采用的策略主要包括下面三种。

A. 比附定位——强调与竞争者位置关系。

B. 逆向定位——寻求远离竞争者的“非同类”构想。

C. 补隙定位——寻找消费者心目中（产品款式、价格、功能、性别、年龄等）的空隙。突出广告企业面对特定的消费市场空隙，包括企业面对的消费对象在性别、年龄，生产的产品在款式、价格、性能等方面的不同特色，体现为特定消费对象服务。

⊙小案例

美的电器，这个小家电的巨无霸，现今在不断向大家电进行突击。其从电饭煲、电风扇起家，发展到电磁炉、微波炉等小家电，并且逐步推进到空调、冰箱等大家电领域；其也从原来的电饭煲、电风扇等小家电冠军，逐步演变成为涵盖大家电的“全能王”。众所周知，企业一切经营与发展，都是以产品营销为基准的，而产品的营销就需要营销战略与战术相匹配，并且最终落实到点、执行到位，这样才能确保企业的快速发展。那么美的电器这么多年的产品营销策略是什么呢？其惯用的营销战术又有哪些呢？大家可以从美的电器的发展史中，来找找美的电器的发展脉络图与营销基因图。纵观美的电器发展史，其起家产品为电饭煲，但美的并不是电饭煲在中国家电市场的缔造者。美的电饭煲公司成立于1993年，那时电饭煲在市场上还是一个新鲜产品，而在终端上，美的始终居于三角、爱德等品牌后面，默默无闻地做一个跟随者。市场销量排名，一直也在前5名左右徘徊，这种状况一直持续到1997年。1998年，“小家电是块肥肉”的概念，在业内的大力推广下，得到了广泛认同。众多家电巨头纷纷拿起了刀叉试图分一碗羹。尤其是电饭煲，在多年的培育下，成为家庭必不可少的电器产品，也被业内视为“创造大市场的小肥肉”。就在那时，美的电器洞察先机，在电饭煲市场凝聚了突击力量，并从电饭煲的核心内胆寻求差异化竞争。当时，国内电饭煲市场90%以上的国产品牌内胆，是由纯铝及回收铝制成的，手指按压下则易变形，使用寿命短，最重要的是这种内胆，极易使米饭含有微量的铝元素，长期食用对人身体有害，对幼、弱、老、孕妇人群危害更大。而美的电饭煲内胆则由合金铝制成，坚固耐用，保证食用无害。其次，美的电饭煲并在内胆特氟龙不粘层上寻找差异点。那时90%以上的国产品牌电饭煲（锅）的所谓特氟龙不粘层，均为喷涂式，易脱落，也存在寿命短及危害身体健康情况的问题。而美的电饭煲内胆则采用一次冲压成型特氟龙不粘层，附着力强，不易脱落，无损健康。同时，美的电器大力加强与国内著名4A广告公司的合作，加大电饭煲在市场上的推广力度，及时推出了“美的电饭煲，好胆量”的推广主题，并高金聘请当红影星为形象代言人，从而引导了消费者的需求，捷足先登，促进了消费者“买饭煲，选美的”的意识的形成。也就在当年，美的电饭煲销量得到了快速增长。到了1999年，美的电饭煲市场销售再创新高，内销达270万台，销售收入突破5亿元大关，市场综合占有率达33.5%，以绝对优势雄踞行业榜首。伴随着美的电饭煲的个案成功，其从行业跟随者到行业的霸主的颠覆式营销策略，一直被美的电器捧为制胜法宝，并且演绎到美的电器每个产品之上。从早期的美的电风扇，到中期的美的电磁炉、美的微波炉，直至现今在市场风生水起的美的豆浆机与美的变频空调等产品。可以说，美的电器都存在一个共性，一开始都是默默无闻地做一个跟随者，当这些产品被各大企业推广到一个高度的时候，或者成为消费者必不可少的家用电器时，美的电器突然发力，并出奇制胜抢夺市场份额，占领市场高度，最终成为行业霸主。例如美的在电磁炉市场，颠覆了电磁炉鼻祖尚朋堂；在微波炉市场，颠覆了微波炉鼻祖格兰仕；以及在豆浆机市场，美的电器正在颠覆豆浆机鼻祖九阳；还有在空调市场，美的电器也正在颠覆空调龙头老大格力；在空调细分市场的变频空调市场，美的电器也正在颠覆变频空调鼻祖海信等。美的电器在发力的时候，其速度之“快”、打击竞争对手之“狠”、切入时间之“准”让业界震撼，并且让家电同行害怕。

资料来源：http://www.globrand.com/2010/429453.shtml。

3）市场挑战者，一般利用对抗竞争定位策略，直面竞争，树立自己有实力与领先者竞争的形象，目的是在消费者心目中创造一个新的市场影响力印象或者说心理位置次序。具体的策略运用时有很多方式，对手“并非某某属性”的说辞，往往是一个很有效的办法。如“我是无人驾驶汽车”“我是国民手机”“我是一度电空调”，等等。

⊙小案例

广汽讴歌（Acura）CDX上市售价22.98万元起

讴歌品牌诞生于美国，2016年是讴歌品牌诞生的三十周年。广汽本田汽车有限公司总经理兼广汽本田汽车销售有限公司总经理佐藤利彦表示："中国有越来越多的顾客并不满足于目前的高端品牌，他们拥有精准的眼光和独特的价值观。为了满足这样的顾客的需求，我们进行了 CDX 的研发，并开始在中国生产。在首款国产车型 CDX 上率先采用了全新的设计理念。"

为响应快速增长的中国高端汽车市场，广汽集团与 Honda 达成深耕中国，细分市场的发展共识，实现讴歌品牌汽车的高品质国产化，以满足中国消费者日益多样化的产品需求。广汽本田汽车有限公司执行副总经理兼广汽本田汽车销售有限公司执行副总经理郑衡表示："2016 年，是讴歌进入中国的第十个年头，讴歌品牌正式实现了国产化。相信崭新的事业运营体制，能够进一步提升广汽讴歌在中国豪华车市场的竞争力。在此全新格局下，推出的首款国产车型 CDX 不仅延续了讴歌品牌进口豪华车的优越性能，同时还准确把握了中国消费者的各项需求，势必为中国用户构筑更为领先的价值观。以 CDX 的上市为华丽开场，广汽讴歌将加速面向中国市场的本土化战略的实施，并将通过对产供销及服务环节的全线优化，带给消费者更优质的品牌体验。"广汽讴歌导入了讴歌全球品质标准（Acura quality standard，AQS），采用了超过 100 项品质标准，确保国产车型能实现与进口车型同样的高品质。广汽讴歌 CDX 是基于对持续增长的中国豪华 SUV 市场和用户需求的深入研究，而开发的超越用户期待的、极具魅力的车型。

资料来源：中国新闻网，http://news.hexun.com/2016-08-01/185259417.html。

3.2.3　广告定位中应注意的问题

1. 应明确商品的主销对象

在思考定位策略时应当注意，虽然广告商品消费的阶层可能有很多，对象的覆盖面很广，但不能去企求迎合所有的消费者，而应当明确主销对象，并从主销对象出发思考广告定位。例如统一冰红茶，喝的人可能有老人、中年人、青年人、少年儿童，但是基本上青年人才喝得多，我们应当紧紧围绕青年人这一目标市场对象，思考广告商品的实体利益和精神利益；还要注意，不能限制在一个相对狭小没有发展前途的销售对象上去思考定位。例如，美国约翰逊公司生产的婴儿洗发水（不含碱质、无泪配方），市场无法进一步打开，后来把目标对象扩展为年轻父母和青少年，才进一步拓展了市场；再例如，女性啤酒市场很小，现在基本都不推出什么产品了。

2. 确定好广告商品的信息个性

信息个性又称销售重点（sale point）。在广告诉求中即诉求重点内涵（appeal point），就是确定好商品值得宣传的方面及具有的比较利益，为实体定位和观念定位服务。常利用的销售诉求重点，可围绕商品实体利益出发，从材料、产地、价值、价格、性价比、档次、知名度、品质、技术、使用年限寿命、品牌价值、各种精神利益等出发。

3. 确定好商品的精神意义

商品的精神意义是目前消费者最为看重的，所以，应当多在广告定位中加以考虑，应当结合具体的广告商品来进行认真思考。

⊙小案例

挑战与机遇并存，中国奢侈品市场仍是“香饽饽”

尽管出现了销售额下滑、“关店潮”等现象，但毫无疑问的是，对于全球各大奢侈品牌来说，中国市场仍然是一块不可错过的战略要地。此外，相关分析也认为，在全球奢侈品价差不断缩小、奢侈品电商涌现以及二手交易市场繁荣等新的变化下，中国奢侈品市场未来的发展形势依旧值得看好。财富品质研究院根据品牌库中 2 万多个品牌的营业收入估算发现，2015 年中国消费者全球奢侈品消费达到 1 168 亿美元，全年中国人买走了全球 46% 的奢侈品。这其中 910 亿美元在国外发生，占到总额的 78%。也就是说，中国人近八成的奢侈品消费是“海外淘货”的。

资料来源：新华网新闻，http://news.xinhuanet.com/fashion/2016-06/15/c_129054016.htm。

4. 注意积极赋予商品精神意义

有些商品的精神意义容易被理解和感受到，有些商品就没有那么明显，需要我们广告人积极去挖掘和赋予它。例如，绿箭口香糖，可以清新口气，广告人赋予了它“ keep fit your face”的精神意义；金利来领带圆点代表倾慕关怀，而斜纹则代表勇敢果断，等等。

5. 定位不能过低

广告商品定位过低，往往会形成商品太一般、不过如此而已的印象导致消费者难于留下深刻印象。而且企业在发展中要改变自己定位低的形象，是非常困难的，往往要付出比较大的代价，例如吉利汽车，一直定位是国人的汽车，但在吉利积累一定时间后想向高端市场进军时，国人原有印象难于改变，所以，李书福只好花了大笔的资金收购沃尔沃轿车公司的全部股权来提升吉利品牌。

6. 定位不能脱离实际

首先应该从广告商品的实际市场定位出发，不能脱离实际成为虚假。另外也要注意不能定位太高。有些企业为了树立高档的形象，为自己的某些高档产品和品牌做过分的宣传，从而冷落了也许是其销售额和利润最稳定来源的大众化产品的宣传。（观点来源于《营销师国家职业资格培训教程》，国家职业资格二级。）

7. 注意不能频繁变动定位

广告商品被消费者接受需要一个过程，这一个过程还包括使用、口碑相传等方面。所以，需要形成一个相对稳定的印象，而不能频繁变动定位。实际上广告商品一般的定位都不会随意变动，一用就是几年甚至更长的时间，保险业、百货业、银行是最明显的。

/ 实施任务 2/ 结合具体广告商品的项目进行广告定位策略运用

1. 任务的组织

（1）各小组先结合选定项目进行讨论，各自拟订个人的方案，然后小组再进行讨论，确定出小组的最后方案。

（2）老师组织小组之间进行交流，由各小组结合实际项目设计的方案进行相互讨论和交流；老师负责说明和决策。

（3）学习小组将完善好的设计方案提交老师进行评定。

2. 任务实施的要求

（1）每位同学都要积极参与，发表自己的观点。

（2）策划的广告定位策略必须符合实际项目的要求。

（3）必须用电子文件和纸质文件将最终结果上交老师。

‖ 学习指导 ‖

1. 学习建议

本项目作为三因子的第二个讲述的因子，内容也是非常丰富的，特别是广告定位策略。由于，商品根本上吸引受众的是商品的价值和使用价值，所以，应当对广告商品进行认真深入的分析，选择好的广告定位策略。由于广告定位策略实战性是比较强的，必须认真结合一些实际广告案例进行理解认识广告定位的策略，并要结合具体的广告商品策划项目进行广告定位策略的分析运用。

2. 学习重点难点

重点：广告定位

难点：广告定位策略

3. 核心概念

广告信息主体　广告定位　广告信息个性

‖ 课后思考与练习 ‖

1. 单项选择题

（1）广告定位是指确定广告商品的（　）。

A. 市场目标　　B. 市场形象　　C. 受众　　D. 目标

（2）信息个性是指广告商品具有的（　）。

A. 特别卖点　　B. 属性　　C. 品质　　D. 市场

（3）广告商品采用“市场定位”是指广告商品定位成为消费者（　）。

A. 服务　　B. 得到利益　　C. 度身定做　　D. 喜好

（4）广告商品采用技术比其他商品要好的定位属于（　）定位。

A. 市场　　B. 功效　　C. 价值定位　　D. 品质

（5）领先企业一般采用（　）定位。

A. 是非　　B. 补隙　　C. 比附　　D. 抢先

2. 判断题

（1）请体育明星作为广告代言人属于比附定位。（　）

（2）跟随者一般采用对抗竞争定位策略。（　）

（3）格力空调定位多采用领先者定位。（　）

（4）广告人是可以去打造商品的精神意义的。（　）

（5）一则广告的广告商品定位可以采用多种定位方法组合。（　）

3. 问答题

（1）简要说明广告实体定位策略的内容。

（2）简要说明观念定位的内容。

（3）简要说明领先者、跟随着、挑战者的定位策略。

4. 案例分析题

2016 年 6 ~ 7 月欧洲杯期间，百岁山利用电视媒体，在转播比赛的广告时间段推出了自己热播的两则广告，一则是教授等公主的一则；另一则是公主去教授住处相会的广告。结合这两则广告进行认真的广告定位分析。

[案例分析要求] 要求认真结合案例分析认识：

（1）该两则广告的定位策略是什么？

（2）假设由你来策划第三则广告，你会怎样运用广告定位策略？

项目 4

分析广告目标受众的心理

★ 学习目标

知识目标

1. 认识广告目标受众的要义、意义、分析的基本内容。
2. 认识广告目标对象细化的心理分析内容。

能力目标

1. 能结合一些实际的广告进行广告目标受众的心理分析。
2. 能结合广告商品项目进行广告目标受众的心理分析。

⊙ 项目介绍

广告是做给特定的人看的。广告的目的也是使得广告目标受众喜欢看广告，从而形成好的印象直至会去购买广告商品。这里可以很明显地认识到，广告首先必须得让广告受众喜欢看。而为了促成这一效果，需要我们广告人在设想广告主题等方面的时候，好好地分析认识清楚它们，所以，我们广告主题三因子学说中包括了对第三个因子“广告目标受众心理”的分析。

广告是一种心理效应。它促使广告受众在看过广告以后心理发生反应变化，形成好的印象记忆，日后要买的时候，会想到买广告商品。所以，我们在分析广告受众时主要分析认识广告受众的心理因素。广告受众是社会上不同的人，首先是所处社会不同阶层的人，不同阶层的人由于条件不同，购买心理和行为都是不同的，而且随着市场经济的发展和学者们研究的深入，对不同社会阶层的人的研究有了可以学习的成果，所以我们很有必要认识这一点。再有广告受众又是不同年龄阶层的人，不同年龄的消费者的消费动机是有很大不同的，所以，我们还要从年龄角度对广告受众进行分类，认识不同年龄阶层的受众的广告心理和广告信息个性的要求。

⊙小案例

甲壳虫汽车

对于追寻时尚、挥洒个性的成功女性来说，经典时尚的柔美、洒脱个性中的细腻不可或缺，独立自主的选择一样可以经受鉴赏眼光的评判，新甲壳虫显然是她们的最爱。2006年款新甲壳虫和新甲壳虫敞篷车，更为引人注目，外观充满更多神采和灵气，优雅的车身比例，圆润而流畅的线条，炯炯有神的前后椭圆形大灯，诱人心动的多种明亮色彩，成为新时代新的经典之作。它卓越的安全性，完美的制造工艺以及大众汽车有口皆碑的品质和悠久的历史，无不彰显了新甲壳虫是经典中的典范。

任务1　建立广告目标受众心理分析的基本理念

4.1.1　广告目标对象（广告目标受众）的要义

1. 广告目标对象的基本要义

我们要注意到的是，虽然广告是利用一定的广告媒体进行刊播的，而媒体是有一定的覆盖范围和到达人群的。比如说，在中央电视台做广告，理论上来讲是全国的人都能覆盖到的。但是，我们还要进一步认识到，一般来说广告商品并不是卖给所有人的，而是卖给部分人的，即目标市场上的人群，这些人群才是我们最为重要的广告信息受众，必须加以吸引、争夺、维持和提醒购买。所以说，打开电视看到的广告，名义上是在电视机前的观众都是能看得到的，但是，作为广告人最想要的是让广告商品潜在的消费者看到广告，喜欢广告商品。所以，我们必须认识到广告是为特定人做的，这些人我们称为广告目标对象（广告目标受众）。广告目标受众是指广告所意图宣传并加以影响的信息到达对象。通俗一点，它就是广告人设想广告刊播后看到广告的人。举个例子，Dior 化妆品广告，广告人最想要的是有购买能力的白领女性看到这一品牌化妆品并且喜爱它。

2. 几点认识

（1）第一点要说明的是广告目标对象心理分析是从广告人出发的，也是代表了广告主的意图的。

（2）第二点要说明的是广告目标对象的实质是指广告商品的销售对象，也就是广告商品的目标市场定位的对象。广告是为市场营销目标的实现服务的，只不过是企业开展市场营销活动中一种促销手段而已，所以，企业的目标市场定位决定了产品的存在，我们广告人进行认真的目标市场对象定位分析认识，就是为实现目标市场定位服务的。

⊙小知识

消费者购买决策

消费者购买的依据，往往是他们自以为重要、真实、正确无误的认知，而不是具体的、理性的思考或是斤斤计较后的结果。但事实上消费认知是有限的，而对消费者而言，他们认知到的就是事实，是在直觉、反射神经的层面处理信息和快速产生价值判断的。所以，有的时候会冲动购买，有的时候买后后悔。

4.1.2　广告目标受众心理分析的意义

广告目标受众心理分析的意义主要在于寻找和确定确实能打动消费者的信息，增加广告诱导的效果，即通过深入的分析认识当前目标受众的所思所想，能针对他们对广告商品感兴趣的需求提出购买理由，从而与广告受众一拍即合。例如，iPhone 4S 手机推出的时候，主要的亮点是能够面对面的沟通对话。一则“ touch”广告深深打动了对手机有更高要求的消费者。进一步分析可以认识到现在的人们购买手机更多地注重沟通，特别是能够面对面地沟通，该则广告通过情感诉求达到了很好的效果。

⊙小知识

人与人之间为什么存在差别

人与人之间之所以存在差别，是因为他们之间存在个性心理上的不同，包括①气质；②性格；③能力，它比较稳定地反映了个体的特色风貌。例如，电影《建国大业》中毛泽东几经危难最终成就新中国大业。简要说明：①气质，是人典型的、稳定的心理特点，即人的性情或脾气（心理学的气质指脾气、秉性或性情），是内在的个性本性，主要指大脑皮层神经细胞的特性类型，如稳定或不稳定；反应的速度是灵敏还是迟钝，是兴奋型还是抑制型，因此它是个性的内在基础，是决定个性类型的基础。②性格，是指个人对现实稳定的态度和稳定行为方式的心理特征，是个性的外显表现，是显露的气质的外形，是在社会实践中对外界现实的基本态度和习惯的行为方式。例如，性格温和、热情、奔放、对人忠诚、疾恶如仇、礼让关怀；行动举止优雅大方、神态温和端庄、谈吐幽默；有人大公无私，有人自私自利；有人勤劳朴实，有人懒惰奢侈；有人自尊自强，有人自暴自弃等，这些都是人的性格特征。当某些特征稳定地而不是偶然地表现在某人身上时，就可以说这个人具有这种性格特征。

我们要认识到的是，市场环境在发生深刻的变化。20 世纪 40 ~ 50 年代，人类社会进入知识信息社会（后工业社会），产品已相当丰富。20 世纪 90 年代以后，人类社会进入（后现代主义的）感动消费年代，也就是品牌与顾客互动的时代，这实质上也就是一种感性消费时代。这一时代的主要特征就是消费者更加注重心理性需求，特别是感情需求的满足。对生活的要求来说，人们的生活水平已完成从温饱状态向较富裕状态，乃至富足状态转变，于是消费观念便从“量的满足”过渡到“质的满足”。所以，现在的人们追求的是“品质生活”“品位生活”“轻奢生活”等。

⊙小案例

现在市场的主角是“80 后”“90 后”，是“吃麦当劳、肯德基长大的一代”。

由此可见，市场环境的变化带来消费需求的变化，他们想要的东西不同了，我们的广告信息中心自然就要迎合这一变化，才能与消费者“同声同气”，而“正是您需要的商品和服务啦”才是我们赢得市场的根本理念。

⊙小案例

一次性尿布的尴尬

当年美国某企业向市场推出新产品“方便尿布”时，遇到不小的阻力。“方便尿布”用纸制成，用过一次便弃掉，所以也称为“可弃尿布”或“一次性尿布”。在产品推广的初期，广告诉求的重点放在“方便使用”上，结果销路不畅，后经过调研了解，仔细分析消费者的心理，得知该尿布虽然被母亲们认同确实使用方便，省去洗尿布的麻烦，但广告关于省时省力的宣传却使她们心理上产生不安，“如果仅仅是方便使用而没有其他品质，那么购买、使用的话自己就好像成了一个懒惰、浪费的母亲，婆婆也会因此责备自己”。有这样一则故事，一位年轻的母亲正在给自己的孩子换“一次性尿布”，这时门铃响了，原来是婆婆来看望孩子，这下搞得母亲很紧张，情急之下一脚将换下的尿布踢到床底下，然后才给婆婆开门。有鉴于此，新的广告策划与策略针对这种心理进行了调整，改变了广告诉求的重点，新广告着重突出该尿布比布质尿布更好、更柔软、吸水性更强、有利于保护皮肤，婴儿用了更卫生、更舒服等特点，广告语是："让未来总统的屁股干干爽爽！"

资料来源：凯文·莱恩·凯勒.战略品牌管理 [M].吴水龙，何云，译.北京：中国人民大学出版社，2003.

4.1.3　广告目标对象心理分析主要内容的基本认识

对广告目标对象进行哪些方面的分析认识，可以说涉及的内容是很多的，我们主要从确立广告主题的角度思考，把广告目标受众心理分析的主要内容明确为三个方面，即广告受众的社会阶层心理分析、年龄阶层心理分析、其他一些心理现象分析（共同心理分析、社会群体心理分析、性别心理分析、某些职业心理分析）。

⊙小知识

心理（活动）过程

心理过程是指心理现象发生、发展和消失的过程，也就是人脑对现实的反映过程。人的一般的心理过程，是人人都有的共性，每个人均经过这个心理过程。人的复杂心理总的来说可以分为两个方面：心理过程和个性心理特征。心理过程是心理活动的重要方面；个性心理特征是个体心理活动过程体现出来的特点（人的心理活动，即整个心理活动过程，是人的心理共性与个性的结合过程），整个心理（活动）过程又包括认识过程、情感过程和意志过程，这三个过程既互相区别又互相联系。

1. 广告目标受众社会阶层心理分析的基本认识

由于广告受众具有社会属性，生活在特定的社会阶层，而不同的社会阶层在资源掌控条件、社会分工中的角色、自我评价与追求方面都是明显不同的，所以，以他们为目标对象的广告商品的需求是不同的，必须认真深入地分析。

⊙小案例

广汽讴歌 CDX 东莞耀世登场暨全系嘉年华

2016 年 7 月新推出的广汽 ACURA CDX 光芒上市。2016 年 7 月 30 日，广汽讴歌首款豪华 SUV CDX 与广大 Acura 粉丝相约东莞讴歌顺熙寮步店，上演了一场精彩的赏车会暨全系嘉年华。现场有精彩的歌舞、VR 触碰未来、丰富奖品……厂家领导亲临致辞，和客户度过了一个快乐的周末之夜。广汽讴歌 CDX 共推出一种动力配备共六款细分车型，其售价区间为 22.98 ～ 30.98 万元。据了解，购买讴歌 CDX 将享有 4 年 10 万公里免费保养政策，并享受 24 小时免费救援服务。广汽讴歌推动渠道下沉的过程中，保证每家店在展厅、销售和服务上都满足豪华品牌的要求，让用户享受豪华品牌广汽讴歌专业、贴心的服务。

资料来源：汽车之家，http://www.autohome.com.cn/news/201608/100058443.html。

2. 广告目标受众年龄阶层心理分析的基本认识

广告受众处于不同年龄层面，心理的成熟度是不同的，社会能力大小也是不同的，处于的角色要求也是不同的，所以，对以他们为目标对象的广告商品的需求也是不同的，所以，也必须认真深入地分析。

⊙小案例

暑期现整容热：学生成主力军一整就是“全套”

近日，《华商报》记者走访了汉中各大整形机构发现，随着暑假开始，学生群体成为整形队伍的主力军。其中，微整形最受学生青睐。“多以眼部、鼻部等局部整形为主，激光祛斑、牙齿矫正也比较多”，一家美容医院的医生说。由于这些微整形的手术效果“立竿见影”，而且2个月的恢复期足够，是不少学生的首选。

某医院美容科杨文华说：“近两年暑假，整容的顾客多是像小司一样即将上大学的高中毕业生，她们希望以新形象迎接大学生活；还有一些在校大学生受到就业压力会选择整形；个别女孩受感情因素等影响选择整容。”

“暑假学生群体几乎占到接诊量的一半以上。”杨文华说。由于整容手术需要一段时间恢复，因此对于想整容的学生们来说，暑假成为他们整容的最佳时间。

不仅人数越来越多，学生整形的项目也越来越广。“从前是割个双眼皮、隆个鼻子这种小手术比较多。”杨文华介绍，现在不少学生一整就是“全套”，好几个项目一起，如眼睛、鼻子、下巴、脸型、体型等一起调整。

资料来源：土兔网新闻，http://www.51oa.net/jiaocai/hhjh.html。

3. 广告目标受众其他一些心理现象分析

这部分主要包括共同心理分析、社会群体心理、性别心理分析、某些职业心理分析四个方面的认识。

（1）共同心理分析的基本认识。不同社会阶层和不同年龄阶层的受众，都是社会人，都具有作为“人”的共同属性，其中包括“共同心理”现象，它就是指每一个人都会结合自己的条件去定位自己的形象。如教师会定位自己要“教书育人，为人师表”，医生会定位自己要“悬壶济世”，企业家会以“实现自我价值，促进社会发展”为己任，等等，所以，对以他们为目标对象的广告商品的需求，也是会由于年龄、社会阶层等条件不同而不同的，所以，同样必须认真深入地加以分析。

（2）社会群体心理分析的基本认识。广告受众都是社会特定群体的一分子，又可以是社会大大小小不同的群体的一分子。他们要遵循这些群体的文化观念和行为规范，一般会不愿意是群中的“另类”。

（3）性别心理分析的基本认识。男性和女性在心理上既具有共性也具有特殊性，如一般男的比较大大咧咧，而女性感情一般都是比较细腻的，等等。

（4）某些职业对象心理分析的基本认识。不同职业的人心理会有不同，如入教师这一行的人的心理一般都是比较单纯淳朴的；商人一般都是“锱铢必较”“唯利是图”的。我们将在后面对大学生和农民进行专门的分析。

/ 实施任务 1/　结合广告项目明确广告目标对象及心理分析的基本内容

1. 任务的组织

（1）各小组先结合项目进行讨论，各自拟订个人的方案，然后小组再进行讨论，确定出小组的最后方案。

（2）老师组织小组之间进行交流，由各小组结合实际项目设计的方案进行相互讨论和交流；老师负责说明和决策。

（3）学习小组将完善好的设计方案提交老师进行评定。

2. 任务实施的要求

（1）每位同学都要积极参与，发表自己的观点。

（2）广告目标对象及分析的内容必须紧密结合广告项目。

（3）必须用电子文件和纸质文件将最后结果上交老师。

任务 2　广告目标对象的社会阶层心理分析

4.2.1　广告目标对象的社会阶层划分

⊙小案例

浙江纳爱斯 雕牌洗衣粉《下岗篇》

拨动心弦的三个画面。画面 1：一位年轻的满脸愁容的妈妈，正提着背包，穿梭于各种各样的招工广告中，她的步伐是那么沉重！也许是她刚刚下岗，生活拮据，急于找一份工作却求职无门吧！画面 2：家中一个年幼的小女孩正爬上橱窗，拿下一包雕牌洗衣粉，她一边往盛满衣服的提桶里放洗衣粉，一边说：“妈妈说了，雕牌洗衣粉只用一点点就能洗好多好多的衣服，可省钱了。”画面 3：年轻的妈妈回到家中，看到衣服已经洗干净且挂了起来，而她的女儿却已倒在沙发上睡着了，旁边放着一张纸条，她捡起来一看，上面写着，“妈妈我能帮你干活了！"，年轻妈妈不禁动了情，伏下身子，吻了吻熟睡中的女儿，眼里滚出既辛酸又疼爱的泪水。广告浓浓满满的情感让人泪眼盈盈。

对社会阶层划分的认识

如何进行社会阶层的划分，不同观点有很多。我们采用的是按职业进行社会阶层的划分的方式。在当代社会，职业身份的分类是一种最基本的社会性区分，从事不同职业的人，在收入、声望、教育、权力等方面都存在着差异，因而职业的分类与社会分化紧密相关。职业分化、收入差距扩大和资产私有形式的出现促使社会阶层分化日益明晰。而且在调研资料收集和分析方面，个人职业信息较易获得，也易于加以分类处理。在职业分类的基础上，再以人们对组织资源（也可称为权力资源）、经济资源和文化资源的占有状况来刻画各社会阶层的基本特征，是比较理想的。

⊙参考资料

以职业分类为基础，以组织资源、经济资源和文化资源的占有状况为标准划分当代中国社会阶层结构的基本形态，它由十个社会阶层和五种社会地位等级组成。这十个社会阶层是：国家与社会管理者阶层、经理人员阶层、私营企业主阶层、专业技术人员阶层、办事人员阶层、个体工商户阶层、商业服务业员工阶层、产业工人阶层、农业劳动者阶层和城乡无业失业半失业者阶层。

各社会阶层及地位等级群体的高低等级排列，是依据其对三种资源的拥有量和其所拥有的资源的重要程度来决定的。在这三种资源中，组织资源是最具有决定性意义的资源，因为党和政府组织控制着整个社会中最重要的和最大量的资源；经济资源自20世纪80年代以来变得越来越重要，但它在当代中国社会中的作用并不像在资本主义社会中那么至关重要，相反，现有的社会制度和意识形态都在抑制其影响力的增长；文化（技术）资源的重要性则在近十年来上升得很快，它在决定人们的社会阶层位置时的重要性并不亚于经济资源。

资料来源：中国网，http://www.china.com.cn/chinese/MATERIAL/105530.htm。

按职业划分社会阶层，比较清晰地说明了社会的阶层结构和拥有资源的特征，由于篇幅原因，不做详述。这里还要说明的是，实际在策划广告活动中并不需要做这么深入的阶层分类，一般来说，广告目标受众的社会阶层划分可以考虑按照收入（与职业息息相关）划分为五个阶层，即富豪超富豪阶层、富裕阶层、小康阶层、温饱阶层、贫困阶层，也可以比较简单地认识为高收入阶层、中高收入阶层、中等收入阶层、中低收入阶层、低收入阶层五个社会阶层。按照我国目前的社会结构，中等收入阶层占着大多数的比例，高收入和低收入的比例相对较小。

⊙**参考资料**

2016 年 2 月 24 日，商务部部长高虎城在国新办举行的发布会上表示，中国目前有一个中高收入的阶层正在形成，有人说是 9 000 万人，有人说已经超过了 1 亿人。这里面可能有不同的计算标准，每个城市的消费水平不同，用一个统一标准来计算恐怕是有失偏颇的。但是不可否认的是，中高收入阶层正在形成。

先撇开高收入群体不谈，因为首先你得跨入中等收入阶层，才有可能进一步迈向高收入阶层。

中等收入阶层，顾名思义，是一个地域在一定时期内收入水平处于中等区间范围内的所有人员的集体。在我国一般将其称为中等收入群体、中间阶层等，这与发达国家的中产阶层概念相接近。但在学术界，对于中间阶层如何界定，还没有统一的标准。

中国社科院在去年 12 月的《社会蓝皮书：2016 年中国社会形势分析与预测》发布会上，对北上广三个一线城市进行的抽样调查显示：北京的中间阶层规模比例大约是 55%，上海大约是 51%，广州大约是 42.5%。其中北京的中等收入群体收入最高，年收入为 256 016 元，其次是上海中等收入群体的年收入 219 770 元，广州的中等收入群体年收入最低，为 170 037 元，工资性收入也呈现相似的状况。总支出方面，北京最高，约为 126 012 元，其次是上海，每年的支出约为 115 646 元，而广州最低，为 95 213 元。

资料来源：搜狐公众平台 – 财经，http://mt.sohu.com/20160225/n438462800.shtml。

美国七种主要社会阶层的特征

1. 上上层（不到 1%）：上上层是继承有大量遗产，出身显赫的达官贵人。他们捐巨款给慈善事业，举行初次参加社交活动的舞会，拥有一个以上的宅第，送孩子就读于最好的学校。这些人是珠宝、古玩、住宅和度假用品的主要市场。他们的采购和穿着常较保守，不喜欢炫耀自己，这一阶层人数很少，当其消费决策向下扩散时，往往作为其他阶层的参考群体，并作为他们模仿的榜样。

2. 上下层（2% 左右）：上下层的人由于他们在职业和业务方面能力非凡，因而拥有高薪和大量财产，他们常常来自中产阶级，对社会活动和公共事业颇为积极，喜欢为自己的孩子采购一些与其地位相称的产品，诸如昂贵的住宅、学校、游艇、游泳池和汽车等。他们中有些是暴发户，他们摆阔挥霍浪费的消费形式是为了给低于他们这个阶层的人留下印象，这一阶层的人的志向在于被接纳入上上层，但实际情况是，其子女达到的可能性比他们本人来得大。

3. 中上层（占 12%）：这一阶层既无高贵的家庭出身，又无多少财产，他们关心的是"职业前途"，并且已获得了像自由职业者、独立的企业家以及公司经理等职位，他们注重教育，希望其子女成为自由职业者或是管理技术方面的人员，以免落入比自己低的阶层。这个阶层的人善于构思和接触"高级文化"，参加各种社会组织，有高度的公德心。他们是优良住宅、衣服、家具和家用器具的最适宜的市场，同时，他们也追求家庭布置，以招待朋友和同事。

4. 中间层（32%）：中间层是中等收入的白领和蓝领工人，他们居住在“城市中较好的一侧”，并且力图“干一些与身份相符的事”。他们通常购买“赶潮流”的产品。25%的人拥有进口汽车，其中大部分看重时尚，追求“一种良好品牌”，其理想居住条件是“在城市中较好的一侧”，有个“好邻居”的“一所好住宅”，还要有“好的学校”。中间层认为必要为他们的子女在“值得的见识”方面花较多的钱，并要求他们的子女接受大学教育。

5. 劳动阶层（38%）：劳动阶层包括中等收入的蓝领和那些过着“劳动阶层生活方式”的人，而不论他们的收入多高、学校背景及职业怎样。劳动阶层主要依靠亲朋好友在经济上和道义上的援助生活，依靠他们介绍就业机会，购物听从他们的忠告，困难时期依靠他们的帮助。度假对于劳动阶层来说，指的是“待在城里”，“外出”指的是到湖边去，或常去不到两小时远的地方。劳动阶层仍然保持着明显的性别分工和陈旧习惯，他们偏好的汽车是标准型号或较大型号的汽车，对国内外的小型汽车从不问津。

6. 下上层（9%）：下上层的工作与财富无缘，虽然他们的生活水平刚好在贫困线之上。他们无时不在追求较高的阶层，却干着那些无技能的劳动，工资低得可怜。下上层往往缺少教育，虽然他们几乎落到贫困线上，但他们千方百计“表现出一副严格自律的形象”，并“努力保持清洁”。

7. 下下层（7%）：下下层与财富不沾边，一看就知道贫穷不堪，常常失业或干“最肮脏的工作”，他们对寻找工作不感兴趣，长期依靠公众或慈善机构救济。他们的住宅、衣着、财物是“脏的”“不协调的”和“破的”。

资料来源：经管百科，http://wiki.pinggu.org/doc-view-20345.html。

4.2.2 社会阶层心理与广告主题确立的相关分析

我们可以把收入作为主要因素，将广告受众划分成五个社会阶层，也带来五种消费层次。

（1）富豪超富豪阶层（高收入阶层）。资产以亿元为单位来计量的一些社会上的人形成的阶层。

这些人群属于社会的高端人群，星河湾高级别墅购买群体；宝马、奔驰、一汽大众奥迪、凯迪拉克、保时捷、雷克萨斯、法拉利、宾利等汽车才是他们购买的对象。他们具有最有利的条件去追求自己的需求。广告信息诉求重点应当围绕名牌、文化、享受、个性化消费来进行。如星河湾的“文化营销”，将“肖邦青少年”钢琴比赛引入星河湾。

（2）富裕型（中高收入阶层）。资产以千万元为单位来计量的一些社会上的人形成的阶层。广告信息诉求重点应当围绕品牌、品位、性价比、小资生活来进行。如广汽本田雅阁汽车、广汽丰田凯美瑞汽车度身定做为商务人士的座驾。

（3）小康型（中等收入阶层）。资产以百万元为单位来计量的一些社会上的人形成的阶层。广告信息诉求重点是针对他们对幸福生活的向往和感知。例如海马“福美来”汽车广告展现的是幸福的一家三口（当时还没有二孩政策）；卡罗拉“花冠”汽车广告展示一对新人的幸福生活。

（4）温饱型（中低收入阶层）。有一些积蓄但资产不多，日子还比较拮据的普通职业人群形成的社会阶层。广告诉求的重点是经济实惠、实用有效。例如，立白集团的“彩奇”洗衣粉广告以“过日子还是要会挑”为主题；汰渍洗衣粉直接标明售价；雕牌洗衣粉针对下岗人员等困难群体或一般对象确立“价钱便宜实惠”的广告主题。

（5）贫困型（低收入阶层）。基本上没有积蓄，生活困难的一些特殊人群。如下岗拿社会救济、病困、独孤年老等群体。这方面的人群不是很多，广告商品直接针对他们为目标对象的不多。

⊙小案例

立白又添著名商标“彩奇”，多品牌战略初显成效

2009 年 9 月 17 日，我省知名洗涤品牌“彩奇”，经过广东省工商行政管理局组织设立的广东省著名商标认定委员会的严格审查评选，最终认定为“广东省著名商标”。根据“广东省著名商标”的评定的必要条件，申报品牌必须在全省市场上享有较高声誉并为公众所熟知。所以，彩奇这一称号的获得，说明了彩奇在广东省市场已具有相当的市场地位与广泛的品牌基础。据了解，“彩奇”为国内日化行业领军企业立白所创建的自主品牌，主要产品有洗衣粉与洗洁精，该品牌自创建以来，发展迅猛，产品受到消费者的追捧与好评，并迅速从广东走向全国。彩奇的创建与发展，是缘于立白的“大日化，多品牌”战略。在立白集团的主品牌“立白”成为织物与餐具洗涤这一领域的领军者后，立白有更大梦想与作为，不但要做专做强，更要做大做久。“创世界名牌，做百年立白”，就是立白人的追求，彩奇就是立白“大日化、多品牌”战略的先行者。由于立白在日化行业多年的运作经验与深厚的研发实力，彩奇的发展顺风顺水，四年即取得佳绩，目前，彩奇洗衣粉已进入全国前八强，彩奇洗洁精则进入全国前六名，彩奇全产品在广东省也进入同类前三位。新生的彩奇品牌，在短短几年的时间就取得了如此高的市场成就，不得不说，立白创造了一个新的品牌神话。产品定位准确，彩奇受家庭妈妈热捧彩奇在产品研发阶段，就十分注重产品的品质，有立白十五累积的洗涤产品研发实力，彩奇产品的去污能力在同类产品的效果测试中，脱颖而出，得到了完美的体现；在保证了产品高品质的同时，彩奇的另一撒手锏就是高性价比，彩奇针对其最核心的目标消费者——追求节省实惠与高效的家庭妈妈们，提出更快、更省的产品诉求，得到家庭妈妈们的一致认同；而“快乐持家，我选彩奇”这句广告语，也悄然成为妈妈一族选择家庭洗涤用品的心声。据最新了解，立白集团已在本月初成立彩奇事业部，并在本月中旬召集全国彩奇经销商与销售团队召开事业部成立庆典。并在会中宣示彩奇未来的发展，彩奇事业部的成立，使彩奇的资源更加集中，构架也更趋合理有效，产品线得到进一步丰富完善。届时，一个全新的彩奇必将精彩呈现，成为立白大日化梦想的又一引擎。

/实施任务 2/　结合广告项目进行广告目标对象的社会阶层心理分析

1. 任务的组织

（1）各小组先结合选定的广告项目进行讨论，各自拟订个人的方案，然后小组再进行讨论，确定出小组的最后方案。

（2）老师组织小组之间进行交流，由各小组结合对实际项目设计的方案进行相互讨论和交流；老师负责说明和决策。

（3）学习小组将完善好的设计方案提交老师进行评定。

2. 任务实施的要求

（1）每位同学都要积极参与，发表自己的观点。

（2）广告目标对象社会阶层心理分析必须紧紧结合广告项目。

（3）必须用电子文件和纸质文件将最后结果上交老师。

任务 3　广告目标对象的年龄阶层心理分析

人的心理是一个不断发展变化的过程，从不成熟到成熟，如果从最小的小孩分析起，那就是从“少不更事，到小鲜肉的青葱青涩，到青年的激情阳光朝气，到熟男熟女的稳定平和，到老男老女的稳重淡然”。说明广告目标受众存在不同年龄的心理特征，从而也就有不同的广告心理特征。我们应该结合不同年龄阶段加以认真细致地分析认识。

4.3.1　主要年龄阶段划分及心理和行为分析

1. 儿童阶段的心理（含消费心理）以及消费行为分析

（1）从年龄段来说是指从出生婴儿 0 ~ 11 岁的儿童。

（2）主要的心理特点。

这一阶段因为在逐步成长，所以受一系列外部环境因素的影响，他们的消费心理和消费行为变化幅度最大，在 0 ~ 3、3 ~ 6、6 ~ 11 岁不同的年龄阶段的变化表现得很明显。说明在这三个阶段中，儿童的心理与行为出现三次较大的质的飞跃，开始了人类的学习过程，逐渐有了认识能力、意识倾向、学习、兴趣、爱好、意志及情绪等心理品质，学会了在感知和思维的基础上解决简单的问题，行为方式上也逐渐从被动转为主动。

1）0 ~ 3 岁，乳婴期，学初期，纯生理性需要为主。例如，饿了不管三七二十一就用大哭来表达。

2）3 ~ 4 岁，学前期，又称幼儿期，模仿性非常强，心理很不稳定。

3）4 ~ 5 岁，这时的儿童学会了比较，年龄越大，这种比较越深刻。这时的儿童仅是商品和服务的使用者，而较少成为直接购买者，但存在有简单地购买(如买糖果)。会挑选自己喜欢的东西这点很突出。例如，在商场中可以看到为人父母者带着这些小朋友购买儿童用品，小皇帝指着这指着那说要这要那，营业人员也很有经验，直接问小朋友喜欢什么。注意这时的儿童已经具有一定的购买意识，并对父母的购买决策发生影响。有的还可以单独购买某些简单商品，即购买行为由完全依赖型向半依赖型转化。例如，南方黑芝麻糊广告中小孩就是这个年岁的。大众汽车广告主题就是家长购买时考虑到对儿童的保护，大众已经为您所想。

4）6 ~ 11 岁，童年期，消费情绪逐渐趋于稳定，消费需要从本能发展为有自我意识加入的社会需要。例如“可趣可奇”童装广告，林妙可 ABC 童装“因为爱”广告展现的都是这一年岁儿童对时尚儿童服装的喜爱。

2. 少年阶段的心理（含消费心理）以及消费行为

（1）从年龄段来说是指从 11 ~ 14 岁的对象。

（2）心理特点。少年期是儿童向青年过渡的时期，在这一时期生理上呈现第二个发育高峰。与此同时，心理上也有较大变化，心理上的变化有了自尊与被尊重的要求，逻辑思维能力增强，总之，少年期是依赖与独立、成熟与幼稚、自觉性和被动性交织在一起的时期。例如，这一时期最容易与父母吵架，有的家长和学者把这一阶段称为“叛逆期“。还有就是社会上不时出现离家出走的问题少年都说明了这一年龄段的特点。心理与行为特征的主要表现有三点。

1）喜欢自我独立。少年人经常挂在嘴边的是“我已经长大了”，希望父母尊重他的意见，希望能按自己的意愿行事。在消费心理与消费行为上，表现出不愿受父母束缚，要求自主独立地购买所喜欢的商品。例如“可伶可俐”广告，展现的就是少女对商品独自的喜爱。当然，实际上这一阶段的少年的消费心理还是不够成熟的，但独立性增强是自我意识发展的显著心理特征。

2）购买有自己的喜好倾向。由于社会的高速发展，现在的少年有很多的途径吸收社会的各方面的信息。特别是网络、手机的途径。所以，现在的少年知识越来越丰富，消费的经验越来越多、越来越成熟，购买有了自己的倾向并趋于稳定。

而且对一些时尚的商品如数家珍。例如，耐克少年版成为少年特别喜爱的运动鞋。

3）更愿意学习接受社会经验。由于已经进入小学的高班学习，自己也有了较强的自我意识，接触到更多的同学、老师，另外就是媒体，所以，可以说有很多的途径学习吸收社会的经验，而这一点是很突出的心理，例如交谈中经常会提到“我同学家是怎么样的”，这就是这方面的反映。

⊙小资料

儿童与时尚

在近日举行的“首届广州儿童潮流盛典”上，广州市少年宫成长教育中心发布了我市首个针对儿童潮流的调研报告。据了解，本次调查抽样选取了642名6～12岁广州儿童，了解了他们的潮流心理状况。报告显示：广州小朋友以看电视、上网为主要娱乐方式，对于时尚和潮流非常敏感。

出游首选迪士尼。

如果有机会出去玩，小朋友首选香港迪士尼，其次为长隆等主题公园。

生日聚会要叹自助餐。

对于生日会等聚会活动，超过六成的小朋友选择麦当劳、肯德基等西式快餐店；最愿意向自己的朋友推荐的是自助餐厅，因为品种较多且能满足他们自己选择的特点。

多数小朋友习惯送礼物。

多数小朋友都有送礼物的习惯，其中生日、圣诞节、儿童节是三个送礼的重要时间。在礼品的选择上，小朋友更愿意收到一些实用的礼物，如书、文具、公仔等。

看电视、上网成为主要娱乐。

由于小朋友待在家里的时间越来越长，家中的娱乐成为他们的玩乐主流。看电视、上网是小朋友在家的两大娱乐项目。

调查结果显示，广州小朋友平均每天花费30分钟～1小时在看电视上，基本是在吃饭时间或者是睡觉前。约82%的小朋友有上网的习惯，主要是利用网络进行娱乐。

资料来源：《广州日报》记者，冯秋瑜。

3. 青年阶段的心理（含消费心理）以及消费行为分析

（1）从年龄段来说是指从15 ~ 44岁的对象。不同国家地区由于自然条件、风俗习惯、经济发展水平不同，人的成熟早晚各异，青年的年龄范围也不一致。根据我国情况，青年消费者群的年龄阶段为15 ~ 35岁。联合国世界卫生组织确定新的年龄分段44岁以下为青年人，45 ~ 59岁为中年人，60 ~ 74岁为年轻老年人，75 ~ 89 岁为老年人，90 岁以上为长寿老人。我们认为随着中国社会经济和文化等方面的发展，采用联合国世界卫生组织的标准是合适的。

（2）消费心理与消费行为特征。青年消费者群人数众多，是仅次于少年儿童的另一个庞大的消费者群。现在有很多的专家认为市场的主体人群是“80 后”和“90 后”。我们可以在广州北京路、广州上下九、广州状元坊、广州市天河又一城等地真切地感受到青年人是市场消费的主力军。这群人的消费心理和消费行为特征主要表现为 5 点。

1）追求时尚。青年人更愿意接受新生事物，更愿意尝新和喜欢新奇特的商品，领导消费新潮流。他们处在一个非常美好的社会发展的阶段，中国的经济高速发展，有许多地区已经进入小康社会，如广东的珠三角地区。有许多青年人是独生子女，有了自己的就业收入，又大多没有家庭负担，所以，更有条件购买时尚的商品。例如，韩服就曾经是许多年轻人追求的装扮；前面我们也提到了许多地方都是暑假学生美容火爆，都说明了这一点。

2）追求个性。年轻人个性张扬，青春洋溢，喜欢表现自我，自我意识强烈，没有很多羁绊束缚。年轻人喜欢个性化的商品，如“全广州市唯一的一双鞋、唯一的一个版”。例如，吴莫愁演绎的百事可乐广告“渴望就是现在”，展现了青年人喜欢的个性张扬。

⊙小案例

“百威，敬真我”广告在里约奥运会期间，广东体育频道热播。这则广告是由一帮年轻人畅饮百威来表现主题的，广告中的年轻人个性张扬。

3）具有激情，有活力。青年人是早上八九点钟的太阳，富有朝气，活力和激情，敢冲敢闯。例如，有一些年轻人喜欢自己创业，自己做老板。

4）有时会冲动性购买。年轻人的心理还不完全成熟、稳定，爱感情用事，所以，容易受到情感的影响，产生冲动型的购买。例如，情人节可能一下子就买了“999”朵玫瑰送给自己喜欢的女生。

5）喜欢浪漫。青年人对未来充满憧憬，充满美好的愿望，所以喜欢具有浪漫色彩的商品和消费行为。如“背包客”“说走就走”“爱琴海”旅行，等等。

⊙小知识

新婚青年的心理和消费行为

每年“十一”黄金周就是无限商机，结婚和建立家庭是青年消费者继续人生旅程的必经之路，大多数青年都在这一时段完成人生中的重大转折，新婚青年的消费既有一般青年的消费特点，又有其特殊性。在消费需求构成上要满足富足。美好的愿望等多方面的需求，用的商品数量最大；其次是穿着和食品。在购买时间上要求买齐、买好，最好是一步到位，购买时间相对集中，多在节假日突击购买。婚前购置住房、成套家具、家用电器等高额消费品，已成为许多现代青年建立家庭的前提条件。在消费需求倾向上不仅对物质商品要求标准高，同时对精神享受也有较高的追求。在这种心理支配下，新婚青年对家庭用品的选购大多求新、求美，注重档次和品位，价格因素则被放在次要地位。同时，在具体商品选择上，带有强烈的感情色彩，如购买象征两人感情的物品，或向对方表达爱意的礼品等。例如周大福钻戒"真诚一生，一生永恒"。

4. 中年阶段的心理（含消费心理）以及消费行为分析

45 ~ 59 岁为中年人。"三十而立，四十而不惑"，所以说中年"大叔"的心理已经相当成熟稳定，不爱冲动和感情用事，能有条不紊、理智分析处理问题，"拿得起放得下"。中年人心理与行为特征主要表现为 3 点。

（1）能够比较理智地购买商品。中年人不容易受到外界的影响，该买才买，不该买即使有优惠也不一定买。他们为购买商品能做比较充分的事前准备，如收集资料，到现场"侦察"，做比较充分的比较，等等。

（2）倾向购买"物美价廉"的商品。商品讲求实用，价钱比较优惠。不容易选择购买一些花哨的商品。

（3）容易受到促销的吸引。由于需要好好持家过日子，"上有老下有小"，所以，一些优惠促销活动容易吸引他们购买消费。例如，广州市几大百货店换季促销都是人山人海，其中中年人是参与最多的人群。

5. 轻老年人阶段的心理（含消费心理）以及消费行为分析

我国大约 10% 的人口是老年人，已经进入老龄化社会，老年人消费市场受到党和政府的重视。希望通过全社会共同努力，他们都成为健康的老年人。

（1）60 ~ 74 岁年龄段的人（女性 55 岁以上）。

（2）老年消费者的心理特点及消费行为。

1）购买习惯性强。老年人在长期的消费生活中形成了比较稳定的态度倾向和习惯化的行为方式。对商标品牌的偏好一旦形成，就很难改变。为争取更多的老年消费者，企业要注意"老字号"及传统商标品牌的宣传，积极通过连锁模式拓展市场，发展壮大企业。例如，广州致美斋积极发展加盟连锁壮大自身；再例如，哈药六厂"盖中盖"广告，"一片顶两片，还实惠"，有大量忠实的老年消费者。

2）比较看重购买的便利性。由于行动不方便或体力精力弱，老年人更希望商品能在购买上或售后服务上提供便利。

3）需求结构上比较特殊，主要是购买养生保健、药品医疗器械。随着年岁增长，一般老年人在穿着方面的消费不讲究，但对自己兴趣爱好方面的东西支出比较大方。

4）有补偿过去没能消费的心理。过去可能由于家庭负担重没能够消费，现在有了条件，就想补一补该方面消费。如补办婚纱照、到某地旅游等。

6. 老年人。一般的老年人，到了 75 岁近 80 岁，已经比较少自己去购买商品了，更不用说耄耋之年的老人，基本上很少消费了，需要的东西都是子女帮助购买的。

4.3.2　主要年龄阶段的广告主题相关分析及运用

1. 儿童阶段的广告主题相关分析及运用

（1）影响儿童的父母。对于一些儿童自己不能购买或发表意见的商品，可以直接考虑以儿童的父母为广告目标受众，影响儿童的父母，例如，宝宝金水广告就是如此的。而对于一些儿童有自己意识和意志购买的商品，除了影响儿童外，影响儿童父母也是必不可少的，例如，伊利 QQ 星儿童成长奶广告，就是如此；徐峥代言的上海大众新桑塔纳汽车广告“安全篇”，考虑到要接活泼可爱的女儿，徐峥选择了该车，广告主题围绕“安全呵护家人”来确立。

（2）结合儿童存在的购买意识，并能对父母的购买决策发生影响方面进行思考。例如，增加动感，情趣，快乐，儿童服装广告、儿童玩具等广告多采用这样的主题。

⊙小案例

可口可乐——“酷儿”

可口可乐公司的果汁饮料品牌“酷儿”的推广过程就是卡通行销的典型代表。他们用一个卡通形象“酷儿”作为代言人，并且赋予“酷儿”人性化特征，把众多元素加到了酷儿的身上：“酷儿”来自一片大森林，被一对好心的夫妇收养。年龄在 5 ~ 8 岁，乐于扮酷，个性憨厚可爱，心胸宽广，快乐，喜好助人，爱模仿大人。这样的酷儿正好迎合了大部分小朋友的心理，产生了共鸣。所以，他们宠爱酷儿，以喝酷儿为荣，酷儿渐渐地在他们心日中成了“酷”和“快乐”的代名词。酷儿，好喝就说 QOO！是可口可乐公司推出的儿童果汁饮料。仅排汇源之后，针对 5 ~ 12 岁，摆脱碳酸饮料对儿童的副作用影响，而且增加了维生素 C 和钙，以 350ml 为主。核心价值——乐趣、口感、营养。大脑袋卡通人物“酷儿”作为品牌传播的主角，同时确定了它的简历作为所有传播活动的基调。

Rolo 糖广告

广告表现：小孩用 Rolo 糖招来了一头可爱的小象，当小象费劲地伸过鼻子想接糖时，小孩却俏皮地将糖扔进嘴里。20 年后在一次庆祝会上当大象列队经过青年时一头大象用鼻子狠狠地抽了青年一下。广告末尾展示包装，同时显示字幕“Think twice what you do with your last ROLO”。

（3）注意群体效应的运用，就是在广告表现上，采用一群儿童来演绎，形成一个许多儿童都喜欢的景象印象。例如，ABC 儿童服装广告和 kidas 儿童服装广告，都是由一群天真活泼的儿童演绎的。再例如，国内很成功的广告，娃哈哈果奶也是如此，广告主要的表现是“童声齐唱——甜甜的酸酸的，有营养味道好(一女声独唱)妈妈我要喝——(童声齐唱)娃哈哈果奶”。

（4）结合有个性消费，注意商品的多姿多彩。例如，娃哈哈爽歪歪广告就是如此。儿童往往没有什么顾忌和顾虑，再加上还在成长的路上，所以，有的小朋友喜欢别人夸赞自己，购买比其他小朋友好或者他们没有的有个性的东西。如遥控飞机等高端玩具可以考虑利用这一点作为广告主题。

（5）结合好奇心。例如，葵花牌小儿感冒药广告，利用卡通人物表现；再有就是纳爱斯伢牙乐儿童牙膏，也是用卡通人物演绎表现广告主题创意的。

（6）注意老师的影响。在学儿童对老师是非常仰慕的，所以，广告可以运用师生的场景，有老师在场引导，说明老师也是希望同学们认知某种事物的。例如，PASATE 汽车曾做过这样一则广告，一辆 PASATE 汽车静静地从教室的窗外驶近，同学们(外国儿童)都非常喜欢地涌到了窗前观赏它，老师也露出欣喜的笑容；再例如雅马哈的一则广告，一位老师对着一位学生在教他读“雅马哈”的读音，孜孜不倦，这些广告都是非常好的广告。

2. 少年阶段的广告主题相关分析及运用

（1）利用好少年的清纯可爱。少年就像一条清澈的小溪流，天真无邪，纯真可爱。所以，在广告主题策划时可以多结合利用好这一点。如，“可伶可俐”广告，清纯的少女形象非常可爱，让受众印象深刻。

（2）利用好少年对美好未来的憧憬。对于正在成长的少年人来说，明天充满着美丽鲜花、明媚的阳光、美好的愿望和无限好的前景。所以，广告商品主题确立时也可以好好利用这一点。

3. 青年阶段的广告主题相关分析及运用

（1）利用好青年人追求时尚的心理。如杜淳演绎的“海澜之家”广告，代表引领时尚的年轻人的着装吸引年轻受众。

（2）利用好青年人追求个性的心理。如 P&G 的沙宣洗发水广告主题就有运用，“沙宣相信，每一个你都是最独特的自己，拥有无限的美丽潜能。与新沙宣一起，绽放属于你的独特光彩！”

（3）利用好青年人喜欢激情，活力的心理。如许多运动鞋的广告主题有运用。

（4）利用好青年人喜欢的浪漫。如周杰伦与江语晨演绎的优乐美奶茶广告主题的运用，具有非常浪漫的气息，“江语晨：我是你的什么？周杰伦：你是我的优乐美啊！江语晨:原来我是奶茶啊！周杰伦:这样，我就可以把你捧在手心了。”

4. 中年阶段的广告主题相关分析及运用

（1）注意主题意义。中年人生活阅历丰富，心理稳定，家庭观念也比较重，所以，广告主题确立时要注意多从生活的意义、人生的意义、家庭温暖幸福选材，形成信息个性。例如，碧桂园有一个楼盘的广告主题，“人生的奔忙，目的就是让家人住上五星级的家”，这则广告信息个性直接戳中了中年人的心。

（2）注意广告主题格调要稳重。人到中年再也没有“天马行空”“理想梦想”，更多的是实实在在的生活。所以，广告主题思考时要对生活有真正的理解，符合现实，不要乱想象。如许多针对中年人的商品广告，演绎的中年人都是非常稳重、充满自信。例如，七匹狼男装广告主题就有运用，而成熟的男人形象使得许多中年人喜欢这一牌子。

（3）注意内敛深沉不外露。中国的中年男人更是秉承了中国传统的观念，“男人因敛而刚”，广告主题思考时可以考虑加以结合运用。例如，广告商品主题可以展现男人不怕辛劳的“刚性”。

⊙小资料

老爸，爱你在心口难开！

今天是父亲节，可是，在中国人的亲子关系中，鲜有儿女当面说出自己对父亲的爱与感激。据大洋网调查显示，91.5% 的人从未当面对父亲说过“我爱你！”

（4）注意利用关爱身体健康。中年人的身体一般开始走下坡路，所以，珠海丽珠得乐胃药广告，广告主题就采用“其实，男人更需要关怀”。所以，一些针对他们的广告主题可以多考虑，特别是一些保健品。

5. 轻老年阶段的广告主题相关分析及运用

（1）提示为主，以理服人。针对老年消费者制作的广告，应该多选择介绍性、提示性和劝说性的形式，而避免炫耀性、夸张性和竞争性的形式，而且名人广告对老年消费者的影响也不大。例如，伊利中老年奶粉广告，展示中老年对美好生活的向往；再如鸿茅药酒广告。

（2）多突出强调便利和优良服务作为广告商品和广告企业的个性。例如，一些老年人福利院的广告有运用。

（3）多迎合盼望健康、长寿的心理。如在一些保健品的广告有很多运用。

（4）多结合子女孝敬。老年人都希望子女孝顺。所以，广告主题信息可以多加以运用。如黄日华演绎的心源素广告，“爸爸我爱您”让许多人记忆尤深；黄金酒广告，“我女儿送的”让人印象深刻。

⊙小知识

银色市场

近几年来，“银色浪潮”在中华大地上悄然涌动，我国即将迈入老龄化国家的行列。许多有远见的企业家正在发掘一个崭新的市场——“银色”市场。由于老年人在吃、穿、用、住、行方面都有特殊要求，因此这个市场要求有自己独特的产品和服务。目前，欧美、日本等发达国家的企业，已开发出一系列适用于老年消费者的“银色商品”，并形成相当规模的老年服务市场，我国这一市场已经显示出巨大的潜力和良好的前景，有待大规模开发。

金婚、银婚

瓷婚——20 年；银婚——25 年；珍珠婚——30 年；玉婚——35 年；红宝石婚——40 年；蓝宝石婚——45 年；金婚——50 年；钻石婚——60 年

/ 实施任务 3/　结合广告项目进行广告目标对象年龄阶层的心理分析

1. 任务的组织

（1）各小组先结合选定的广告项目进行讨论，各自拟订个人的方案，然后小组再进行讨论，确定出小组的最后方案。

（2）老师组织小组之间进行交流，由各小组结合实际项目设计的方案进行相互讨论和交流；老师负责说明和决策。

（3）学习小组将完善好的设计方案提交老师进行评定。

2. 任务实施的要求

（1）每位同学都要积极参与，发表自己的观点。

（2）广告目标对象年龄阶层心理分析必须紧紧结合广告项目。

（3）必须用电子文件和纸质文件将最后结果上交老师。

任务 4　广告目标受众的一些其他心理分析与广告运用

4.4.1　广告目标受众的共同心理分析与广告运用

人们存在一种普遍的、共同的心理因素，即“自我形象”心理因素 是指由人们的社会地位、经济地位决定的，与人们的职业、职务、个性、气质、年龄又密切相关的心理因素。例如，一般女性出门的时候要打扮打扮、照照镜子，男的拉拉衣服等，为的是自己的形象。

广告运用中的意义体现在对不同年龄的广告目标对象都可以加以应用，特别是针对老年人、女性市场的商品可以多加以运用。例如，针对老年人市场的脑白金广告“脑白金，年轻态”；针对女性市场的广美整形美容广告“美丽一生，一生美丽”，等等。

4.4.2　社会群体心理分析与广告运用

人是社会的一分子，是生存在社会特定群体中的“生命体”，社会心理学的研究表明，不同的社会群体具有不同的社会文化观念，具有相对推崇的价值观、行为准则，作为群体中的个体，不由自主地要向这些文化靠拢。这样，就会形成类似大家很在乎群体的成员对自己的评价的心理现象。同时要注意的是，每一个人又都可以通过多种层面归属于大小和属性不同的社会群体，这样，也就会在乎“同一个地域”的人对自己是怎么看的、到了外地“外地人对我是怎么看的”等在乎别人对自己评价好坏的心理感受现象。

广告运用中要注意分析目标受众的社会群体心理，比如说，大家都是某地大龄女青年，大家在这一年龄阶段会推崇的什么样价值观念，例如 SK-Ⅱ《她最后去了相亲角》广告就是从大龄青年关注的问题出发，结合“逆行定位”进行广告创意的。

4.4.3　不同性别心理分析及广告主题运用

1. 女性消费心理分析及广告主题运用

女性人口占了总人口将近一半，而且女性是一般家庭日常购买的决策者、实施者。除了自身是商场的常客，而且由于在家庭中扮演多重角色，为整个家庭方方面面的购买常常要“逛”商场。女性的消费心理及广告运用主要要认识 4 点。

（1）购买商品挑选性要求强烈。女性心理比较细腻，对商品购买会比较认真地比较挑选，比较挑剔。所以，在商品广告主题确立时可以多考虑比较优势；在商场广告主题确立时可以多用与“能满足您充分的挑选”类似的主题。

（2）注重商品的感性感受。注重商品的色彩、外观，如“是不是很Q”“是不是很搭”等。在广告主题思考时可以多加以结合，例如，家具广告“我的 Q 家”。

（3）购物比较感性。女性比较容易受外界的刺激，比较注重细节，如一些让利促销活动，会在微信中早早相互传递信息。她们甚至会产生冲动性购买行为。广告主题思考时可以多加以运用。如某品牌男士服装广告，利用奖励丈夫为题材，广告主题可以用“爱的奖励”。

（4）注重商品的实体利益

女性在家庭中往往要负担一定的家务劳动，对商品该有什么功效比较了然。所以，在选择比较和购买商品时会考虑商品一些比较实用的功效。如洗衣机带有烘干功能，节省水、节省电，等等，广告主题运用时应多注意这一点。

（5）注重自我形象。女性特别爱美，在商场中一句“这衣服您穿后特别好看，特别适合您”的赞美，会大大促进她的购买。在广告主题确立时要多融入“美”的元素。

⊙**小资料**

女人近30 感觉最幸福

一项最新研究显示：女人在28岁时身材最好，自信心最强；在29岁时对自己的事业最满意；在30岁时对自己的爱情生活最满意。据新华社电，研究表明，女人临近30岁时感觉最自信，对自己的爱情和身材感到满意。她们在这段时期能享受到最佳性生活。一家国际知名染发用品公司通过调查4000名女性后得出这项研究结果。英国《每日电讯报》26日援引这项研究结果报道，30岁对女人来说是个分水岭，她们从此之后开始担心变老、出现皱纹和灰白头发。这家染发用品公司的一名发言人说：“人生会在某一点达到顶峰……女人在28岁时达到顶峰，那时她们头发、身材看起来最好，拥有的自信空前高涨。”研究结果表明，女性在29岁时对自己的事业最满意，在30岁时对自己的爱情生活最满意。然而女人并不是跨过30岁之后就一无所有。她们在32岁和33岁时分别对家庭生活和经济状况感到满意。研究结果还显示，2/3的女性觉得自己比男性衰老得更快，56%的女性担心伴随年龄增大容颜变老。平均每名女性一年用于美容的费用达到600英镑（约合990美元），平均每天美容时间为22分钟。

资料来源：2009-06-29《广州日报》。

（6）注重潮流。特别是年轻的女性，是时尚的引领者。而现在我国社会经济高速发展，一般女性到了中年阶段购买力很强，许多国际大牌商品的购买她们更多的时候才是主角。广告主题确立时要多结合广告目标对象的年龄阶层特点，好好加以运用。

（7）喜欢炫耀。女性购物除了满足自身愿望外，还经常会希望得到别人的称赞。“太漂亮了”“太幸福了”“太有钱了”“太高档了”等都是她们最喜欢听到的赞誉。对于这点，广告主题确立时可以多加思考运用，如出席公众场合大家“羡慕的目光”“聚光灯下永远的主角”，大牌化妆品迪奥、香奈儿、兰蔻等都是这样确立广告主题和进行广告表现的。

2. 男性心理分析及广告主题运用

由于传统的影响，中国的男士一般来说不太爱购物，家里一般性的日常购买都不是由他们完成的，但家里大件商品的购买，常常是会参与的，同时注意也不一定是决策者。

男性的消费心理及广告运用主要要认识的四点。

（1）比较随便。男士为了表现自己是“大男人”，不愿意“婆婆妈妈”“磨磨蹭蹭”的，所以，购物时多数表现出，一眼看重就可以了，“就是它了”是常话。广告主题确立时可以多考虑加以运用，如“男人一眼就相中的商品”“一见钟情的商品”。

（2）不愿意花很多时间。男士往往不做很多的比较和挑选。男士一般认为在购物时“左挑右拣”“逛东家又逛西家”是浪费时间。在广告主题思考时也是可以加以运用的，如可以从优质的服务入手，“购物管家服务”“ VIP 贴身服务，一对一服务”等。

（3）喜欢讲究“面子”。“面子”可以说是中国男人的“生命”，所以，在许多场合男人都讲究“面子上过得去”。吃饭时争着买单就是例证。在购物时也比较少讨价还价。所以，在广告主题思考时可以考虑多加以运用，如开着座驾去谈生意，取得成功，广告主题信息表现是“好车好生意”。

（4）购买动机的形成比较快速，购买决策比较果断。男士遇到真正的需要才会形成购买的念头，而且有了念头就想买了，如老婆说“家里洗衣机就要坏了”，丈夫的回答是“那就买个新的呗”。而且他们实施购买快速，购买决策果断，如新房子需要买家电，“电视机就买松下的”。同样，对于广告主题思考是可以加以结合的，如家电广告利用新房子购买家电为题材，广告主题是“一直的爱，TCL”。

（5）购买时感情色彩比较少。男士不容易受到外界的影响，如促销打折等。购物是比较理性理智的。他们比较注重商品大的方面，如品质质量、功效，至于色彩和外观等细致的东西考虑的少一些。广告主题确立可以多考虑从商品功效品质入手。

（6）喜欢表现出“ man”的形象。一般的男士都愿意被人称赞很有男人气概，所以，在购买商品时会注重是不是凸显男人味道。这一点在广告主题确立时也是可以好好加以运用的，如三菱“戈蓝”汽车广告主题是“男人的汽车”。

4.4.4　某些职业对象的心理与行为分析以及广告主题运用

1. 农民消费者群体的心理与行为特征以及广告主题运用

我国农村人口占了大比例，随着我国城市化城镇化建设，生活在农村的人口有减少的趋向。但同时要认识到社会主义新农村的建设，又使得许多农村成为城里人很向往的地方。农民消费者群体的主要心理与行为特征以及广告主题运用，主要认识四点。

（1）注重商品的实用性。由于农民的收入水平相对低些，用以购买商品的资金来之不易，所以，对商品都希望能用久一点，对商品内在的牢靠更加看重，而对外在的“美”则比较少的追求。我们在针对他们的广告主题思考时要多运用“实用性的宣传”，如农用的运输货车，可以运货，还可以作为发电机使用。

（2）注重实惠。同样由于收入水平较低，所以，商品价格往往是选购商品首要考虑的因素，并且更加看重商品可用又实惠。在广告主题确立时应当多加以运用，如家电下乡广告，“购买，补贴10%”。

（3）购买商品倾向中低档商品。物美价廉是他们选购商品的基本标准，如双缸洗衣机广告，“经济实惠”。

（4）比较看重“致富”寓意。他们在选购商品时比较喜欢带有“致富”意义的宣传，如品牌和广告语等，在广告主题确立时多加以运用，如大运摩托车广告“大运摩托车，致富好帮手”。

（5）很注重风俗习惯。农民受世代传袭的风俗习惯影响很大，在购买商品时会选择相符合的商品。广告主题在确立的时候要注意不要与之冲突。

（6）农民最大的消费是建房子，所以，与之相关的建材、装饰消费是不小的市场，广告主题确立时可以运用农民共同的心理，如“建大屋延续家脉”。

（7）随着农村城镇化和现代农村建设，比照城里人的消费成为新的热点。广告主题确立时可以多加以运用，如“现代、幸福家庭的消费需求”“和城里人一样的消费”等，其实，随着电视的普及，在家电等的消费上，农民也是直接通过一般媒体的广告吸收信息的。

（8）购买新的热点在转化。一些地方富裕起来的农民，喜欢购买小轿车。许多地方的农民购买多辆摩托车，有的购买载重汽车、货运汽车等。农村消费在我国国民经济中一直占有举足轻重的地位，而随着农民的“致富奔康”，这一市场更是要认真加以发展。在广告主题确立时可以运用“新生活、好生活、新消费”来促进农民的消费。

2. 大学生的心理与行为分析以及广告主题运用

随着我国经济和社会文化的发展，人们的思想观念发生较大的变化，昔日的学生父母只要求埋头读书，现在的家长已经早早开始培养他们的消费观、理财能力、社会交际能力。所以，现在的中学生、大学生口袋里都有了自己的零花钱和“生活费”，甚至许多的小学生都有了自己自由支配的零花钱和“压岁钱”。我们以大学生市场为主要认识对象，实际上不少的商品已经是针对大学生市场的了。

（1）大学生的消费心理一般是比较讲究经济实惠的。因为大学生就读阶段父母要承受不小的负担，一般的家庭都有一定的压力，给大学生的生活费也是计划着的，所以，不少大学生也是会“捏着”来用的。在确立广告主题时要注意运用这一点，如店址在大学校园周边，以大学生为主要服务对象的商场，可以在广告主题运用上突出“为天之骄子的成长”“最优惠的套餐”等。

（2）喜欢张扬个性。大学生活作为人生最为灿烂的时光，也正是展现青春焕发、朝气蓬勃的面貌的时候。由于一直在校园生活，还没有真正接触社会，所以，他们没有很多的羁绊、顾忌，要表现出个性张扬的一面。好的个性是值得称赞的，所以在广告主题确立上可以多加以考虑运用，如当年中国移动请周杰伦代言的动感地带广告，“我的地盘我做主”就是一个好例子。

（3）喜欢浪漫色彩的消费。大学生向往美好的愿望，所以，在选购商品时带有比较强烈的感情色彩，如麦当劳“第二杯半价”广告，讲的是一对校园恋人的故事，带有浪漫色彩。

（4）追求时尚，引领时尚。当今大学生正是伴随互联网成长的新新人类，大学生思想敏锐，勇于创新，喜欢接受新思维新事物，所以，可以说是时尚的宠儿。例如，美化指甲、穿韩服、跳街舞、美容等。广告主题是可以考虑运用的。

（5）存在一定程度的冲动型消费。大学生总体来说心理还没有完全成熟，再加上一直都是父母帮他们购买，所以在购买商品上不能完全做到理性，冲动型购买有时会发生。这点广告主题运用较少。

（6）有部分学生的消费力比较强。由于社会经济高速发展，来自经济发达地区的大学生家境比较好，所以，这些父母对子女的消费也是非常鼓励的，让自己子女早早就按照或接近社会白领的层次进行消费。这点广告主题运用也比较少。

（7）部分学生存在不良的消费倾向，如爱慕虚荣，不良的超前消费，攀比消费，等等。这点广告主题一般就不适合运用了。

最后，要说明的是，我们在分析目标对象的时候，可以将以上分析的要素结合起来，进行多维度交叉的比较，深入具体对象的分析，比如说，将收入、年龄、性别结合起来分析，形成“事业有成的中年男性”的广告目标对象，在有些高端大宅的广告中就是运用这些对象有“家业有成”“买大宅”的心理作为广告主题；或形成“拥有富裕幸福家庭的中年女性”的广告目标对象，如欧派橱柜“有家有爱有欧派”等广告的运用。

/ 实施任务 4/　结合广告项目进行广告目标对象共同心理和性别心理分析

1. 任务的组织

（1）各小组先结合选定的广告项目进行讨论，各自拟订个人的方案，然后小组再进行讨论，确定出小组的最后方案。

（2）老师组织小组之间进行交流，由各小组结合实际项目设计的方案进行相互讨论和交流；老师负责说明和决策。

（3）学习小组将完善好的设计方案提交老师进行评定。

2. 任务实施的要求

（1）每位同学都要积极参与，发表自己的观点。

（2）广告目标对象共同心理和性别分析必须紧紧结合广告项目。

（3）必须用电子文件和纸质文件将最后结果上交老师。

‖ 学习指导 ‖

1. 学习建议

本项目作为三因子的最后说明的因子，内容也是很丰富的。必须认真结合一些实际广告案例进行理解认识广告目标对象中的细化因子分析。在掌握广告目标对象分析的知识点外，应当结合选定的广告商品项目，进行深入分析和领会运用。

2. 学习的重点与难点

重点：广告目标对象心理分析

难点：社会群体心理分析

3. 核心概念

广告目标受众

‖ 课后思考与练习 ‖

1. 单项选择题

（1）广告目标对象一般来说就是指（　）。

A. 广告商品　　B. 广告对象　　C. 广告目标　　D. 广告受众

（2）广告目标对象作为青年人具有（　）心理特性。

A. 追求个性　　B. 追求经济　　C. 追求发展　　D. 追求理性

（3）广告目标对象是儿童时要注意运用（　）效应。

A. 父母　　B. 模仿　　C. 成长　　D. 学习

（4）广告目标对象策划也经常称为广告（　）策划。

A. 商品　　B. 公司　　C. 人　　D. 心理

（5）广告目标对象“共同心理”现象是指（　）心理。

A. 无差别　　B. 自我形象　　C. 大家不同　　D. 无差异

2. 判断题

（1）广告目标对象分析是为了广告目标确立服务。（　）

（2）老年人为广告目标对象时广告主题信息应当注意便利。（　）

（3）广告目标对象存在收入不同心理不同的特征。（　）

（4）特定的广告商品的广告目标对象是基本固定的　（　）

（5）广告目标对象的分析可以多维度交叉进行。（　）

3. 问答题

（1）简要说明广告目标对象社会阶层分析的内容。

（2）简要说明广告目标对象年龄阶层分析的内容。

（3）简要说明广告目标对象性别分析的内容。

4. 案例分析题

"剩女"广告篇只是SK-Ⅱ延伸N年在全球市场进行的#改写命运#项目的第二阶段落地之一，出发点是选取这个区域市场"最具热度的话题"；落地在日本则表现为一则"日本女性结婚是否要退出职场"的视频呈现。而问题的关键是：当过往给消费者造就梦想的高端大牌俯身下来，去努力适应数字化的媒介氛围与年轻人群时，如何在"接地气"与"高格调"之间，取得平衡？在全民阶段性刷屏SK-Ⅱ《她最后去了相亲角》这个品牌视频的背后，有这样一组数字：根据Kantar Media CIC的监测，在这部广告片上线后的七天之内（4月6日～13日），它共被超过447个微信公众号引用，产生的相关总阅读数为3 555 681次（Kantar Media CIC的统计包括10万+以上的完整阅读数），共收获了28 533次赞；在新浪微博上被超过14 114条微博提及，相关评论有18 095条，被转发128 556次；在优酷上，这个视频被播放了213.8万+次，有33 154个评论和3 451个"顶"。毫无疑问，这是一个成功的视频社交互动案例，引发了"全国大讨论"。但是，由于剩女这个话题的争议性和社会性，《她最后去了相亲角》这个大片，在中国社交网络上引发了非常两极的讨论：以"知乎"为例，这个话题引发了107个深度的讨论，基本都是实名人士写的。有人认为："这是一个非常成功的公益广告和企业品牌行为"，也有人回复"看了都不想承认自己是SK-Ⅱ客户了。"

资料来源：搜狐公众平台，http://mt.sohu.com/20160801/n462056579.shtml。

[案例分析要求] 要求认真结合案例分析认识：

1. SK-Ⅱ的广告目标市场对象是谁？
2. 结合资料（包括一些其他资料）分析认识SK-Ⅱ应进行的广告目标对象分析？

项目 5

确立广告主题

★ 学习目标

知识目标

1. 认识广告目标、广告目标与广告主题的关系。
2. 认识广告主题确立的原则。

能力目标

1. 能够结合实际广告分析广告目标以及广告主题的确立。
2. 能够结合具体商品项目的要求确立好的广告目标和广告主题。

⊙ 项目介绍

确立一则广告的主题，我们首先通过广告三因素学说说明了思考的方向，前面第二、第三、第四个项目又分别对广告主题的三个因素，即广告环境因素、广告信息主体因素、广告目标对象心理因素进行了细化的说明，在这个项目中，我们首先要把这三个因素结合起来进行思考，从而确立广告的主题。把三个因素结合起来，并不是机械地进行，而是有所取舍地“整合”进行，寻找到它们三者的交集，然后进行磨合，加以表述。本项目只涉及广告主题的表述问题的学习。同时要认识的是广告人在实战中运用很多的题材反映广告主题。进一步还要学习认识广告主题是按照一定要求来确立的。

任务 1　确立广告目标

5.1.1　广告目标的要义

广告目标是指在一定时期内广告活动所要达到的效果和结果。广告目标与广告主题存在最为密切的关系。因为广告目标作为广告活动的指引，直接决定了为实现广告目标服务的广告中心信息的内容，即广告主题。如新上市的康师傅妙芙蛋糕广告，由于是新上市，需要告知市场，广告目标定为“告知目标市场的消费者”，这一例子就是很好的说明。

5.1.2 可以采用的广告目标

我们在确定广告目标时，应该紧紧结合广告市场环境因素（含广告主自己条件，其实已经包含在微观环境中），设计合适的广告目标。而我们可以考虑采用的广告目标有很多，采用什么合适，应当具体根据实际来确定。

1. 从最基本的市场营销策略上进行思考广告目标

广告目标可以采用的类型有三种，即创牌广告目标、竞争广告目标、维持广告目标。

（1）创牌广告目标。

1）创牌广告目标的要点。目标就在于创出牌号，包括商品品牌和企业的牌号。下面我们主要来分析认识采用这一目标的条件和“她”与广告主题的关系。

2）采用这一目标的条件。一般在商品刚步入市场，或者企业刚涉足某市场领域，商品鲜为人知的时候。例如，科沃斯地宝刚投放市场时，就是由香港明星钟汉良演绎的广告，“是机器，更是家人”，暖暖的很容易获得许多人的赞誉。

⊙小案例

科沃斯扫地机器人：钟汉良暖心广告片传递爱的正能量

男神钟汉良为代言的品牌科沃斯拍摄了一部暖心广告片《是机器人，更是家人》，片中再现《何以笙箫默》中钟汉良暖男形象。为了给爱养狗狗的女主人创造清洁的环境，科沃斯智能扫地机器人承担一切清扫家务，让人感受家人般的关爱和家庭温馨。片中句句暖心台词也成为亮点，分分钟打动观众，让关爱家人的正能量得到散播。

资料来源：TechWeb http://www.techweb.com.cn/news/2015-11-06/2222721.shtml。

3）采用创牌广告目标下广告主题的主要诉求重点确立在下面三个方面。

A. 广告商品的价值和使用价值。商品具有的品质、功效带来的价值和使用价值，是吸引消费者购买的基本理由，所以，作为新商品要获得消费者的注意、兴趣以致购买，必须首先从这方面入手。例如梅花表（Titoni）制造厂是一个典型的瑞士传统表厂，自 1919 年在瑞士格林肯建厂以来，相传三代，是现今极少有的独立家族制表企业。多年来它一直坚守在自动机械表的领域，该公司最感到骄傲的一个特点是其产品中有 95% 是高度精准的机械腕表。一直以来，梅花表都坚持“品质第一”的态度，专注生产精致、可靠耐用的机械表，在世界各地，树立了象征机械工艺的形象。该公司广告语“机械艺术的典范”，清楚地强调其在生产机械自动手表领域的专业地位。梅花表是进驻中国较早的瑞士品牌，多年来正是以“精密、可靠、耐用”的稳定品质赢得了消费者对梅花表的独特信赖，奠定了梅花表的崇高地位。许多人也以戴梅花表为荣。

B. 广告商品的精神意义（观念）。随着人们收入水平的提高，在商品的购买上越来越注重商品所带来的精神层面的利益。商品是不是能代表我的追求、我的人生理念、我的品位等，这些方面是现在的消费者更为看重的东西，特别是一些大牌商品、奢侈品。而正是由于许多大牌做到了这些方面，所以才会有许多人对大牌的崇拜，“我只用力士”“我只买某牌子货”。例如，人们对耐克品牌的深深的喜爱，更加看重的是品牌赋予的精神利益。

⊙小知识

耐克的品牌定位于体育运动事业而非鞋业，可口可乐定位于欢乐而非仅仅卖可乐，他们是在通过商品，营销一种近乎宗教信仰的价值观念。

C. 企业的形象。企业形象对于企业来说就像生命一样宝贵，不管多大规模的企业都希望自己的企业给人们留下好的印象，企业形象是企业的资产，是企业综合实力的体现，是企业可以长久作为竞争力的载体。提升企业品牌形象有很多方法，比如在企业的电视产品广告后面加上一个宣传企业的标版，同时还可以加上宣传企业的整体的广告口号。例如，哈药集团就打出了“哈药牌”“哈药六厂”的宣传，即在许多电视或广播广告中加上了“哈药牌”这样的声音，而通过哈药集团大规模的广告投入，“哈药牌”在全国的知名度已经打响。海王集团也是采用了同样的方法，看过海王集团广告的人应该知道，他们无论哪种产品的电视广告片，都会加上一个蓝色标版和一句企业宣传的口号：“海王，健康成就未来”。

（2）竞争广告目标。

1）竞争广告目标的要点。突出广告商品的竞争优势。因为消费者是一个利益主体，都是从“顾客让渡价值”最大化出发来选择商品的。所以，在广告主题确立时，通过广告商品的利益来突出广告商品的优势是取得消费者更多认可的根本，可以说通过市场竞争来取得市场的优势，是赢得市场的不二法则。所以，市场竞争目标是一个最基本的广告目标。

2）采用创牌广告目标的条件。主要是适合广告商品处于市场生命周期的成长期，即竞争激烈的时期，目的是通过竞争广告目标树立品牌优势。

（3）保牌广告目标。

1）保牌广告目标的要义是维持广告商品品牌的良好印象。

2）采用保牌广告目标的条件是广告商品处于生命周期的成熟饱和期。

3）保牌广告目标的诉求重点在于维持受众对广告商品一贯的好的印象。

⊙小知识

广汽

广州汽车集团股份有限公司（简称广汽集团），创立于2005年6月28日，由广州汽车集团有限公司整体变更成立，是由广州汽车工业集团有限公司、万向集团公司、中国机械工业集团公司、广州钢铁企业集团有限公司、广州市长隆酒店有限公司作为共同发起人，以发起方式设立的大型国有控股股份制企业集团。

广汽集团主要业务有面向国内外市场的汽车整车及零部件设计与制造，汽车销售与物流，汽车金融、保险及相关服务，具有独立完整的产、供、销及研发体系。目前集团旗下拥有广汽乘用车、广州本田、广汽丰田、本田（中国）、广汽客车、广汽日野、广汽部件、广汽丰田发动机、广汽商贸、广爱公司、同方环球、中隆投资、广汽汽研院等数十家知名企业。通过十多年的努力，“广汽”已经是响当当的品牌了。

2. 从市场的发展变化出发确立广告目标

广告商品和企业在市场上的环境条件是变动的。企业所处的环境有时是有利的，有时是比较稳定或不利的状况，所以，在思考确立广告目标时可以根据市场变动性，把广告目标分成“保持性目标”“发展性目标”“特殊广告目标”三类来认识。

（1）延续原来的保持性广告目标。有些企业的广告目标一用就是很多年，如大牌麦当劳的广告、肯德基广告、真功夫广告都是一个广告主题沿用了很多年的策略。广告信息中心一直维持不变，那实现的广告效果的目标肯定也是不变的，也就是说广告目标是维持不变的了。其主要的原因是商品的市场宣传不是一蹴而就的，而是要一段时间的、反复的宣传才有效果的，在开创期的商品要经过几年时间才有人或越来越多人知道，例如，好迪的广告“好迪真好，大家好才是真的好”一用就是几年时间；“P&G，世界一流产品”和“大宝天天见”也是如此。在成长期、成熟期等期间都是同样会如此运用策略的，因为本身广告的机理就包括“重复效应”的道理。

（2）发展新阶段的发展性广告目标。随着商品市场生命周期的发展，广告商品所处的发展阶段是不同的，需要根据市场的发展变化来确立新的广告主题。正如前面提到的，经过几年的努力，广告商品已经创出牌号，而市场的竞争对手也在争夺市场，所以，广告目标就要转化为“竞争性广告目标”了。所以，广告诉求重点已经发生了变化，也就是广告主题要重新确立了。

（3）一些特殊的广告目标。

1）澄清性广告目标。广告商品在市场上被假冒，需要澄清，提醒消费者认准新的“防伪标志”，或者是出现不利的传言，如商品含有对身体有害物质，需要澄清说明。

2）提升性广告目标。在原有广告商品的基础上，增加一些元素，提升广告商品的功效价值。例如，P&G 的“海飞丝”洗发水，以“去屑”作为主要卖点，但大家会有这样的担忧，会不会伤到头发呀？“海飞丝”新推出了天然芦荟提升版，让功效更加完美。

5.1.3 广告目标制定需要考虑好的一些因素

影响广告目标的因素有很多，广告环境因素都是确立广告目标时要加以考虑的因素，因为只有和环境紧密相连才能够接“地气”，做到广告目标切实可行。主要的影响因素包括六个方面，从分析中也可以认识到广告目标与广告主题有很密切的关系。

1. 广告主品牌战略的要求

现在的消费者认牌购买得多，品牌被作为企业信誉和实力的象征，也是最重要的载体，所以，企业对品牌进行打造是赢得市场的根本，创出牌号，才能成就市场。而广告大师奥格威的观点，“广告是对品牌的投资”可以作为理论依据。实际上市场的实践已经证明如此。

那么，广告主在创牌过程中可以采用的战略有哪些呢？具体是有多种的战略，这里主要说明七种战略。

（1）由企业品牌引出商品品牌。企业更加注重企业大品牌的打造，按照“好企业生产好产品的道理”，突出企业的形象，结合商品的优势，形成企业良好的整体形象。例如“TCL 科技开创生活”“技术日产、人、车、生活”“海尔——真诚到永远”，等等。

（2）商品品牌提升至企业品牌。由商品的品牌，到企业牌号。例如，立白集团是“立白洗洁精”品牌出名后，进一步打造“立白集团”牌号；威力集团也是由“威力洗衣机”品牌出名，再到“威力集团”品牌发展的战略。

（3）两者相互结合交融，既注重企业形象又注重商品的优势。例如，哈尔滨第六制药厂，这些年着重打造商品品牌和企业牌号，取得很好的效果，“哈药六厂”已经成为一个牌子。以哈药六牌钙加锌广告为例，最后广告语“哈药六牌钙加锌，哈药六厂”。麦当劳和肯德基也是如此的战略，再有“海飞丝——P&G 世界一流产品”“美的——原来生活这么美”“雕牌洗衣粉——浙江纳爱斯集团”，等等例子。

（4）商品的生命周期。由于广告商品所处的生命周期阶段不同，市场的环境条件是不同的，所以，广告目标确立就有不同，具体在前面已经学习了相应的一些内容。商品生命周期主要包括五个周期阶段，即引入期、成长期、成熟期、饱和期、衰退期，每一阶段特点都是不同的，下面分阶段做一些具体的认识。

1）产品引入期。新产品刚进入市场，产品性能质量不够稳定，需逐步改进。消费者对新产品认识不多，缺乏全面了解和信任，由于消费者接受新产品往往需要经历缓慢的试用过程，建立对产品的信任也是需要一段时间的，所以这个阶段产品的市场需求量较小，销售额增长较缓慢。企业投入了大量产品研发和生产的费用，还要投入巨额资金对这种全新的产品概念进行宣传，以培育产品市场认知度及提升产品知名度。推广渠道和产品促销推广费用较昂贵，导致此阶段市场营销成本非常高，而企业获利很低以至没有利润甚至亏本，但是需要指出的是，新品刚进入市场时，同类产品较少，市场竞争环境较宽松。引入期内由于风险大、花费多，因而持续时间越短越好。因此引入期广告策略，应注意两方面：以创牌为广告目标，提高新产品知名度和消费者对产品概念的理解度及品牌商标记忆度；开拓市场，诱导消费者对新产品产生初步印象和需求，使之愿意尝试新产品并逐渐接受新产品。采取理性诉求为重点的告知性广告策略，广告强调新产品概念带给消费者的具体利益。通过对产品性能、特点等介绍，培育出该产品的消费先驱，即前期购买者。广告宣传采用全方位密集传播的方式，充分利用不同的媒介组合，使广告信息到达最广泛的消费者层面，从而达到快速占领市场、产品认知、初步提升品牌知名度的目的，为产品以后打下良好的基础。要注意与其他促销策略的配合，从而更好地实现广告目标，缩短导入期时间，尽快进入成长期。

2）产品成长期。这一时期产品销售快速增长和利润大量增加，其特征表现为，产品逐渐或迅速被消费者了解并接受，早期购买者喜欢并乐于继续使用该产品，大多数消费者开始追随，产品销售量快速增长；为了进一步扩大市场，企业不断扩大生产规模，生产成本大幅下降，利润快速增长；由于大规模生产和利润吸引，新的竞争者进入市场，市场竞争开始激烈，产品价格降低。在此阶段要注意两方面问题，一是竞争目标，提高产品市场竞争能力，进一步扩大市场占有率；引导消费者认牌选购，提高指名购买率。二是形象目标，争取公众对本产品正确、全面的了解，提高产品美誉度，同时注重品牌，树立良好的品牌形象。采取说服性、竞争性广告策略，突出品牌，以品牌广告为主，并巩固产品概念。诉求重点放在本产品与竞争产品的差异上，特别是突出本产品的优势，刺激选择性需求，使更多地潜在消费者指名购买本品牌产品，进一步扩大市场占有率。同时，企业必须有强烈的品牌竞争意识，迅速提升品牌形象，占领有利的市场位置，获取更大的市场份额。这一时期的理论基础是USP理论，即独特销售主张。此理论重点在于，每一广告必须向消费者说一个主张，让消费者明白购买产品可以获得的具体利益；必须是竞争对手做不到或无法提供的，在品牌和说辞方面独一无二；必须强有力，集中打动、吸引消费者购买产品。其核心就是利用本产品与其他产品相比具有的最独特、最吸引人的地方进行广告宣传。例如，宝洁公司的广告宣传，海飞丝去头屑、飘柔令头发光滑柔顺、潘婷深层营养保健等，就是强调产品的独特功效，从而迅速提高产品知名度，引起消费者注意，激起购买欲，促使其产生购买行为。品牌形象论，重点是广告最主要的目标是塑造品牌；每一广告都是对品牌的长期投资，为维护品牌形象，可以牺牲短期效益；同类产品的差异性缩小，描绘品牌形象比强调产品的具体功能特征重要得多；广告应重视运用形象来满足消费者的心理需求。例如万宝路运用品牌形象策略，通过品牌形象与消费者建立情感联系，从而使其成为全球第一香烟品牌。由于前期大规模的广告宣传使消费者已经熟悉该产品，所以广告费用有所降低。为了提升品牌地位及增强口碑效应，公关活动的投入稍有增加。由于品牌效应有所显现，消费者口碑发挥重要作用，新顾客在老顾客传递的口碑信息中不断加入购买者行列，产品需求保持增长趋势，而各种促销手段的作用有所减弱，促销费用相对降低。

3）产品成熟期。产品成熟期是产品销售增长减慢，为对抗竞争、维持产品地位，营销费用日益增加，利润下降的时期。其特征是：产品在市场上已经被广泛了解接受，消费群体进一步扩大，产品销售量达到最大，市场占有率提高；市场进入相对饱和状态，潜在顾客已很少，产品销售增长非常缓慢；市场上出现更多的竞争对手，市场竞争更加激烈，产品销售价格相对以往来说略有降低，促销费用增加，利润下降。此阶段有两方面需要注意，一是保牌，加深消费者对产品的消费习惯和偏爱，增加消费者对产品的好感和信心，刺激重复购买，建立品牌忠诚度，确保已有产品市场，并提高市场占有率；二是注重提高整体知名度和美誉度，树立良好的企业形象。这一阶段应采取维持性、提醒性及竞争性广告策略，广告宣传重点放在品牌和企业形象的宣传上，提高品牌和企业美誉度，培养品牌忠诚者，吸引更多消费者重复购买该产品；建立良好的企业形象，注意维系企业、品牌和消费者之间的情感，为新产品开发、上市打下良好基础。广告宣传要注意显示和凸现出品牌之间的区别。其基础为：广告定位论，定位是把产品定位在未来潜在顾客的心中。进入消费者心智，并抢先占据位置，成为最重要的广告手段。成熟期竞争异常激烈，原有品牌期望维持并扩大市场，广告费用增加，新产品的进入异常困难。例如美国饮料市场几乎是可口可乐和百事可乐的天下，但七喜汽水的“非可乐”定位，使它在消费者心目中确立了非可乐市场上的第一位置，销量不断上升，成为美国市场三大饮料之一。促销广告增加，费用较多且形式多样，利用各种公关、销售公关等推动产品品牌、提升企业形象，此阶段公关活动的形式及费用投入达到高潮。严格质量管理，以可靠优质的产品来赢得消费者的继续信赖。努力提高服务水平，完善服务。尽量延长产品成熟期的时间，避免产品提早进入衰退期。

4）产品衰退期。产品衰退期是产品销售额下降趋势逐渐增强，利润不断下降最终趋于零，从而退出市场的时期。其特征为：产品在市场上已经非常饱和；产品处于老化状态，不能再满足消费者新的需要；随着不断发展和消费需求水平的提高，市场上出现新产品或新的替代品，消费者的需求及兴趣迅速转移；产品销售由缓慢下降变为急剧下降，利润急剧下降，产品处于被淘汰退出市场的过程中；原有市场竞争者逐渐退出市场。这一时期广告策略需要注意：尽量维持现有市场份额，保持一定的消费需求水平，延缓销售的下降幅度；或将广告重点转移到其他更有潜力的产品。采取提醒性广告策略，重点宣传品牌，维持品牌忠诚者即老用户对该品牌的偏爱和购买习惯，使其不要轻易放弃该产品。这时期广告费用大幅减少，减少到保持坚定忠诚者需求的水平即可。通过低廉的价格、促销活动、良好的售后服务、品牌效应、企业信誉等吸引产品后期购买者。同时，企业应及时开发新产品替代旧产品，并把广告宣传费用投入到新产品上，逐渐放弃旧产品，有计划地引导产品以新代旧。㊀

（5）商品的供求状况。市场发展过程中会出现供应与需求之间多与少和平衡的关系。在不同的相互关系下，市场的条件是不同的，广告主要达成的市场目标是不同的，而广告目标也是应当加以结合的。具体要求认识好两种主要的关系。

1）供大于求时。市场竞争激烈，消费者处于市场的主动地位，企业以促进商品销售为根本目标，广告目标也应更多的定位于促进商品销售，更多地利用价格促销策略，例如，当今我国的国产汽车市场就是很好的例子。国产汽车在家轿市场基本没有什么份额，在SUV市场则闯出了一片天地，主要是以价格和性价比作为广告诉求信息，广告目标很明显是“塑造实惠国民口味车，抢占10万元级市场”(价格一般在10万元左右)。另外，要知道，目前市场中一般的商品都是处于这种态势。

2）求大于供时。供应商囤积居奇，供应商处于市场主动地位，企业有可能会注重商品品牌和企业形象的打造，广告目标也可能就在于此。例如，广州市老中心四区的小单元楼盘就出现这一关系；iPhone手机推出新款时也经常采用“饥饿营销”造成“求大于供”的市场关系，人们对iPhone“趋之若鹜”，对品牌是“顶礼膜拜”。另外，要知道，目前市场中只有少量的商品或者是一些商品在特殊情况下才会出现这种态势。

（6）市场竞争的态势。企业商品所进入的市场有三种状况，一是充分自由的竞争、垄断竞争和寡头垄断。企业面对竞争的市场，可以直面竞争也可以另辟蹊径。这样就会在思考广告目标时有不同。例如，可口可乐与百事可乐的两乐之争，就是后来者百事可乐采取直面可口可乐进行对抗竞争的策略，广告目标无疑是要“树立具有市场第一实力的形象”。

（7）广告商品所处行业的发展状况。不同广告商品在市场发展过程中所处的行业不同，发展状况是不同的。有的行业处于新培育的阶段，有的处于激烈竞争的阶段，有的处于成熟阶段。

1）在行业充分竞争的阶段，广告主可以注重自身商品的生命周期。例如各

㊀ 百度知道，http://zhidao.baidu.com/link?url=Suwi1649zbhiRAGgnxG-Xm3wrFK1RZ9MaqQmTTxL4nQW4r26gN6Mf1VuXtTzkgaxxKfnoEAnou1Q7lp3HPJBUL6nYotIcpRN-03bfddECkK。

种新型功能饮料就是如此。以刚上市不是很久的功能饮料脉动为例，“脉动回来”调整好状态的广告是蛮有新意的，它就是结合功能饮料市场处于起步发展阶段，自己从创牌开始营销市场的。

2）在垄断竞争的阶段，广告商品更多地应当注重行业的发展阶段，要多结合主要竞争对手的一些广告主题创意，做好广告目标定位，一般多用差异化的市场战略。例如，我国的洗发水市场，霸王洗发水通过好的广告定位“防脱发”赢得了一定的市场。

3）在寡头垄断阶段，广告商品更应当突出自己的优势，进行直接的竞争或直接面对新型市场或开发新型产品，或者运用更多其他新型战略策略。例如中国凉茶“加多宝”与“王老吉”的竞争。加多宝除了采用直接竞争外，推出“金罐加多宝”让人“眼前一亮”“好评如潮”。要注意的是，市场更多的是以双赢多赢的态势出现的。

5.1.4 广告目标与广告主题确立的关系认识

制定广告目标可以说是广告策划的首要工作，是广告活动的核心一环，而且又是广告活动效果评价的依据。广告目标的实现，要靠好的广告主题、好的广告创意、广告表现和准确有效的广告投放。所以，广告主题必须为实现广告目标服务，要依照广告目标的要求，体现广告目标的要求。只有广告主题信息促成了目标受众的“对应目标效果结果”的认识，形成对应的概念，才会形成相应的印象、评价、情感和购买行动，才能最终达成广告目标的效果和结果。

由于广告目标的确定是在充分认识广告环境因素的前提下所形成的认识和行动结果设计，所以，有许多的学者把三因素学说归结为“广告目标、信息个性、广告心理”；或者广告主题由三个基本部分，即广告目标、信息个性和消费心理。我们的学习为了专业融合认识，还是表述成“广告环境因素（广告决策因素）、广告信息主体因素、广告目标对象心理因素”三因子（因素）。

5.1.5 广告目标的表述

广告目标的表述方式可以多样，而且实际策划中与广告人的个性还有一定关系，考虑结合多个因素进行比较全面的表述为好，即采用“特定时期内 + 针对广告目标市场对象的某种需求 + 利用广告信息主体的某方面信息个性 + 利用某种媒体组合 + 实现某种效果”。例如，结合已经上市一段时间的蓝月亮洗衣液，通过分析广告商品的市场条件后，确定的广告目标可以是“2016 年，针对中等收入的家庭对洗衣液高端洁净的需求，突出蓝月亮快速洁净的特点，利用电视、网络以及手机的媒体组合投放广告，实现销售增长 20%，品牌知晓度提升 20%，品牌美誉度提升 10% 的目标”。

/ 实施任务 1/　结合具体商品的广告项目确定广告目标

1. 任务的组织

（1）各小组先结合自己确立的项目进行讨论，各自拟订个人的方案，然后小组再进行讨论，确定出小组的最后方案。

（2）老师组织小组之间进行交流，由各小组结合实际项目设计的方案进行相互讨论和交流；老师负责说明和决策。

（3）学习小组将完善好的设计方案提交老师进行评定。

2. 任务实施的要求

（1）每位同学都要积极参与，发表自己的观点。

（2）设计的广告目标必须紧紧结合项目实际。

（3）必须用电子文件和纸质文件将最后结果上交老师。

任务 2　确立广告主题

5.2.1　确立广告主题的思路

借助广告主题的三因素理论，通过前面三个因素的分析，我们最终要把它们结合起来对广告主题进行认真的思考，形成好的广告主题。具体来说，广告主题的思考，就是按照一般的思路方向，先要思考市场是怎么样的，广告商品有什么条件、广告目标对象心理想要什么，然后再思考广告该怎么样来做。所以要考虑的东西是蛮多的，简单列举一下就是要思考市场相关政策的发展、社会经济的发展、社会观念的发展、行业的发展、商品市场的发展阶段、竞争的状况、消费需求的变化等因素，这样进行方方面面的思考，并寻找到最好的结合点，确立出一则理想的广告主题。

要进一步说明的是，思考广告主题并不是每一个环境因素都会起到作用的，也不是都要去结合利用的，而是我们在思考时要做这些方面的考虑，要想到有什么可以加以利用，并注意环境的制约要求，特别是在宏观因素的认识上要加以注意。同时要认识到宏观环境是基础，行业环境是反映，最直接影响的是微观因素。

5.2.2　确立广告主题可以运用的题材

“题材”可以简单理解为表现广告主题所用的材料，即具体利用的生活事件或生活现象。不同广告商品在特定时间所适合的市场条件是不同的，下面从总体上来说明所思考的一些广告主题的表现可以运用的题材。

（1）幸福生活。以幸福生活为题材，是许许多多广告商品的广告主题采用过的，如很多楼盘的广告采用。现在，随着我国经济的快速发展，人们的生活水平越来越高，许多品牌商品昔日进入不了寻常家庭，现在已经进入了，可以确立“幸福生活的写照”为广告主题，并利用“幸福生活”这一题材，如滚筒洗衣机、高端电饭煲、高端至尊空调、高端电视机广告，等等。

（2）品质生活。有很多中高收入家庭对生活的品质很讲究，所以，利用“向往的轻奢生活”作为广告主题，利用好“品质生活”这一题材是当今许多广告商品可以考虑的，如一些高端的楼盘广告，一些旅游广告，一些品牌包包、服装、饰品等。

（3）象征成功。许多社会精英的消费带有“个性”和“身份地位”的元素。所以，利用“成功的象征”作为广告主题，利用好“象征成功”作为题材是许多广告商品可以考虑的，如手表广告、楼盘广告，等等。

（4）身份象征。广告商品打造成为一些特定人士喜爱的，象征他们身份的形象。如广汽本田的“雅阁”汽车、广汽丰田的“凯美瑞”汽车，打造成为商务用车，成为商务人士喜欢选择的品牌商品。

（5）快乐成长，适合一些以儿童为主销对象的商品，如奶粉广告。

（6）美好爱情，适合一些以青年人为主销对象的商品。如“德芙”巧克力广告，“都教授”金秀贤与邓紫棋演绎的“心的节奏”，“雨这么大，听说，下雨天，巧克力和音乐更配哦！”，受到许多年轻人喜爱。

（7）母子亲情，如蒋雯丽演绎的“太太乐”鸡精广告。

（8）父子亲情，如太平洋保险“四季的爱”广告。

（9）友爱之情，如雀巢咖啡的同事篇广告。

（10）心灵美，如一些公益性的广告；支付宝的诚信广告等。

（11）社会责任，如责任广百广告；恒大楼盘的“无理由退房”广告。

（12）其他。广告主题的题材还有很多，可以多结合社会文化的发展去运用。

5.2.3 广告主题的表述

这里要注意，广告主题的表述方式也是可以多样的，而且实际策划中也与广告人的个性有一定关系。可以考虑从多因素出发进行比较全面的表述，也可以考虑比较简约的表述，而且尽量做到简明扼要。

按照第一种方式，可以表述成“针对某某目标受众的某种需要，结合广告商品的某某特点，突出以某种信息为中心”作为广告主题。例如，分析蓝月亮洗衣液的市场条件后，确定的广告主题可以是“针对中等收入的家庭对洗衣液高端洁净的需求，突出蓝月亮快速洁净的特点”。

也可以按照第二种方式比较简约的表述，仅说明最为核心信息，将其他方面隐藏。如上例的蓝月亮洗衣液的广告主题可以表述成“快速洁净的蓝月亮”。

当然，还有多种表述，总体原则是能被理解和说明。广告主题在广告脚本或其他文案中如何加以表述，与广告人的习惯有一定的关系，但总的来说，应当简明扼要。如“不伤手立白”“浪漫德芙”“快乐麦当劳”“OPPO 美妙一瞬”等，都是广告人比较简约的表述例子。

/实施任务 2/ 结合具体商品广告项目确立广告主题

1. 任务的组织

（1）各小组先结合自己确立的项目进行讨论，各自拟订个人的方案，然后小组再进行讨论，确定出小组的最后方案。

（2）老师组织小组之间进行交流，由各小组结合实际项目设计的方案进行相互讨论和交流；老师负责说明和决策。

（3）学习小组将完善好的设计方案提交老师进行评定。

2. 任务实施的要求

（1）每位同学都要积极参与，发表自己的观点。

（2）策划的广告主题分析必须紧紧结合项目实际。

（3）必须用电子文件和纸质文件将最后结果上交老师。

任务 3 掌握广告主题确立的要求

5.3.1 确立广告主题要注意的问题

广告主题的基本要求

（1）诉求独特。广告主题是一种独特的销售说辞，独特性即有别于其他商品的个性，是该商品（品牌）独有的，其他商品不具备或没说过的某种特性。例如，好迪洗发水广告语“好迪真好，大家好才是真的好”。

（2）切中销售要点。广告主题作为诉求重点，它必须切中商品销售中的实际意义，迎合消费者价值（含精神意义）和使用价值的追求。例如，手表广告体现高端的价值；海飞丝体现使用价值，等等。

（3）阶段性。广告主题必须符合广告阶段性战略目标要求。因为广告商品具有生命周期，随着广告商品的生命的发展，商品自身和面对的消费者和市场竞争环境都变了，所以应当在广告主题上进行适度的改变，适应这种环境的变化，采用“主题系列广告策略”。例如，2009 年 5 月 15 日，广州合生元生物制品有限公司召开新闻发布会，宣布正式推出原装进口高端婴儿配方奶粉，100% 原装法国进口，欧洲优质奶源法国合生元奶粉隆重上市，广告主题主要就是采用“来自法国的原装进口高端婴儿配方奶粉”，以告知和创牌为广告目标的策略。

（4）明确，即要求广告主题观点明确、概念清晰、重点突出，使人一目了然，鲜明地表达销售的概念。实践证明，成功的广告主题应该是简单的、结构上不复杂、表达单一明确意思的广告。不力图去表达更多的销售概念，目标集中、重点突出，才能具备思想性与统一性。例如，沃尔沃汽车广告，突出一点“安全”；相反，某罐头食品广告就有悖于这方面的要求，广告主题涉及了罐头的包装、材料、产地、保质、环保、价格、食用方法方面，很难给广告受众留下突出的印象。

（5）真实可信。真实是广告的生命，在消费至上的时代，消费者具有良好的学习能力与经验，具有更多的选择，真实可信成为消费者选择的基本价值观念；消费者是理智的，消费者的价值判断往往以是否可信为依据。特别是品牌消费的时代，消费者情愿多花钱购买优质的、值得信赖的商品。如消费者大多情愿购买信得过的洗发水 P&G 的产品；再如乐百氏蒸馏水广告的 27 层净化，堪称触发消费者真实、信任感的名篇；而虚假的“美容”让人嗤之以鼻。

（6）系统性。要求在广告主题确立的过程中，综合考虑多个方面的因素，包括广告竞争环境条件、广告信息主体的特性定位、广告目标对象的心理分析、广告策略、广告目标要求等方面的因素，而且这些因素之间还存在着紧密的相互关系，在广告主题策划过程中，要把它看成是一个有机的系统来策划。如，美的变频空调广告以“一晚一度电”作为主题，就与格力等品牌不同。

（7）社会性。广告活动是一种面向社会的、具有广泛和深入影响力的社会活动。例如，广州日报报道的一些新闻和事件影响力是巨大的。而借助它作为媒介进行广告无疑是能够深入千家万户的，例如，坐落在广州市署前路的东山百货几乎每年的过季促销，都是利用广州日报进行广为告之的，起到了很好的效果；“碧生源减肥茶”利用电视和车身等媒体进行广告，广告语“不要太瘦哦”为许多消费者熟悉促进了大家的购买。

（8）思想性。广告具有强烈的思想性。广告中存在诸多的关系需要有思想地进行处理，如人与人之间的关系、人与物之间的关系、人与社会之间的关系等，需要恰当地进行处理。广告人必须用健康积极向上的思想态度进行处理，从而树立良好的商品形象。由此，要求广告主题应紧密结合社会的政治、经济、文化、消费需求的发展，并注意倡导好的、对社会发展有利的思想观念。广告是“无过滤地”针对普罗大众的，广告会对受众的思想产生影响从而影响大家的行动。例如，明星代言的商品曾经出现过把某种品牌的快食面当作“帝王享受”就是例证；还有就是宣传封建的“男主外，女主内”的广告也是不好的。

（9）生活化。广告的主题不能脱离生活，脱离了生活的广告生命力是不强的。广告商品是生活中的商品；广告商品是为生活服务的商品，广告商品的主题应当来源于生活的实际。广告商品的主题应当有生活的根基，尽量做到生活化，从平凡的生活细节中，挖掘出让人激动不已的意蕴，使广告主题具有深邃的思想价值和生活哲理。例如，郭富城的百事可乐公寓篇广告，演绎的是都市年轻人相互交往的真实情感，富有生活根基；再如老年人广告，老年人经历了人生的春华秋实、春夏秋冬，对许多商品情有独钟，所以，广告应对这些情感加以真实体现，如哈药六厂的“盖中盖”牌补钙产品就是很好的例子。

（10）目的性。广告是商品化的艺术，要求广告为广告商品的销售服务，也就要求广告突出广告商品的销售优势即“卖点”。因为广告归根结底是要为塑造广告商品品牌、树立企业形象服务，最终目的是促进商品的销售，所以，我们打开电视看到的广告，基本上是以商品价值、使用价值或企业价值为主题的，例如，热播的一些化妆品广告，包括“兰蔻”“雅诗兰黛”等都是如此。

（11）符合受众的心理需求。按照广告的机理，广告效果是一种遵循“S-R”模式的心理效应，具体是按照“AIDMA”实现广告效应的。“AIDMA 模式”中 A 代表注意（attention）、I 代表兴趣（interest）、D 代表欲望（demand）、M 代表记忆（memory）、A 代表行动（action）。每一要素都具有丰富的内容，可以结合商业心理学进行认识。在这里做简单说明，就是要求广告主题能引发受众的“注意”，促进受众产生“兴趣”，激发“欲望”，增强“记忆”，促成购买“行为”。为此，首先在思考广告主题时，一定要有新意，才能引起受众的注意。这段时间 SK-II 在网络上发布的广告视频“她最后去了相亲角”，引起了不少人的注意，并作为“社会话题”引起了社会上不少的人参与讨论，效果很好。

以上林林总总列举了十几个方面的要求。可以说每一方面的内容都非常丰富，在广告主题策划中要深思熟虑，认真加以分析运用。

⊙小案例

致“剩女”：别让压力左右你的未来

2016 年 4 月，日本护肤品牌 SK-Ⅱ在网络上发布的视频纪录片，《她最后去了相亲角》，4 分钟广告引起无数人心碎，该广告以纪实的风格告诉大家，中国大龄未婚女感受到的羞耻和被排斥。SK-Ⅱ用纪录片形式的广告描述了三名不同年龄的单身女性每日的挣扎与社会压力，揭露了这些被称为“剩女”的单身女性的现状。为了解单身女性对自己现状的真实想法，SK-Ⅱ前往上海人民公园相亲角，记录了她们真实的声音。剩女只是按照自己的意愿活着，有些人选择了“剩下”，其实只不过是因为，她们还想要寻找更值得自己赌上一生的人。没有人有权去评判她们做错了，没有一个社会可以看不起这些努力上进靠自己双手创造价值的女人。在没有把握可以真正得到幸福之前，她们有权力告诉自己：我情愿被剩下。

另据第六次人口普查数据显示，中国目前 30 ～ 39 岁的女性中，有 582 万人处于非婚状态，即所谓的“剩女”。随着剩女群体的日益庞大，她们已成为社会的关注焦点。相信在女多男少的公关行业，剩女的现象更为严重。面对社会的压力与父母的不解，剩女们该如何表达自己想法，如何让她们这个群体不再被误解呢？

资料来源：微信啦。

5.3.2 广告主题确立的原则

广告人在广告活动中对广告主题的把握有很多的经验和总结，可以通过广告主题的原则要求来学习认识。可以说这些原则要求是广告活动的“广告之道”，是现在甚至很多年之后都必须遵循的基本要求，主要包括五项原则。

1. 广告主题的唯一性

其主要是因为广告展露的时间有限，不可能在一则广告的时间里讲很多很多的东西，这样是讲不好也讲不透的。另外，从看广告的广告受众角度来说，一下子接受陌生的广告信息，如果混杂而且不容易理解，记忆的效果是不理想的。再从记忆规律来说，看的信息集中在某一点，记忆容易牢固，看后能记住就容易达成广告的效果。所以，广告行业有句行话是“只抓住一点，不计其余”，就是说抓住最为重要的一点，不要面面俱到，其他的大可以抛开不顾。如空调，广告主题只是围绕省电，美的变频空调就是这样做的广告“一晚只要一度电”。

2. 保持广告主题一定的稳定性

要注意的是，广告是一种重复的效应，说得多了听得多了也就熟悉了。如“好迪真好，大家好才是真的好”。我们的广告主题不能今天说可口可乐美国造，明天说好喝，后天说不贵，再后来说比别的要好，等等，这样显然行不通，因为看的人都还没有“看熟”又变了，制作也是另一个问题，所以，现实中可口可乐这么有实力的广告主也是没有这样做的，而是维持了一段时间的稳定，像“想快乐由自己”广告主题一做就是几十年。

但是要注意，保持未定不等于不能变，而是需要的时候就是要变的，如广告商品生命周期阶段发生了变化；遇到需要打假、澄清谣言等情况的时候，广告主题就是要变的。

3. 独特性原则

广告主题必须是具有自己独特理解的产品观念或价值观念，不能照搬、抄袭、跟风，切忌模仿、人云亦云。要注意广告受众对一个观念的接受具有排他性，接受了某种商品带给他们的某种印象感受后，其他同类的就不容易被接受。例如，一般的去头屑洗发水，大家已经选择了 P&G 的海飞丝洗发水，如果广告商品也说去头屑就找某某品牌，可想而知，消费者怎么会轻易就相信了呢，况且消费者进行消费的改变是有一定的“风险”和“代价”的，如可能根本就得不偿失、可能买新品没用完就扔掉了重新买回原来的。所以，广告商品必须首先在开发时就要有这样的思考，在广告宣传上就是要找出竞争的老商品不具备的一些特性优势，并形成自己的广告主题。从以上分析，可以认识到广告主题的独特性的重要性，它往往也成为广告成功的决定性因素。

4. 新颖性原则

社会是发展的，人们希望所消费的商品也是紧随社会发展的。所以，新推出的商品广告，往往也是新商品比较多，广告主题更是要多结合社会经济、技术、文化观念的发展来确立。如现在的电视应在互联网、多媒体、先进技术上做文章；现在的手机要在个人平台角度思考确立主题；家居产品要在智能家居上确立主题等。所以广告主题一定要有自己独特的题材和提炼，吸引受众的注意，形成对受众的吸引，这样才是好的广告主题。如康美药业的企业形象音乐电视广告《康美之恋》，广告主题“康美美好的事业”，高水准的广告让人看得如痴如醉。

⊙小案例

一条路海角天涯，两颗心相依相伴。风吹不走誓言，雨打不湿浪漫，《康美之恋》讲述了一对恋人春秋十载，风雨人生写下爱的神话；描绘出心怀苍生、大爱无疆的时代画卷。由当红影视明星李冰冰、任泉担纲主演的音乐电视《康美之恋》由广东康美药业股份有限公司投资 300 余万元制作。“康美药业”MV 剧组汇聚了国内一流的创作人才，组成了 100 多人的摄制团队，300 多人的演出阵容，特邀著名导演童年先生执导，歌曲由著名作曲家王晓锋先生与导演童年合作打造。在桂林阳朔世外桃源、遇龙河、浪石滩、相公山等著名风景区进行为期十余天的拍摄。

资料来源：百度知道。

5. 目的性原则

广告主题信息要最能突出广告商品的卖点、优势、吸引力，同时这些信息又必须是广告受众喜欢的。广告主题的目的性就是要求广告主题信息必须是容易被受众接受的。如果广告主题信息不是如此的，那么，就会只是一厢情愿。广告受众不愿意看，对广告商品没有什么印象，广告投入可以说是“打了水漂”。

5.3.3　进行广告主题可行性评价

广告主题是否确立得当，最后还是要由广告受众说了算。可以通过广告效果的事前测定来进行，专门针对广告主题进行调研评价。

/ 实施任务 3/　结合具体商品广告项目进行广告主题可行性评价

1. 任务的组织

（1）各小组先结合自己确立的项目进行讨论，各自拟订个人的方案，然后小组再进行讨论，确定出小组的最后方案。

（2）老师组织小组之间进行交流，由各小组结合实际项目设计的方案进行相互讨论和交流；老师负责说明和决策。

（3）学习小组将完善好的设计方案提交老师进行评定。

2. 任务实施的要求

（1）每位同学都要积极参与，发表自己的观点。

（2）广告主题可行性评价必须紧紧结合项目实际。

（3）必须用电子文件和纸质文件将最后结果上交老师。

‖ 学习指导 ‖

1. 学习建议

确定广告主题时一则过去的成功的基础，因为广告信息主体的信息个性不具有吸引力，市场否定，广告受众不在需求的信息上，广告只是纯粹的“一厢情愿”了。本项目作为学习的核心，内容丰富。必须认真结合一些实际广告案例进行理解认识。同时可以留意电视、报纸媒体的一些广告以及新媒体的有些广告，领会理解广告主题意义。广告主题本质是“商品化的信息”，应当从广告主题的原则和要求上领会掌握它的运用，并能结合实际的商品广告进行策划广告主题。

2. 学习的重点与难点

重点：确立广告目标

难点：可以采用的广告目标

3. 核心概念

广告目标

‖ 课后思考与练习 ‖

1. 单项选择题

（1）广告主题是指一则广告的（　）中心。

A. 利益　B. 信息　C. 价值　D. 活动

（2）广告主题是广告目标要求的一种（　）。

A. 发展　B. 方式　C. 形式　D. 体现

（3）广告主题时广告创意的（　）。

A. 基础　B. 发展　C. 扩展　D. 依据

（4）广告主题与广告效果（　）。

A. 同根　B. 无关　C. 有关　D. 依据相同

（5）广告主题对广告市场环境具有（　）性。

A. 依赖　B. 反映　C. 相依　D. 变化

2. 判断题

（1）广告主题的确立必须是单一主题。(　)

（2）任何广告主题的确立都必须考虑竞争对手的广告。(　)

（3）不是所有广告都具有思想性。(　)

（4）广告主题要注意社会性的要求。(　)

（5）广告主题是广告目标确定的基础。(　)

3. 问答题

（1）简要说明广告主题确立的要求。

（2）简要说明广告主题确立的唯一性原则。

（3）简要说明广告主题确立的稳定性原则。

（4）简要说明广告主题确立的新颖性原则。

4. 案例分析题

周润发与江美仪演绎的百年润发经典广告脍炙人心。高超地演绎了一对恋人从相识、相恋、分离、重逢，成就的百年好合的美好故事。

[**案例分析要求**] 要求认真结合案例分析认识：

（1）该则广告所确立的广告主题是说明？

（2）该则广告的广告表现题材是什么？

（3）符合广告主题的什么原则？

项目 6

建立和运用广告创意理念

★ 学习目标

知识目标

1. 认识广告创意基本要义、本质、意义、特征、地位、与广告主题的关系。
2. 认识广告创意的基本理念（经典广告创意理论）。

能力目标

1. 能够结合一些好的广告作品领会广告创意。
2. 能够结合具体商品的广告项目思考广告创意。

⊙ 项目介绍

好的广告创意能大大提升广告的效果，广告创意是广告的灵魂，是能决定广告成败的一项活动。现实是没有创意的广告是没有人看的，是徒劳无功的。古语云“善出奇者，无穷于天地不竭如江河”，好的广告创意富有巨大的创造力和生命力。正如闻名于世的 DDB 广告公司总裁伯恩巴克说，“创意是广告的灵魂，是赋予广告精神和生命的活动，好创意能巧妙地达成实效营销，无创意成为广告事业发展的羁绊”。本项目作为广告策划实务学习的重点，要掌握好广告创意的基本知识和重要的理论和一些发展的认识，并能结合实际商品广告项目进行广告创意策划。

任务 1　建立广告创意的理念

6.1.1　认识广告创意的要义

1. 广告创意的要义

我们知道，广告活动是任何企业必不可少的经济活动，每天有大量的广告刊播，而真正能吸引受众的广告并不是很多，这就要求广告人必须引起注意重视，要提升水平，只有经过必要的艺术加工，做到广告精美才能吸引受众留意。而要使广告富有吸引力，就要借助广告创意来实现。

广告创意是指广告人根据广告主题的要求，创造一种意境来表达广告主题，从而使得广告富有吸引力；是广告主题的深化；是广告主题的创造性表现。可见，广告创意可以说是让广告“锦上添花”的一项重要活动。由于广告目前还是被动吸收为主，没有创意的广告可以说是“无功的劳动”“过眼的云烟”，所以，广告创意成为广告必不可少的活动，广告创意被认为是广告活动的灵魂。

2. 几点认识

认识广告创意，要把握好三点。

（1）广告创意是创造出一种意境来表达广告主题的。“意境”是文艺作品借助形象传达出的意蕴和境界，可以使人产生韵味无穷的想象空间。广告是一种科学和艺术的结合。但要注意广告不是为了艺术而艺术，而是为了商品信息有效宣传而通过艺术性增强广告的吸引力。正是广告人想宣传的这个信息，借助了广告创意的商业化艺术宣传，使得广告富有吸引力。正如我们前面提到的“康美之恋”这一精美广告，如果每则广告能做到如此的水平，那看广告就是“不折不扣”的享受了。

（2）广告创意是广告主题的深化。广告创意的手法是通过创造一种意境更好地表现主题。而意境可以带给受众很大的想象空间，可以促进广告主题的升华和深化。例如，广告《康美之恋》让我们进一步想到“人生真正的美好”；陈佩斯经典的“立白”洗洁精广告，让我们进一步想到“人家的夫妻关系真好，应当关爱自己的妻子”等。

（3）广告创意是广告主题的“创造性表现”。广告创意围绕的是如何更好地将广告主题确立的信息中心表现好，不能用别人的“ idea”，必须是具有创新性的而且是非常有效果的表现。广告创意的创造性表现有多层的含义。值得的注意的是，其实，这些创造性表现也正是创意广告的基本特征。我们将在后面专门说明。可以这样来小结，广告创意最根本的要求，就是能对广告主题进行创造性的表现，具体可以利用好的意境表现和深化主题。

6.1.2 广告创意的本质

其实在广告要义就是从本质意义出发表述的。这里可以从两点来认识。

（1）广告创意是一种创造性思维，即广告创意一定是“前所未有”或者是“老元素新组合”，要求摒弃惯性思维，追求新颖独特，“发人之所未发，言人之所未言”。例如，新商品“科沃斯地宝”广告，《是机器人，更是家人》讲述着家人默默而温馨的关爱付出，暖暖的情义非常感人。这则广告完全是“前所未有”

的。老元素新组合，如可口可乐、百事可乐、肯德基等，一般是广告主题不变，但是广告的表现形式肯定是变的。

（2）广告创意是广告主题的深化。广告创意是围绕广告主题信息提出的“概念”或者是“销售说辞、观点主张”，转换为具体的表现，也就是通过一定意境表现广告主题。而意境能够让受众有很大的想象空间，从而深化了广告主题。例如，广告主题为“坚实耐用品质优秀的甲壳虫汽车”，广告创意以大自然中的甲壳虫的生活场景，来表现“甲壳虫的无所不能”，大家看到甲壳虫要在自然界面对许多比它强大的、对它有威胁的生物，会感叹真不简单，甲壳虫真厉害，十八般武艺齐全；再例如，广告主题是“全新一代桑塔纳秉承了安全可靠的品质”，广告创意表现意境是“明星家长接小孩的事由”，使受众知道“一汽大众全新桑塔纳”安全性能不错，“品质唯真桑塔纳”。

6.1.3 广告创意的意义

（1）广告创意通俗来说可以说成是“味精”，使得广告更加富有“味道”情趣，更容易被注意，更富有吸引力，更能达成好的效果，也就是广告好看，吸引受众看。例如，“洁柔”纸巾，“办公室恋情篇”广告，就是好例子。广告展现的是一对恋人，在“办公室严禁谈恋爱”的规定下，用洁柔纸巾传递约会信息的故事，让受众喜欢看。

（2）广告创意是广告的思想和灵魂，是具有感染力和说服力的要素，是向消费者诉求的主要动力。正是广告创意表现出恰当的事物之间的关系，而且许多是引领受众生活的好观念、新观念，所以，使得广告富有生命力，有的成为经典，有的成为人们美好记忆，有的成为热门追求美好生活的动力和目标。例如，前面提到的碧桂园楼盘广告，“给您一个五星级的家”“人生打拼就是为了给家人一个舒适的家”。

（3）广告创意是决定一则广告能否成功的基本因素。在“信息时代”众多的广告海洋中，没有创意的广告会被“湮没”。而广告有了创意，则能提高受众注意力，将主题深化，增强广告的情趣，让人回味无穷。例如，可口可乐的“边界线篇”广告，两国边界上的士兵忠于职守，但“可口可乐是无边界的”，创意已经很好，广告被大家赞赏成为佳作。

⊙小知识

“AIDMA”广告心理法则

Attention；Interesting；Desire；Memory；Action。

6.1.4 广告创意的特征

在前面广告创意的要义认识中，对广告创意的“创造性表现”做了说明。广告创意最根本的要求，就是能对广告主题进行创造性的表现，利用好的意境表现和深化主题。这样，好的有创意的广告，与一般的广告比较，表现出特有的不同方面，有它的“创造性表现”，主要的特征有如下 12 点。

1. 新颖独特

主题新，展现主题的题材具有吸引力，创意的意境是很有新意和独特的。要注意，广告应当以新颖独特为生命，争取在众多的广告创意中鹤立鸡群，从而产生感召力。例如，碧生源减肥茶“不要太瘦哦”、常润茶“快给你的肠子洗个澡”。

这里，还想要说明的是，从理论上来讲，“新颖独特”符合广告的机理。广告信息传播效应的心理学基本模式是“R-S”模式，R（responses）–S（stimulus）表现为：广告刺激——受众——心理变化。这说明广告受众受到的刺激越是强烈，广告受众的反映将是越强烈的，广告的效应将是越大的。所以，“新颖独特”是创意广告的重要特征。

2. 能使广告给受众带来“别出心裁，富有想象力”感觉

这也就是受众看过广告后，觉得广告人太有想象力了，太出人意表了，而且觉得广告很好看，让人叹服。

如法国高端矿泉水“依云水”，利用街上的人由于喝了“生命之水，依云水”，个个都惊讶地发现镜子里的自己年轻了，变成了“小孩”，充满活力，跳起了自由的街舞。广告让人看后“拍案叫绝”。

3. 情趣生动

广告能给受众带来“情趣生动”的不一般的感觉。往往富有趣味的广告更能成为好的创意广告。因为趣味可以使人感到愉快，具有能引起注意、兴趣的特性。创意以情趣生动、妙趣横生、难以忘怀的艺术境界为手段，让受众觉得好看爱看。同时，符合了当今人们对生活情趣的追求。例如，幽默广告；再例如周杰伦与江语晨演绎的“优乐美”奶茶广告，周杰伦把恋人比作“优乐美”，让人看后觉得富有情趣。

4. 广告给人“非常形象”的感觉

具体来说，包含了三层含义。

（1）广告意境让人觉得形象。意境能形象地表现出广告主题的意义。就是说看到广告的情景、故事，就知道广告商品具备有什么特点的卖点。例如，马自达“睿翼”汽车，请2008年北京奥运游泳“八金王”得主“飞鱼”菲尔普斯演绎，广告展示的是他张开有力的臂膀，水中搏击，像一条“飞鱼”，巨大的力量让人叹服，同时也从他形象的表现中领会到了“睿翼”汽车具有超凡的动力的特点。

（2）有可以增强记忆的形象的元素，如意境、符号（歌曲、画面、卡通人物、吸引人的故事情节、象征物、任务等）。

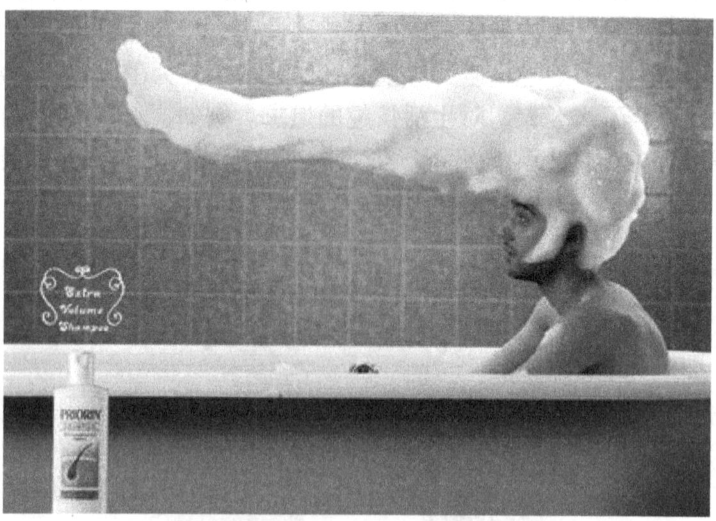

（3）以美的形象让人留下难忘记忆，如李冰冰与任泉的“唯美”；温碧霞的“广美整形美容”广告；蒋雯丽欧派广告等。

5. 具有强烈的生活色彩

此特征要求以“真实性”为基础，有较强的生活根基，不会是“臆想”“遐想”。广告就好像是发生在身边的、“习以为常”的事情、故事。如，耐克广告，经常采用在街头抓拍的形式展现街上行人，基本上穿的都是 Nike。要注意，广告创意不同于绘画，不同于文学创作，要以真实为基础进行艺术创造。

6. 共鸣性

好的情感诉求广告利用“情感”，戳中了广告受众的“泪点”，深深吸引受众，打动受众，并产生强烈的共鸣。让受众对广告商品印象深刻和产生喜爱。随着广告市场的发展，许多有影响力的企业都通过情感诉求的方式，引发受众的强烈共鸣，来加强品牌的亲和力。例如，蒋雯丽演绎的“太太乐”鸡精广告，表现一位母亲对自己儿子成长的悉心关爱，用“太太乐”鸡精烹调香喷喷的饭菜陪伴儿子一路成长，儿子长大后，感怀母亲的爱，深情地唱起了《懂你》，深深地打动了受众。

7. 美好想象力

创意广告可以给受众带来美好意境，提供丰富的想象空间，即能引发受众巨大的想象空间。例如，前面提到《康美之恋》广告。

8. 能使受众愉悦

例如，一汽丰田汽车 RAV4 广告，演绎了一对夫妻，为了先得到这部车不惜设计多种的“陷阱”，让对方受阻，自己可以先得到汽车的“有趣”故事，让受众在“一笑”之余，产生愉悦的感受，容易喜欢上该汽车；再有就是士力架广告，表现比较新颖，大家看后都觉得好笑愉悦。

9. 思想性

这个特征是能使受众产生新的思想观念认识。生活的观念对受众的消费行为有很大的影响，人们日常的消费首先是认识到了“应该可以接受购买的”，如男士化妆品的消费。有许多的广告商品采用具有引领作用的一些观念进行诉求和用一些新的生活方式带出要表现的观念，观念引发共鸣，广告商品也就被作为代表进行消费。例如，雀巢咖啡的广告“活出感性”“敢爱就好”，都是采用这一道理进行创意的。

10. 能使受众产生美好的感受

广告结合当今受众对“美”“美好生活”的追求向往，请一些当红的明星代言广告商品，给受众美好的感受，如请范冰冰演绎欧莱雅。有的广告是用“美好的心灵”故事感染了受众，如“支付宝”广告“值得信赖的托付”，就是用“担担”（挑夫）的感人故事（担担不贪图货主的财物）吸引受众的。再有是高端商品广告创意，利用“引领美好生活”吸引受众，如惠而浦“帝度冰箱”“格力至尊空调”“美的至尊空调”等。

11. 科技领先

引领行业，利用科技改变生活，带来全新的生活感受。如汽车广告的高端配置；智能家居广告等。

12. 最高端的引领

一些国际大牌的广告，作为最好的商品，请国际一线的明星作为代言，引领高端的消费，如 Chanel、古驰、兰蔻等广告。

6.1.5 广告创意与广告主题的关系

（1）广告主题是广告创意的前提，广告活动一般先有主题，后思考广告主题的创意表现。广告创意不能脱离了广告主题，变成“两张皮”。例如难以理喻的创意香港灵异广告。

（2）广告创意是广告主题的深化。例如，章光 101，创意表现是“地中海”的人很多的“烦”；增高灵广告，创意表现是希望再长高的人“内心的渴望”。

可见，广告主题是广告创意的基础，广告主题决定了广告创意的要求。广告主题明确“做什么”；广告创意明确“怎么做”，广告创意是为广告主题的更好展现服务的。

⊙小知识

精美广告语欣赏

春江水暖你先知——《南方日报》广告

下“斑”的路还有多远？——祛斑霜广告

一网情深——网站广告

左右逢园（源）· 举世景仰（景源 · 公园一号楼盘广告，清新县清新大道观景台旁）

有目共赏——眼镜广告

你可知道“亲嘴”的味道？——清嘴牌润喉片广告

6.1.6 广告创意在广告活动中的地位

1. 广告活动基本过程的认识

广告活动的过程，可以概括为主要的 8 个环节，即广告市场环境分析——确立广告目标——确立广告主题——确立广告创意——广告作品表现设计——广告制作——广告宣传——广告效果测定。

2. 广告创意的地位体现

广告创意不是可有可无的东西，而是广告不可或缺的东西，是决定广告“生命力”的东西，是广告的“灵魂”，直接决定广告的成效与成败。

/ 实施任务 1/ 结合具体项目进行广告创意基本思考

1. 任务的组织

（1）各小组先结合自己确立的项目进行讨论，各自拟订个人的方案，然后小组再进行讨论，确定出小组的最后方案。

（2）老师组织小组之间进行交流，由各小组结合实际项目设计的方案进行相互讨论和交流；老师负责说明和决策。

（3）学习小组将完善好的设计方案提交老师进行评定。

2. 任务实施的要求

（1）每位同学都要积极参与，发表自己的观点。

（2）策划的广告创意的基本分析必须紧紧结合项目实际。

（3）必须用电子文件和纸质文件将最后结果上交老师。

任务2　运用广告创意主要的经典理论

在广告创意的思考中，有很多的学者进行了研究并提出了富有价值的理论，虽然有些理论距离我们现在时间有点久远，但是他们提出理论的背景与我们现在的市场背景很相近，所以，对我们目前思考认识广告创意活动都是很有意义的。主要的经典广告理论包括李奥·贝纳的“固有戏剧性学说”、里夫斯的“USP理论”、奥格威的“品牌形象学说”、里斯 & 曲特的“定位学说”、伯恩巴克的“ROI理论”。

6.2.1　固有刺激法（内在戏剧性诉求法、固有戏剧性学说）

1. 代表人物

美国李奥·贝纳（Leo Burnett），被誉为美国20世纪60年代广告创意革命的三位旗手和代表人物之一，于20世纪30 ~ 40年代提出该理论。李奥贝纳广告公司1935年成立于美国芝加哥，是美国排名第一的广告公司，在全球80多个国家设有将近100个办事处，拥有一万多名员工。李奥·贝纳广告公司的客户包括全球25个最有价值品牌当中的7个，如麦当劳、可口可乐、迪士尼、万宝路、Kellogg，Tampax和Nintendo等。李奥·贝纳广告公司于1979年进入中国市场，业务网络包括香港、广州、上海和北京，2000年营业额达1.2亿美元，在国内国际性广告公司中排名第三左右。李奥·贝纳广告公司在中国的客户包括麦当劳、菲亚特、惠氏、箭牌、美标和中国电信等。

2. 李奥·贝纳提出的主要观点

广告商品具有“与生俱来的戏剧性”。“戏剧性”的含义是指“消费者感兴趣的东西”，又把它称为“内在的刺激”“商品固有的内在刺激”。

⊙小思考

实实在在地购买

衣服——美化自己

化妆品——让自己更美

汽车——满足自己需要，提升生活品质

房子——五星级的家

啤酒——新鲜、爽快

钻戒——情感、久远、价值

3. 李奥·贝纳广告公司的主要成就与代表作品

（1）代表作品之一：“绿巨人乔力”广告。1935年为绿色巨人公司（原明尼苏达流域罐头公司）的豌豆罐头制作的一则广告，即“绿色青豆巨人”广告：月光下的收成（harvested in the moonlight）。描绘了一幅连夜收割和包装豌豆的夜景，并插有一个捧着一个大豆荚的巨人形象（虚构的绿色巨人人物形象）。广告的标题——月光下的收成；广告文案是：“无论日间或夜晚，青豆巨人的豌豆都在转瞬间选妥，风味绝佳……从产地到罐装不超过三个小时。”

⊙小案例

月光下的收成

“月光下的收成”创作于20世纪30年代末，是李奥·贝纳为当时的明尼苏达流域罐头公司的“绿巨人豌豆罐头”所做的广告。这则广告是李奥·贝纳的成名作，奠定了他在广告业不可动摇的地位，也为广告创作史上又增添一个经典。广告文案：无论日间或夜晚，青豆巨人的豌豆都在转瞬间选妥，风味绝佳……从产地到装罐不超过三个小时。这是一则图片与文字有机结合创作而成的广告，整篇广告六分之五以上的篇幅是一张大图片，图片的最上边是那远在天际的月亮，它正以其特有的温柔，关切地注视着大地，因为在大地的某一个角落，绿巨人豌豆正在它朦胧的月光下紧张地工作：收割机在忙碌地收打，大卡车在来来往往地运输；其间人影隐然，忙碌非凡。看着这一派夜晚的繁忙景象，人们似乎闻到了豌豆蘸着月光和露水的清香，还有那泥土的芬芳。图片的下方是一粒粒新鲜硕大的豌豆的特写，它们盛在一个长方形里，圆鼓鼓，水灵灵，使人馋涎欲滴；图片的右下角，还有一筒罐头，在罐头的贴纸上，一个身强力壮的男子吃力地抱着一个粗大的豆荚，那豆荚足有半人多高，里面的豆粒大似西瓜；男子那吃力的样子，使人直想去帮他，把那豆荚中的豆粒掏出来，让他也轻松一下。若非是“月光下的收成”，哪有如此的硕大丰满；若非是“月光下的收成”，哪有如此的香醇新鲜！而又因为是在月光下，中、远景中的那些意象：操作中的收割机，行进中的运输车，各处忙碌的人影，及更远处那隐约可见的，是厂房，还是……一切都披上了神秘的面纱，一切都充满了诗情画意，任你想象，令人神往。

广告的文案部分紧密配合图片，却只有几十个字：“无论日间或夜晚，绿巨人豌豆都在转瞬间选妥，风味绝佳……从产地到罐装不超过三个小时。”这是对图画的最贴切说明。最后，我们再看看这篇广告的点睛之笔、标题“月光下的收成”。它并没有平铺直叙地将广告所要表现的有关豌豆品质的词语用在上面，而是选择了一句耐人寻味、充满诗情画意的语句——月光下的收成。此语一出，顿使整个广告成为超俗脱尘的佳作，在消费者的心中留下了难以磨灭的印象。

资料来源：百度百科，http://baike.baidu.com/link?url=4s7-ocIPzPaHbGAKKHb1Y3PfPQd6gvtpUVkYsVjDsIbMwNSvq4YKvq0d3Xr6KhK0JjhYc_oyqmO7ZDhXGSo4AwBYaY7brRgwQtlHfjWn2QWbJawR9f-wAxmQXWk7AwTx0qEgQodNidy5oREiLJD8IvKXk0V7c4uG7wKHMXcGRES。

（2）为“万宝路”牌香烟创立了“男性香烟的性格”，成就了“万宝路”牌香烟。菲利普公司从一个小企业发展成为世界销售量最大的跨国大公司，原因很多，但其中一个重要的因素，就是广告的效应，一个美国西部牛仔的形象，把原在美国市场上占有率不及 1% 的香烟，推到世界销售的第一位的位置。

小案例

提起万宝路香烟，人们都不会觉得陌生。因为它是世界卷烟王国中无可争辩的“龙头老大”，其销售量约占全美卷烟销售总量的四分之一。有人估计，仅是万宝路这个商标，价值就在 300 亿美元以上。

不过，可能许多人不知道，大名鼎鼎、充满男子汉气概的万宝路，在最初问世的 30 年却是专为女士生产的香烟。正是凭借着李奥·贝纳的一个高明的广告策划，才使得已经山穷水尽的万宝路转危为安，步步发展，成为世界最著名的香烟品牌。万宝路诞生于 1924 年，至今已有 80 多年的历史。当初，生产它的厂家——美国菲利普·莫里斯公司，将它设计为专供女士享用的香烟，然而，万宝路问世之后，境况却十分凄凉，销售业绩始终平平。

美国菲利普·莫里斯公司在 40 年代初期不得不停止生产这一牌号的卷烟。第二次世界大战结束之后，一筹莫展的美国菲利普·莫里斯公司只得向李奥·贝纳求助。面对挑战，他经过细心的研究，发现万宝路所存在的不利条件有很多，如果能为它注入新鲜血液，起死回生并不是没有可能，同时，他还了解到人们对于过滤嘴香烟有一种感觉，认为它更适合女子，这对于万宝路十分不利，因为在女子香烟市场上，万宝路已经栽了大跟头，那么，万宝路的出路在哪里啊！经过深思熟虑，他向美国菲利普·莫里斯公司提出，让我们忘记那个带胭粉气的香烟，用同一万宝路牌子创出一个文明世界的具有男子汉气概的香烟来，最后在双方的精心筹划下，一套完整的方案形成了。万宝路保持原有的配方以一个全新的形象投入宣传。并决定使用牛仔充当万宝路香烟广告的主角。

1954 年，全新的万宝路香烟广告正式露面，一下子便打动了无数美国人的心。一时间，人们争相购买原本不屑一顾的万宝路牌香烟，想借此加入真正男子汉的行列。在短短一年时间内，万宝路的销售量竟然奇迹般地提高了整整三倍，成为全美十种销售量最大的香烟之一。一次他在谈到自己的创作方式时提到“我的方法就是把自己浸透在商品之中。我深信，我应该去面对实际，对我要卖给他商品的人们，做极有深度的访问，我设法在心中把他们是哪一类人勾勒出一个轮廓——他们怎样使用这种商品，以及这种商品是什么——虽然他们不告诉你这么多，但你一定要发现并启发他们购买某种东西或者对某一类事情产生兴趣的动机。”

李奥·贝纳广告公司与生产万宝路的美国菲利普·莫里斯公司和睦相处近 40 年，从未出现过危机，这种合作关系是如此的融洽，在双方的密切配合之下，万宝路香烟广告佳作迭出。除此之外，李奥贝纳广告公司还与许多广告客户建立密切的合作关系。这种关系的建立并不是靠拉拉扯扯、吃饭请客之类的手段，而是完全凭借高质量的服务和具有独特创意的广告作品。正因为如此，美国电报电话公司、麦当劳、宝洁公司选择李奥贝纳广告公司作为他们的广告代理。

李奥·贝纳广告公司在广告创作上的出色表现，使他成为最早获得纽约文案俱乐部所颁发的“杰出撰稿人”，在谈到自己广告创作的成功之道时，李奥·贝纳认为关键在于注意研究商品本身的独特性，市场上的各种商品，无论是一个大饼，还是一辆汽车，一般说来，只要它能够存在，都有某种特定的因素在起作用，使得制造商去生产它，使得消费者去不断购买它，而广告人的责任就是去尽力发掘这一客观存在的东西，同时，采用适当的手段去表现，以引起人们的注意。出色的广告人有各种各样，但是最好的广告人必须具有把已知的东西与可信的东西放在一起重新组合的能力，这样才能真正打动人心。李奥·贝纳的经验之谈至今对后来人有着重要的借鉴作用。

资料来源：百度百科，http://baike.baidu.com/link?url=4s7-ocIPzPaHbGAKKHb1Y3PfPQd6gvtpUVkYsVjDsIbMwNSvq4YKvq0d3Xr6KhK0JjhYc_oyqmO7ZDhXGSo4AwBYaY7brRgwQtlHfjWn2QWbJawR9f-wAxmQXWk7AwTx0qEgQodNidy5oREiLJD8IvKXk0V7c4uG7wKHMXcGRES。

4. 主要的观点及认识理解

在广告传播上强调“产品与生俱来的戏剧性”，即“商品能够使人们发生兴趣的魔力”，广告创作“最重要的任务是把它挖掘出来并加以利用，而不是投机取巧，或者依靠技巧及牵强的联想”，突出商品的内在的戏剧性并使他人人注目。

李奥·贝纳认为“每件商品都有它内在的戏剧化的一面。我们的当务之急就是要发掘出商品的特征，然后令商品戏剧化地成为广告里的英雄。”可以把李奥·贝纳的观点细化来认识把握，应当把握好两点核心。

（1）广告产品中必然包含消费者感兴趣的东西（称为“戏剧性”），成功的广告创意秘诀在于发掘（找到）产品本身内在的、固有的刺激（戏剧性）。

按照我们对当今现实市场的认识，李奥·贝纳提到的观点可以说是市场的根本原理。广告商品是用来交换的劳动产品，具有价值和使用价值，正是具有能满足消费者的利益，企业经过市场研究后才生产经营它。例如，感冒药“白加黑”广告，“白天吃白片不瞌睡，晚上吃黑片睡得香”；威猛先生“洁厕宝”和“油污净”广告就是突出商品的强大功效的。由此可见，威猛在广告创意策划活动中要多从广告商品身上寻找“戏剧性”。

（2）广告创意的关键在于找到最准确的方式加以“戏剧性”地表达消费者感兴趣的东西。这里提到的“戏剧性”是指有吸引力、有意思、有巧思。正如在前面分析认识的一样，现实生活中人们的生活感念和追求在发展变化，人们喜欢向往“轻松自由美好”的生活，所以，现实要多从“戏剧性”出发表现广告创意。现实广告例子也很多，如周星驰为生力啤酒拍的广告“如花篇”，就是很有吸引力的、被行业称赞的“上乘之作”。例子还有很多，如德芙巧克力“纵享丝滑”广告、银鹭花生牛奶“爱的味道”广告。

5. 现实市场广告创意运用的要求

鉴于目前我们国家市场经济的发展水平，运用这一理论进行广告创意思考还是很有意义的。因为商品的有用性和商品的价值吸引是消费者购买的根本原因，而随着社会文化的发展，人们的生活观念也在发生变化，“品质生活”“享受生活”“轻松自由生活”等观念都是说明人们对富有“情趣、戏剧性”的广告的喜欢。所以，我们在广告创意思考中要注意运用好这一学说，而且是要当作许多商品首要的思考，特别是一些新商品刚步入市场时。

6.2.2 USP 理论

1. 代表人物

USP（unique selling proposition）理论是公认的广告大师美国人罗瑟·里夫斯 20 世纪 60 年代在其《广告实效》（*Reality in Advertising*）一书中提出的。核心观点要求向消费者说一个“独特的销售主张”，简称 USP 理论。

2. USP 理论主要观点及认识理解

（1）每个广告不仅靠文字或图像，还要对消费者提出一个销售的说辞或建议主张，即购买本产品将得到的特定的效用和利益，给消费者一个明确的利益承诺。

结合这一理论观点来说，现在的广告创意思考还是很有现实意义的，因为理论直接遵循了市场经济的本质——“市场经济是利益交换经济”。现实中许多的广告都是符合这一理论的思路的。例如，一汽大众“捷达”汽车广告，“理性的选择”篇，广告中说明了父辈用的是旧捷达，儿子长大了购买“新的捷达”，因为从父辈的用车中已经得出，捷达车经久耐用，保养简单，值得买，买对了。再有就是“哈药六牌”“盖中盖”高钙片广告，告诉受众的购买理由是“人啊，一上了年纪就容易缺钙。过去我经常补钙，可是一天三遍地吃，麻烦！现在，有了新盖中盖高钙片，一片顶过去五片，方便！您看我，一口气上五楼，不费劲。新盖中盖高钙片，水果味，一天一片，效果不错还实惠”；“白加黑”广告干脆简练的广告口号“治疗感冒，黑白分明”，广告传播的核心信息是“白天服白片，不瞌睡；晚上服黑片，睡得香”，等等，这些广告的共同点是给受众“明确的利益承诺”。

（2）广告所强调的建议主张一定要是广告品牌唯独具有的，是竞争品牌不能提出或不曾提出的。

现实的广告市场对广告创意的要求确实是如此的，广告对手的广告虽然做得很好，但不能去模仿，因为人家的广告主题创意已经“先入为主”，深入受众的脑海记忆里，要把它夺过来或者改变是不容易的，模仿抄袭人家的“idea”，受众会感觉到太没有水平了。所以，在思考广告创意时就是要求按照里夫斯的这一理论出发，找到自己独特的卖点。例如，广州市白云山光华制药厂“小柴胡感冒药”广告，“不伤肝胃的感冒药”就符合了USP理论；上海黄金搭档生物科技有限公司生产的“脑白金”广告，一提到“今年过节不收礼”，随便一个人都能接着说“收礼只收脑白金”，它已经成为中国礼品市场的第一代表。例子还有很多，用的都是USP理论。

⊙小案例

宝洁的舒肤佳

1992年3月，“舒肤佳”进入中国市场。而早在1986年就进入中国市场的“力士”已经牢牢占据香皂市场。后生“舒肤佳”却在短短几年时间里，硬生生地把“力士”从香皂霸主的宝座上拉了下来。根据2001年的数据，舒肤佳市场占有率达到41.95%，比位居第二的力士高出14个百分点。

舒肤佳的营销传播中，以“除菌”为轴心概念，广告诉求“有效除菌护全家”。并在广告中通过踢球、挤车、扛煤气罐等场景告诉大家，生活中会感染很多细菌，用放大镜下的细菌“吓你一跳”，然后舒肤佳再通过“内含抗菌成分‘迪保肤’”之理性诉求和实验来证明舒肤佳可以让你把手洗“干净”，另外，还通过“中华医学会验证”增强了品牌信任度。

资料来源：独好网，http://www.duhao.net/ad7.html。

（3）广告建议必须具有足够力量，必须聚集在一个点上，集中打动、吸引、感动广大消费者，招徕新顾客购买广告商品，即销售说辞一定要强有力，能吸引数以百万计的大众。

现实有很多广告运用了这一理论观点。例如，广州市广美整形美容的车身广告语“拼脸时代”，一语中的戳中人们爱美之心；“给您一个五星级的家”；“一生的爱 love is time”；“夫人的手要紧”等，都是好的例子。

（4）理论还认为，在消费者心目中，一旦将这种特有的主张或许诺同特定的品牌联系在一起，USP 就会给该产品持久受益的地位。

现实的实际市场也正是如此，以大牌为例。可口可乐，“红色”是它的标准色，用来象征“热情、奔放，富有激情”；百事可乐，“蓝色”是它的标准色，用来象征“未来”，突出新一代；华美整形美容提出的“美丽人生”的观念，直接“拽住”了人们爱美、向往一生美丽之心；“你我信任的怡宝”；“海尔，真诚到永远”，等等，这些广告销售说辞建议主张是强烈的，又是给他们带来了长久利益的。

⊙小案例

采乐去屑

“采乐”的突破口便是把洗发水当药来卖，同时，基于此的别出心裁的营销渠道“各大药店有售”也是功不可没的。

去头屑特效药，在药品行业里找不到强大的竞争对手，在洗发水的领域里更如入无人之境！采乐找到了一个极好的市场空白地带，并以独特产品品质，成功地占领了市场。销售说辞是“头屑是由头皮上的真菌过度繁殖引起的，清除头屑应杀灭真菌；普通洗发只能洗掉头发上的头屑，我们的方法，杀灭头发上的真菌，使用 8 次，针对根本。”

资料来源：中大网校，http://www.wangxiao.cn/ads/59091285656.html。

3. 里夫斯代表作品赏析

（1）总督牌香烟（viceroy cigarette）。平面广告的标题是“总督牌香烟能够给你的而别的没有滤嘴香烟不能给你的是什么？”（总督牌当时是首先用过滤嘴的香烟）。广告内容是“只有总督牌在每一支滤嘴中给你两万颗过滤凝汽瓣，当你吸烟时，丰盛的香烟味道透过，它就过滤过滤再过滤。男的说：有那两万颗过滤凝汽瓣，实在比我过去吸没有过滤嘴的烟时味道要好。女的说：对，有滤嘴的总督牌吸起来要好得多，并且也不会在我嘴里留下任何烟丝渣。”（烟盒旁说明：只比没有滤嘴香烟贵一两分钱而已）。

这则广告诉求给了受众明确的“给你两万颗过滤凝汽瓣”利益；销售说辞

是独有的、强有力的，“味道要好，不会在我嘴里留下任何烟丝渣，贵一两分钱而已”。

（2）M&M巧克力广告。一句广告语“只溶于口，不溶于手”已使用了40年，仍然经久不衰。这是一则1954年的电视广告。M&M巧克力当时是唯一用糖衣包着的巧克力糖。广告表现是这样的：两只手出现在屏幕中，旁白：哪一只手里面有巧克力糖？不是这只脏手，而是这只手，因为糖果溶化在口中而不在手中。最后出现一句广告语“只溶于口，不溶于手”（中国版）。

这则广告的诉求给了受众“溶于口，不溶于手”的明确利益；销售说辞也是独有的强有力的“糖果溶化在口中而不在手中”。

4. 现实市场好广告赏析

USP理论可以说很符合我国当今市场的发展阶段的要求，利用“USP”进行广告创意也可以说是当今和未来较长时间内符合市场发展要求的，具体可以结合一些好广告进行赏析。乐百氏纯净水，1997年7月推出“27层净化”，USP采用的是“品质过硬”；“快给你的肠子洗洗澡吧”碧生源常润茶的“USP”采用的是“让你的身体感觉舒服”。

⊙小案例

“碧生源”广告语

广告一：男：碧生源常润茶，上午喝，下午通，轻松无痛苦。女：喝碧生源常润茶，肚子不胀了。男：口气清新了。合：感觉好极了。喝碧生源常润茶，色斑淡了，皱纹少了，腰身也变小了，不上火不长痘，皮肤越来越好了，碧生源常润茶真是了不起呀，多年的老便秘好了，省力更省心，家里常备几盒，心里更踏实。

广告二：喝碧生源常润茶了，祝肤质细腻气色好，祝肚子不胀精神好，通通多年老便秘，清宿便，排肠毒，润肠道，碧生源长润茶，快给你的肠子洗洗澡吧。

广告三：宿便可能会引起皮肤粗糙发黑，快给你的肠子洗洗澡吧，碧生源牌常润茶，草本精粹，养生茶疗，清宿便，排肠毒，润肠道，愿你轻松每一天。

下面再用一些好广告的例子来说明。江珊代言的钙加锌广告，“保两样只花一样的钱，哈药六厂钙加锌”；美国宝洁公司在洗发水市场推出的几大品牌，几乎个个都是USP的典型。海飞丝“头屑去无踪”；飘柔“令头发飘逸柔顺，适合各种发质”；潘婷“富含维生素，令头发健康、加倍亮泽”；沙宣“保持头发湿度”；润研“含有植物精华，令头发乌黑亮泽”。

汽车市场USP

劳斯莱斯说“尊贵”；奔驰说“豪华”；宝马说“驾驶乐趣”；马自达说“装备精良”；沃尔沃说“安全”；日产汽车在中国说“人·车·生活”；福特福克斯说“活得精彩”；丰田汽车说“车到山前必有路，有路必有丰田车”；广汽本田说“世界品质，一脉相承”。

5. 现实广告创意运用的要求

参与市场竞争是市场营销的基本法则，要在市场竞争中取得优势，就必须有自己独到的、优异于其他同类商品的优势。而同样的是，消费者在市场消费中也是选择具有优势的商品的。在现实市场中这样的例子可以说是比比皆是的，如格力空调，遥遥领先同行，因为掌握核心技术；苹果手机有许许多多的“果粉”；红米手机“国民手机”；激烈的汽车市场竞争，国产车基本退出家轿市场，而在SUV市场取得生机。由此，要求在广告创意思考时要多从USP入手，要把这一创意思考作为第一位的思考，特别是对于处于成长期的商品。

⊙小知识

USP的发展

实际经验已表明，成功的品牌在多少年内是不会有实质上的变化的。可以说，对于USP所做的改变也许是广告主的一个最大失误。

进入品牌至上的20世纪90年代，广告环境产生了翻天覆地的变化。达彼斯公司重新审视USP，在继承和保留其精华思想的同时，发展出了一套完整的操作模型，并将USP重新定义为：USP创造力在于提示一个品牌的精髓，并通过强有力地、有说服力地证实它的独特性，使之变得所向披靡，势不可挡，并发展、重申了USP的三个要点：① USP是一种独特性。它内含在一个品牌深处，或者尚未被提出的独特的承诺。它必须是其他品牌未能提供给消费者的最终利益。它必须能够建立一个品牌在消费者头脑中的位置，而使消费者坚信该品牌所提供的最终利益是该品牌独有的、独特的和最佳的。② USP必须有销售力。它必须对消费者的需求有实际重要的意义。它必须能够与消费者的需求直接相联，它必须导致消费者做出行动。它必须有说服力和感染力，从而能为该品牌引入新的消费群或从竞争对手中把消费者抢过来。③每个USP必须对目标消费者做出一个主张，一个清楚的令人信服的品牌利益承诺，而且这个品牌承诺是独特的。USP学说的基本前提是，视消费者为理性思维者，其倾向于注意并记住广告中的一件事，一个强有力的声称，一个强有力的概念。由此出发，广告则应建立在理性诉求上。具体地说，广告对准目标消费者的需要，提供可以带给他们实惠的许诺，而这种许诺必然要有理由的支持，因为理性思维者会在许诺上发问，为什么会有这样的实惠。USP 的语法程序就是这样：特有的许诺加理由的支持。达彼斯重新把 USP 当作传播品牌独特承诺最有效的方法，USP 意味着与一个品牌的精髓所独特相关的销售主张。当然，这一主张将被深深地印刻在消费者头脑之中；USP 广告不仅只是传播产品信息，更主要的是要激发消费者的购买行为。

资料来源，百度文库，广告创意理论。

6.2.3　品牌形象理论（brand image，BI 理论）

当今的市场，消费者已经进入“品牌消费”时代、“情感消费”时代，所以，学习认识广告理论大师奥格威的“品牌形象学说”是很有意义的。

⊙参考资料　世界十大化妆品品牌排行榜

1. 法国 Lancome（兰蔻）

镇牌之宝：睫毛膏——LANCOME 的睫毛膏，在化妆品界处于无可争辩的崇高地位。“全球每售出二支睫毛膏中，就有一支是 LANCOME 的”。独特的刷头设计，层次细致分明；纤维超幼细，无人能及。其中，淡妆首选 DE 精密睫毛膏、晚妆等场合首选 3D 立体睫毛膏。

2. 美国 Estee Lauder（雅诗兰黛）

ABANCED NIGHT REPAIR（简称 ANR）系列，无疑是该品牌最为经典和大牌的护肤保养品了。自推出 20 多年来，一直保持经典的琥珀色玻璃瓶包装，创下全球每十秒销售出一瓶的佳绩。其内含果酸。该产品的那句“如果你 16 年前已经用上了 ANR 系列，那么 16 年后的今天，你的皮肤依然和 16 前一样细腻娇嫩”的广告语深入人心。

3. 日本 Shiseido（资生堂）

有 130 多年历史的资生堂，是亚洲最老牌的殿堂级化妆品。主线资生堂国际系列，以优雅、品位、有效、安全，而深入人心。

4. 法国 Dior（迪奥）

DIOR（又简称 CD），全名为 CHRISTIAN DIOR。以做高级时装起家的 DIOR 品牌，自 1947 年首次推出香水 MISS DIOR 后，现已全面进军美容领域。经典与高贵是 DIOR 的代名词，如今，DIOR 更是时尚和创新的代表之一。

镇牌之宝：蓝金唇膏——DIOR 标志性的唇膏，丰润柔软，色彩纯正，在舒适和持久之间达到不可思议的平衡，也是无数女性手袋中必不可少的物品。5 色眼影——虽然 DIOR 每一季都会推出各种令人眼花缭乱的彩妆新品，但这款眼影自 1987 年延续至今，依旧是许多化妆师和女性的最爱。

5. 法国 Chanel（香奈尔）

以相交的二个 C 为品牌标识的 CHANEL 品牌，同样以高级成衣起家。在美容领域最大的成就为香水。

镇牌之宝：NO.5 香水——这个成就了一段香水神话的香水，已经成为全球无数女子的妆台最爱。它特别幽雅浪漫的格调，把女子内心的细致情怀表达尽致，性感女神梦露的那句“我，只穿 NO.5 入睡”的名言，更让这款女士香水名垂百年。

6. 美国 Clinique（倩碧）

CLINIQUE 的名字和品牌的概念来源于法文：医学诊所。是 ESTEE LAUDER 集团的另一重量级品牌，以过敏度低，不含香料无刺激的护理理念闻名于世。CLINIQUE 在美国、英国均是销量第一的高档化妆品牌。镇牌之宝：护肤三部曲——CLINIQUE 自 1968 年品牌创立之初就推出的三部曲概念，倡导简单就是美的哲学，至今仍秉承“洁面皂、化妆水、特效润肤乳”的组合。在 1、2、3 步的三件产品之外再用任何保养品都能得到事半功倍的效果，为肌肤提供最简便、安全、有效的呵护。

7. 日本 SK-Ⅱ

数十年前，一个科学家参观一个酿酒工厂时的偶然发现，诞生了一个美容界的神奇品牌，它就是 SK-Ⅱ。20 世纪 90 年代起，SK-Ⅱ从 MF（MAX FACTOR）公司独立出来，定位为高级保养品牌。其专利成分 PITERA，提取自米酒的天然酵母。镇牌之宝：护肤精华露（又称神仙水）——内含高达 90% 以上的 PITERA，能调整肌肤的 pH 值，提高细胞的抵抗力，帮助肌肤恢复天然的水油平衡。

8. 法国 Biotherm（碧欧泉）

碧欧泉卓越的护肤功效，来自自温泉中提取的精华 PETP（矿泉有机活性因子），富含多种微量元素，矿物质和蛋白质成分，能温和条理肌肤，使其达到均衡状态。它是法国的科学家在研究温泉对人体的疗养功效时发现的。为了寻求最佳的提取源，科学家不惜涉入法国山脉深处，终于以 20 年的努力，以生物技术提取到大量的 PETP 因子，并成功研发出适合皮肤每日使用的护肤产品，也就是我们今天的 BIOTHERM 护理全系列。镇牌之宝：活泉水分露——碧欧泉最初打天下的镇店王牌。每一瓶都含有相当于 5 000 公升的温泉水中所含的丰富的 PETP，只需豌豆大小，即可令肌肤水分十足，呈现最完美的状态。

9. 法国 HR（赫莲娜）

品牌名字取自该品牌创立者 HELENA RUBINSTEIN 女士。她也是世界上第一家美容院的创立者。HR 产品以“追求完美”著称，自被欧莱雅集团收购后，更成为该集团的科技先锋，以一流的抗皱、修复系列品的研制为长。镇牌之宝：极致之美胶原系列、维生素 C 精华系列——有肌肤“急救站”之称的两款抗皱、修复产品，对一切因为衰老而引起的皮肤问题有很好的改善作用，受到了无数不再年轻，但仍然追求完美肌肤的女性的追崇。

10. 美国 Elizabeth.Arden（伊丽莎白·雅顿）

早在 20 世纪 20 年代，EA 已经是一个全球知名的美国品牌，曾一度垄断整个高级美容护肤市场。一代性感女神玛丽莲·梦露的化妆箱里，就常备有雅顿的眼影、唇膏。在美容界多元化的今天，EA 依然保持其传统的特色，一些产品的巧妙用法，仍为人称奇。镇牌之宝：8 小时润泽霜——该品牌历史最悠久的产品之一，至今已有 74 年的历史，有“万能霜”之称。可用于脸部、眼部、唇、颈和手，任何一处你觉得干燥的地方。滋润度非常持久而有效，它另外还有淡化疤痕、修复肌肤弹性的意外疗效。

资料来源：伊宅购，http://www.cunan.com/knowledge/44573.html。

2016 年国际手提包排行榜

1. 爱马仕 Hermes

始于 1837 年，世界顶级奢侈品品牌，皮包十大品牌，业界享有极高声誉，法国爱马仕（Hermes）国际集团

2. 香奈儿 CHANEL

始于 1913 年法国，世界品牌 500 强，世界知名奢侈品品牌，化妆品行业著名品牌，法国香奈儿（CHANEL）公司

3. 路易威登 LV

始于 1854 年法国，世界品牌 500 强，箱包和皮具领域的全球第一品牌，路易威登（中国）商业销售有限公司

4. 普拉达 Prada

始于 1913 年意大利米兰，世界顶级奢华品，以时尚而品质卓越系列产品闻名，普拉达时装商业（上海）有限公司

5. 迪奥 Dior

始于 1947 年法国，代表高贵典雅生活风格精华的品牌，世界知名品牌，克丽丝汀迪奥商业（上海）有限公司

6、古驰 Gucci

始创于 1923 年，意大利最大时装集团之一，十大手提包品牌，著名奢侈品品牌，古驰（中国）贸易有限公司

7. 博柏利 Burberry

始于 1856 年英国，英国顶级品牌，十大手提包品牌，世界著名奢侈品品牌，博柏利（上海）贸易有限公司

8. 蔻驰 COACH

创立于 1941 年纽约曼哈顿，美国受市场欢迎时间最久和最成功的皮革品牌之一，美国蔻驰（COACH）公司

9. 芬迪 Fendi

始创于1925年意大利，世界名牌皮具，国际著名品牌，以形象高贵闻名世界，芬迪（上海）商业有限公司

资料来源：全球去哪买，http://www.qqqnm.com/pinpai/xiemao/article-568.html。

从这里就要引出一个需要先加以认识的问题，为什么大家对品牌“情有独钟”。“品牌形象”的本质究竟是什么呢？

1. 认识品牌形象的要义

要认识“品牌形象”，首先要简单认识“品牌”的基本要义。现实生活中买回来的商品都是可以区别开来的，是哪家生产厂家生产出来的、什么牌子的商品，等等。如格力空调、海尔空调、美的空调等。可见，“品牌”是生产企业（或经营者）为了区别自己生产的产品与别的企业的同类产品而采用的标记，具体包括三个部分，即品牌名称（如可口可乐）、品牌标志（如麦当劳拱门）和商标（如Nike）。品牌标志是指于以识别但不能用语言称呼的部分，如符号记号（M&M、999）、图像（肯德基叔叔、真功夫李小龙）、图案（麦当劳拱门、耐克的钩、提炼过的抽象图形）、色彩（百事可乐的蓝色）；商标是指经过注册登记受到法律保护的品牌或一个品牌的一个部分。我国对所有品牌不论注册与否统称商标。而另有注册商标和非注册商标之别，注意，一般是商品就可以起一个品牌名字，但不能侵权。可见，品牌是一个读得出来的名称或者读不出来的图形或者两者的结合。

进一步来认识“品牌形象”。先思考一个问题。年轻人喜欢什么牌子的服装或运动鞋等商品？

⊙小知识

“90后”年轻人比较青睐的快时尚服装品牌：ZAZR，H&M，Forever21，GAP，SPAO，NEWLOOK，TOPSHOP、优衣库、班尼路、自由鸟、佐丹奴，等等。因为这些品牌形象符合年轻人的追求。

那么，百度百科对“品牌形象”的定义是，企业或其某个品牌在市场上、在社会公众心中所表现出的个性特征，它体现公众特别是消费者对品牌的评价与认知。

学习时也可以比较简单地掌握“品牌形象”的基本要义，所谓“品牌形象”是指人们从一个品牌所联想到的一切情感和美学品质，它是品牌价值的基础，可给产品附加虚幻的形象、个性和象征，从而使人们对同样东西产生不同感觉和情感，这也是品牌形象发生作用的心理基础。简言之，“品牌形象”就是“品牌与

众不同的品牌个性”，或者是品牌意味的“意义”，可以产生的联想。

⊙小知识

奥格威谈“形象”

“形象”指的是个性。它能使产品在市场上长盛不衰，但如果使用不当也能使它们滞销市场。因此，如果品牌既适合男性也适合女性，既适合上流社会也适合广大群众，那么品牌就没有个性了，成为一种不伦不类的东西。最终决定品牌市场地位的是品牌总体上的性格，而不是产品间微不足道的差异。

2. 品牌形象的本质

随着人们购买商品越来越重视“精神利益”方面，因此人们购买“品牌产品”不仅是产品本身，而是购买产品品牌带来的整体利益，包括物质利益和精神利益，特别是精神利益方面，品牌可以带来信任、文化品位。可见，本质是“品牌形象”带给购买者有更多的利益，特别是精神利益方面。美国一位广告人很有代表性的观点可以作为参考认识，“人们对自己喜欢的品牌具有一种令人难以置信的忠诚，然而，他们在试验中却说不出它与其他品牌产品的区别。他们所迷信的纯粹是某种品牌的形象”，所以要赋予产品一种吸引人的形象。

3. 品牌形象的价值

品牌是企业的资产。世界品牌实验室在 2016 年 6 月 22 日发布了第十三届《中国 500 最具价值品牌》排行榜，《广州日报》2016 年品牌价值是 268.36 亿元。继续稳居中国报业品牌第二名，仅次于《人民日报》。而 2015 年福布斯公布的全球最具品牌价值的品牌首位的苹果是 9 000 亿元人民币。究其原因，是人们重视品牌，信任品牌，品牌形象是企业竞争的载体，是产品进入市场的巨大推动力。

⊙小案例

“速溶咖啡”与消费者心理抗拒

速溶咖啡，是 20 世纪 40 年代开始进入市场的。其物美价廉，配料又无须特别技术，而且特别节省时间，很适合现代人的生活节奏。当广告大力宣传上述特点时，并没有受到消费青睐，相反是冷落。心理学家调查了人们对雀巢公司较早的一种速溶咖啡——内斯（neseafe）速溶咖啡的态度。使用传统的问卷调研方法对一个有代表性的消费群体（样本）进行了调研。这些接受调研的人首先被问及是否饮用速溶咖啡。然后再问答案为“否”的人对产品的看法，大部分的人都回答说，他们不喜欢这种咖啡的味道。于是又请这些人实际品尝速溶咖啡与新鲜咖啡，结果大部分人却又说不出它们在味道上的真正差别。因此厂商深信：不喜欢这种咖啡的真正原因并不是它们的味道不好，进而怀疑在消费者不喜欢速溶咖啡的背后有一些更为深沉的原因。

为了深入地了解消费者拒绝购买速溶咖啡的真实动机，心理学家梅森·海尔（Mason Haier）改用了一种称之为“角色扮演法”的投射技术，进行了深层的研究。海尔这次不再直接去问人们对这种咖啡的看法，而是编了两张购物清单，然后把这两张清单分别让两组妇女（调研对象）看，并请她们描述一下写这两张清单的“主妇”有什么样的特点。这两张清单的内容几乎完全一样，只有一个条目不一样，那就是购物清单A上包含了速溶咖啡，清单B上则包含了新鲜咖啡。两张清单分别被两组妇女看过之后，请她们简要描述一下按该清单购物的家庭主妇的形象。

结果时看了A清单的那组妇女，有48%的人称A购物者为懒惰的、生活没有计划的女人，只有很少的4%的人把A购物者说成俭朴的女人。显然大部分人认为A购物者是一个挥霍浪费的女人，还有16%的人说她不是一位好主妇。

在另一组看了购物清单B的妇女中，很少人把B购物者说成是懒惰的、生活没有计划的女人，更没有人把她指责为不好的主妇。所得的这个结果，显示出两组妇女所描述的想象中两个购物主妇的形象是完全不同的，它揭示出当时接受调研的妇女们内心存在着一种心理偏见，即作为家庭主妇应当以承担家务为己任，否则就是一个懒惰的、挥霍浪费、不会持家的主妇。而速溶咖啡突出的方便、快捷的特点，恰与这一偏见有冲突。这个心理偏见之下，速溶咖啡成了主妇们消极体验的产品，失去了积极的心理价值。换言之，省时省事的宣传在消费者（家庭主妇）心目中产生了一个不愉快的印象。这个实验揭示了主妇们冷落速溶咖啡的深层动机。购买此种咖啡的主妇被认为是喜欢凑合、懒惰的、生活没有计划的女人，所以速溶咖啡广告中宣传的易煮、有效、省时的特点就完全偏离了消费者的心理需求。

实验之后，广告主改变了广告主题，在宣传上不突出速溶咖啡不用煮，不用洗煮具等省事的特点，转而强调速溶咖啡具有美味、芳香的特点，以咖啡的色泽、质地来吸引消费者。避开家庭主妇们偏见的锋芒，消极印象被克服，速溶咖啡销路从此就被打开了。

广告宣传策略调整，调整广告宣传——使产品饱含感情色彩，并具有能代表更高的社会地位的形象。雀巢咖啡在各种妇女杂志上刊登色彩鲜艳、内涵丰富的全页广告：颗粒饱满的棕色咖啡豆作为背景陪衬着热气腾腾的咖啡。广告上“百分之百的纯正咖啡”和“满足你的咖啡瘾”几个大字十分醒目，赫然跃入人们的眼帘。广告宣传立竿见影，速溶咖啡的新形象获得了公众的认可，从此速溶咖啡成为人们咖啡消费的重要部分。

4. 品牌形象理论代表人物

大卫·奥格威（David Ogilvy），被大家称为“广告怪杰”。1949 年在美国创办了奥美（O&M）广告公司，其已成为全球著名的跨国广告公司。他在 1967 年出版的《一个广告人的自白》一书，是一本对世界广告界颇具影响的著作，总结了他从事广告多年的经验，成为当时最畅销的广告著述。他还发表了《奥格威谈广告》，主张“品牌形象”，使“树立品牌形象”成为广告界的一种时尚和策略流派。

5. BI 理论的经典广告“戴眼罩的男人”

通过有吸引力的模特儿，塑造品牌形象。哈撒韦公司是美国一家老衬衫厂，创建于 1837 年，1951 年奥格威统一为它策划广告时，还是无名小厂。当年，哈撒韦公司的广告预算只有 3 万美元，而箭牌衬衫那一年的广告预算是 200 万美元。奥格威为哈撒韦衬衫做了 18 种设想，最后一种设想就是找一个模特儿戴上一只眼罩，穿上哈撒韦衬衫。对于是否采用这一创意，他考虑了很久，最后在为哈撒韦衬衫拍样片的那天，他决心要看看这一策划的效果如何。在去摄影棚的路上，奥格威走进一家药店买了一只眼罩，他选中了一位以做服装模特儿为主的男爵做实验。

这则广告开始只是刊登在《纽约人》杂志上，却立即获得成功，这位戴一只眼罩的男爵轰动了全美国，转眼间，哈撒韦衬衫的销量直线上升。它使得一家不大进行广告宣传的品牌在默默无闻了 116 年之后，在数月之内名噪全国。

为什么呢？这则广告可以这样来做赏析，一个英俊的男士戴着眼罩，给人以浪漫、超凡脱俗的感觉，赋予了哈撒韦衬衫与众不同、别具一格的形象。该广告的轰动效应主要归功于眼罩的非凡创意和对模特儿的合适挑选，同时再次证明了奥格威的名言，“制造商们在通过广告树立良好的产品形象时，谁若能最细致地刻画自己产品的性格，谁就能获得最大的市场，并终将获得最大的利润。”奥格威解释说，“我把这个戴眼罩的模特儿用于不同场景的广告中，他在卡内基大厅指挥纽约爱乐乐团，演奏双簧管、临摹戈雅的画、开拖拉机、击剑、驾驶游艇、购买雷诺阿的画，等等”，“他使哈撒韦衬衫在过了 116 年默默无闻的日子之后一下子走红起来。迄今为止，以这样快的速度、这样低的广告预算建立起一个全国性的品牌，这还是绝无仅有的一例。世界各地的报纸都刊登谈论它的文章。它成了抄袭的对象，几十个厂家把这个创意用到他们的广告上，仅在丹麦就有过五种不同的版本。这个在某个星期二早上灵机一动构思出来的创意使我名噪一时。”

当然，那并不是什么“灵机一动”。奥格威精通策划成功广告的诀窍，他谙熟“故事诉求法”。他明白，“在照片中注入的故事越多，读你广告的人也就越多”。奥格威曾经说过，他看到过一些戴眼罩的人的照片，那个形象十分吸引他。这种形象既然能吸引他，为什么不会吸引别人呢？

6. 品牌形象理论的基本观点

（1）为塑造品牌服务是广告最主要的目标，为此，广告就是要力图使品牌具有并且维持一个高知名度的品牌形象。

现实市场确实如此，品牌是企业的资产，是可以长期受益的无形资产。广告最主要目标是要打造出一流的品牌，成功的企业都是要走这条路子的。如，经过多年的努力大宝已经成为国内男士化妆品的一线品牌之一；同样的品牌还有“好迪”，“好迪真好，大家好才是真的好”，这句广告语很多人都能接上口；新推出市场不久的韩束BB霜，也是一直在借用媒体组合打造广告商品品牌。

⊙参考资料

2015最具价值中国品牌百强榜发布大宝、中华上榜

2015年5月31日，全球最大的传播服务集团WPP旗下知名市场调研机构——华通明略（MillwardBrown）正式发布了2015最具价值中国品牌百强榜（BrandZ Top 100 Most Valuable Chinese Brands 2015）。榜单主要针对中国21个产品和服务类别下的品牌进行筛选。与去年相比，今年有12个类别实现了价值增长，7个类别价值下滑，另外两个类别保持平稳。而上榜的最具价值中国品牌百强总体品牌价值达到4 642亿美元，同比增长22%。参选BrandZ最具价值中国品牌百强榜需满足3个标准：①品牌由中国内地企业创立；②品牌属于一家公开上市的企业；③品牌实现正盈利。在该榜单中，共有2个个人护理领域里的品牌上榜，分别为强生旗下的大宝和联合利华旗下的中华牙膏品牌，这两个品牌总价值达9.78亿美元，均较去年有至少4%的上升。其中，成立于1999年、后被强生收购的大宝位列总榜单第55位，品牌价值达7.47亿美元，较上年同比增长4%。华通明略认为，通过采用更为时尚、现代和年轻的新包装，大宝展现出简洁自然的品牌形象，并保持了品牌一贯强调的滋润和保湿功效。同时，为了在社交媒体上保持影响力，大宝通过微博和微信开展了一项称为“关爱‘十’刻”的宣传活动，推出了10部以永恒之爱为主题的短片，内容表现了日常生活中的真情关爱。

资料来源，美业网，http://news.138job.com/info/202/97349.shtml。

（2）任何一则广告都是对品牌形象的长期投资。从长远的观点看，广告必须尽力维护一个好的品牌形象，而不惜放弃短期效益的诉求重点。奥格威告诫客户，目光短浅地一味搞促销、削价及其他类似行为的做法，无助于维护一个好的品牌形象。而对品牌形象的长期投资，可使形象不断地成长丰满。这也反映了品牌资产累积的思想。

现实广告市场也是如此的，品牌的打造不可能“一蹴而就”，是需要比较长期投入的努力。一方面广告都是为品牌形象塑造服务的；另一方面每一则广告都是播出很长的时间的，也都是从为“品牌形象”打造出发的。因为“品牌形象”是更为重要的资产，应当作为广告诉求的信息中心。“品牌形象”作为“品牌个性”，是广告受众的品位、品味、情感感受，美学品质、美好的印象。而在受众更加注重情感的“感性消费”时代，品牌个性就显得更为重要了。当然，还要强调一点的是，商品的功效品质本身就是基础，与上面的认识是不矛盾的。有一则广告可以作为好例子，香港男士饰品金利来广告，“金利来，男人的世界”，广告中并不去强调布料材质的金贵，做工工艺的精湛，而是从品味意境上去表现，最后推出广告语，非常诱人走心，而随着广告播放一段时间，品牌深入人心，形象不断丰满，成为成功男士喜爱的饰品之一。

而以促销、削价进行广告或促进销售，商品会被消费者觉得“卖不出去”“没多少人买”“不够大牌”等感觉，特别是一味这样的话，使消费者更是觉得商品太一般了，对品牌形象塑造是不利的。

（3）同类产品的差异性日渐缩小，消费者往往根据对品牌的好恶来选择购买，因此，赋予品牌形象比强调产品的具体功能特征重要得多。

⊙小案例

曾获得年度亚洲最具创意广告及世界华文广告金奖的《香港汇丰银行形象广告》，经典案例——《渔民篇》

广告的目的是拉近香港汇丰与港人的距离，并加强港人信心，向港人显示决心与港人一起走向未来共同成长。广告市场背景：①香港1997年回归；②香港金融业非常发达，占其产值的1/4。在弹丸之地各类银行多达几千家，竞争异常激烈，定位各出高招，香港各家银行利用定位，创出了各自特色优势，有效地进行了市场细分定位。香港金融业因而呈现一派百家争鸣、百花齐放的繁荣景象。港人特质分析：广告代理商经调查找出了港人“风中劲草，遇困更强”的特质，只有汇丰在过去的130多年里和港人一起同甘共苦，一起进步成长，也只有汇丰的广告策略呼应了港人的特质。创意——“与您并肩，迈向明天”。创意人用最真实的方法把港人成长的心路历程表现了出来。广告深深打动了港人的心，让“与您并肩，迈向明天”的承诺深入人心。

香港各家银行形象打造策略

汇丰银行：20世纪90年代以前定位于分行最多、全港最大的银行。90年代之后，新的定位立足于“患难与共，相伴成长”，旨在与顾客建立同舟共济共谋发展的亲密伙伴关系。

恒生银行：定位于充满人情味的、服务态度最佳的银行，通过走感性路线赢得顾客的心，而突出服务这一卖点，也使它有别于其他银行。

渣打银行：定位于历史悠久、安全可靠的英资银行，树立了渣打可信赖的

“老大哥”形象，传达了让顾客放心的信息。

中国银行：定位于有强大后盾的中资银行，直接针对有民族情结，信赖中资的目标顾客群，同时暗示它将提供更多更新的服务。

廖创兴银行：定位于助你创业兴家的银行，以中小工商业者为目标对象，为他们排忧解难，赢得事业的成功。

现实市场来说也确实是如此，同类产品的功效差异并不是很大、品牌之间的同质性增大，消费者选品牌的理性成分逐渐减少，感性的成分在增加，所以，塑造（赋予）品牌有个性的形象要比强调产品的具体功能特征重要得多，具体可以结合“美的”与“格力”来说明。格力空调与美的空调来相比是要好一点，但要好很多可能就不能这样讲了，格力现在也是产品线越来越多，美的可以说是家电生产全产品线。至于买格力空调还是买美的空调，就凭消费者的自我感觉了。同样道理的例子，在家电连锁经营中的两大巨头“苏宁易购”与“国美”也是如此。

⊙小案例

派克金笔

美国的派克金笔公司曾经利用德高望重的罗斯福总统的声望来做广告。派克金笔公司把一张罗斯福总统用派克笔在一个文件上签字的照片作为它的广告宣传，广告短语这样写道：“总统用的是‘派克’”。于是，罗斯福总统的声誉和派克金笔联系起来，总统的德高望重给派克金笔涂上了名贵高雅的色彩。让名人直接使用产品，利用“名人用名牌货”这种流行的社会心理，使人们相信，既然某种产品有名人在使用了，那么它一定是时尚的、高档的名牌货。

（4）应该更重视运用形象来满足消费者的心理需求。具体可以结合当今市场的发展来认识，消费者购买时所追求的是“物质利益”（实际利益、实质利益）和“精神利益”（心理利益），随着社会经济和文化的发展，消费者总体来说越来越注重“精神利益”，所以，广告诉求理应多运用“品牌形象”来满足。而对于一些中高收入阶层来说则是更加明显的，针对他们为目标市场对象的商品则更是要注重了。例如，重庆奥妮首乌洗发露，是请香港明星刘德华演绎的，“我希望我的梦中情人有一头乌黑亮丽的秀发”；LV 的广告表现的是“发现美好的人生”，这些广告都是从“精神利益”的角度进行诉求的。

⊙小知识

广告的作用就是赋予品牌不同的联想，正是这些联想给了它们不同的个性。不过，这些联想重要的是要符合目标市场的追求和渴望。“万宝路”之所以知名，实际上不是它的烟味，也不是该香烟的其他什么内在的特性，而仅仅是该品牌形象，具体说，该商标让消费者唤起的是一些综合的极为丰富的联想。它们是虚构的西部地区、到处漂泊的牛仔、自由、独立、大草原、强壮的男子汉等构成的一幅多姿多彩的动感世界，而这些景象正好迎合了许多人的幻想。

资料来源：百度文库，广告创意的理论。

7. 运用好“品牌形象”理论进行实际创意的活动

“品牌形象”理论阐明了一个重要的道理，竞争者要成功仿造广告产品并不太难，它们的产品甚至可以在质量上与广告产品难分高下，但是如果广告产品具有活生生的个性形象，则是难以模仿的。所以，赋予广告商品一种吸引人的形象是广告成功的又一秘诀。在广告创意活动中要多加以运用，特别是一些享受型商品、一些面对中高端消费者的商品，一定要多运用好这一理论。例如，LV 的包包，许多工厂都能生产出来，但是，大家要跑到欧洲或者广州专卖店进行购买，因为“ LV”血液里的东西是难以模仿的。现在，一些高端的家具，如香港“皇朝家私”主要生产高档民用家具，广告就很注重打造“皇朝高端”的“个性”。

6.2.4　品牌定位理论

1. 理论的提出

品牌定位（brand positioning）理论在 20 世纪 70 年代由艾・里斯和杰克・特劳特两位大师共同提出。当时，整个市场处在一种竞争激烈，产品同质化非常严重，产品供过于求，各家企业利用各种媒体大肆宣传的状态。两人合作出版第一本确定定位的专著《广告攻心战略——品牌定位》。

给“定位”下的定义是，“定位并不是要对产品做些什么，而是您对未来的潜在顾客心智所下的功夫，也就是把产品定位在未来潜在顾客的心中”。

主张在广告创意中运用一种新的沟通方法，潜入消费者的心智，创造更有效的传播效果。还认为 20 世纪 50 年代产品至上，所以“ USP”适用；进入 20 世纪 60 年代，产品同质化严重，形象至上，所以“ BI”适用；进入 20 世纪 70 年代，因同质化更严重，信息相互掩盖，已经进入定位至上时代，广告核心是品牌或企业在受众心目中的地位。

⊙小知识

广告定位理论的基本思想

要在预期客户的头脑里给产品定位，定位本质上并不是要改变产品，产品的价格和包装事实上都丝毫未变，定位只是在顾客脑子里占据一个有价值的位置，而且这个位置必须是别人还没有占有的。定位理论强调需要创造心理差异、个性差异，主张从传播对象（消费者）角度出发，由外向内在传播对象心目中占据一个有利位置。

随着时间的推移，定位的应用范围不断扩大：从最初在广告业中作为打动顾客的传播与沟通技术小试锋芒，到后来被引用到整个营销领域里大放异彩。

资料来源：百度百科，广告创意理论。

2. 代表作品与案例

（1）七喜，“非可乐”定位。这个广告例子，在项目3中有提到，具体是“观念定位”中的“是非定位”策略。在策划广告时人为的把美国饮料市场区分为“可乐”和“非可乐”两大市场，七喜定位成“非可乐”，使它取得成功，跃升为与两乐并驾齐驱的饮料。

（2）艾维斯租车公司与赫兹公司。这个战例在广告定位的“逆向定位”中也提到过。“赫兹当然是第一流的，我们只能屈居第二”。广告这样做的结果，是使客户认识到艾维斯的话很实在，不自吹自擂，从而愿意和他们打交道，而对赫兹出租车公司来说，有人免费为他们做广告，承认他们是第一，当然是乐于接受的，同时也投桃报李，当自己业务忙不过来时就推荐给艾维斯，这样一来，艾维斯的业务量大增。

两个例子说明进入消费者心智非常重要。而从根本上来认识，广告是一种心理效应，只有消费心理发生变化，才能产生效果。消费者从不认识商品到认识商品，进一步到喜欢商品，到热爱商品，消费者心目中有商品的位置，内心能够接受它，广告商品无疑就容易成功。

小案例

“第一家美国造特佳啤酒”——百威啤酒

第一阶段广告主题：“美国风味”。如辽阔的大地、沸腾的海洋或宽广的沙漠，使受众产生视觉效应留下深刻的印象。

第二阶段主题：“我们爱第一”。广告标题：这是最出名的百威（百威是全世界最大最有名的美国啤酒品牌）。

3. 定位论的基本主张与认识运用

（1）广告的目标是使某一品牌（或公司企业）在消费者心目中获得一个据点、一个认定的区域位置，或者占有一席之地。

确实，现在许多的产品，特别是高端一点的产品，都在消费者心目中有较高的地位，占据了比较稳定的位置，他们想买较高端的商品时，就会想到它，选择它。例如，美国雪佛兰“迈锐宝”汽车，通过广告打造，在中级车“获得一个认定的区域位置”；“雅诗兰黛”属于高级品牌化妆品；“百岁山”属于高端水；米克劳啤酒实际上并非第一个高价位啤酒，但它定位为美国最高价啤酒“一等啤酒就是米克劳”；P&G“世界一流产品”，例子多多。要注意的是，有了位置，也就是占有一席之地、有了据点。

（2）广告应将火力集中在一个狭窄的目标上，即在消费者心智上下功夫，是要创造一个心理位置。

确实如此，正如一首歌唱到的“心上的人儿你也在我的心海里飘呀飘”，为什么会这样呢？因为“我的心里没有你只有她”。广告商品能记在（“系在”）消费者心里，喜在心头，心里只有她，那就会产生“只买它”的效果了。例如，高端车沃尔沃（Volvo）定位“安全耐用”，它放弃了对外观、速度、性能等利益的诉求，成为许多成功人士购买的选择；Nyquil 感冒药定位于“夜间服用”特合适，放弃了白天市场；凯美瑞是一辆为商务人士度身定做的车，等等。

（3）应该运用广告创造出独特的位置，特别是“第一说法、第一事件、第一位置”。因为创造第一，才能在消费者心中造成难于忘怀的、不易混淆的优势效果。

现实市场就是如此的，消费者购物都有“一步到位”的消费心理，打造“第一”的形象，往往能在消费者心目中形成广告商品是“实力最强”的、“广告商品是现在市场上最好的”。美的最先做电饭煲起家的，所以，大家购买电饭煲首先会想到它；“买保险就买平安”，因为感到它实力最强；要美容到“广美”，因为她是最先做美容的企业。市场实践也证明，“第一”印象企业，往往市场的占有率高，地位也是不容易被撼动的。

（4）广告表现出的差异性，并不是要指出产品的具体的特殊的功能利益差异，而是要显示和突出品牌之间的类的区别。

就是要求，广告商品要着力打造出“最好的一类”“最高端层次的商品”“最具实力的企业品牌”“最专业的”等心理位置。例如，恒大异军突起，多元化发展顺风顺水。其中，恒大作为一个大牌“无理由退房”的承诺，彰显了企业的责任心，也被业主们深深地喜爱和认可。

（5）定位的最终结果就是要在消费者心目中占据无法取代的位置，让品牌形象深植于消费者脑海，无论何时何地，只要消费者一旦有了相关需求，就会开启记忆和联想之门，从而自然而然地想到这种品牌、企业或产品，达到“先入为主”的效果。

市场也确实是如此的，许多企业经过多年的打造，品牌已“深入人心”，在相关的消费时，第一个就会想到该品牌。吃快餐就会马上想到“真功夫”“麦当劳”“肯德基”；买手机，就会想到最好是“苹果”，不然就买“三星”；喝凉茶就马上想到“王老吉”或者“加多宝”，等等。

4. 广告定位理论的运用

结合当今市场的发展，定位论在一些中高端商品中特别要引起重视，在广告创意思考时要多加以运用，因为，现在的人们购买商品的时候看重品牌了，而且有条件的还希望购买的是“最好的”“最理想的”心理位置的商品。

6.2.5 实施过程重心法

1. 理论的提出

该理论由广告大师伯恩巴克（William Bernbach）提出。他是 DDB 国际广告有限公司执行主席，该公司即世界十大广告公司之一的“恒美国际广告有限公司”。他被誉为 20 世纪 60 年代美国广告“创意革命时期”的三位代表人物和旗手之一（另两位是大卫·奥格威、李奥·贝纳）。伯恩巴克总结他的创意思想，形成了 DDB 广告公司独特的广告创意规则，广告策略上的一套独特概念主张，即 ROI 理论。

他的广告创意哲学旗帜是“广告的本质是艺术”，被称为“艺术派”，认为“广告在基本（理）上是说服，而说服的发生并不是科学而是艺术”，即其创意哲学沟通的着眼点主要在心灵的认同、共鸣、冲击上。在伯恩巴克看来，广告最伟大的工具就是创造力（originality）；他的理论轴心始终指向消费者的心理及其情感思维（relevance），追求对心灵的冲击与震撼（impact），从而引起注意、产生共鸣，最终导致行动的转变，即购买广告商品。伯恩巴克的格言是：“怎么说”比“说什么”更重要，Tendentious: how to say。

2. 主要代表作品

为了达到沟通的目的，在广告中常使用大标题、大图片以及幽默、荒诞等出人意料的表现方法和技巧，创作出一大批传世之作。

（1）奥尔巴克百货公司广告。

广告文案：慷慨的旧货换新，带来你的太太，只要几块钱，我们将给你一个新女人。

该公司所花的广告费只及纽约最大百货公司的 1/30，而调研结果则表明，在消费者的印象中该公司是纽约百货公司中广告做得最多的、广告费也是花得最多的公司。

（2）最为人称道的广告——“金龟子”系列广告。

德国大众汽车的金龟车，进入美国十年然被市场冷落，除了这种车马力小、简单、低档，外形形似古怪的硬壳虫金龟子，还有一个难以排解的政治心理障碍，就是它曾被希特勒作为纳粹时代的辉煌象征之一而大加鼓吹。

1995 年伯恩巴克接下这单业务。经过深入考察，认定该车不仅价格便宜，耗油量低，而且结构简单实用，质量把关严格且性能可靠。但他并没有以此作为广告诉求主题，因为这些“销售说辞”并不是他们独特发现的，以前已经有人“说”过，消费者会“视而不见”，“听而不闻”，“无动于衷”。所以，他为金龟车策划了“想想还是小的好”“柠檬”“送葬车队”等一系列广告。这些广告有些古怪，但效果出奇地好。共同特点是“正话反说”。

以其中一则“送葬车队”广告为例说明，广告画面：豪华的送葬车队。解说（从旁）“迎面驶来的是一个豪华型送葬车队，每辆车的乘客都是以下遗嘱的受益人。（“遗嘱”者的旁白）我，麦克斯韦尔·伊·斯内弗列，趁现在清醒时发布以下遗嘱：给我那花钱如水的妻子（画面扫向车中的一位贵妇人）留下 100 美元和一个台历；我的儿子罗德内和维克多（镜头移向后面一部轿车，车内坐着戴着墨镜的两位年轻人）把我的每一枚 5 分币都花在时髦车和放荡女人身上，我给他们留下 50 美元的 5 分币；我的生意合伙人朱尔斯（画面是一辆凯迪拉克轿车的特写，车内坐着一个西装笔挺的老头，左拥右抱两个女人）的座右铭是“花！花！花！”，我什么也“不给！不给！不给！”；我的其他朋友和亲属从未理解 1 美元的价值，我留给他们 1 美元；最后是我的侄子哈罗德，他常说：“省一分钱等于挣一分钱”，还说“麦克斯叔叔，买一辆大众车肯定很值”，“我呀，把我所有的 1 000 亿美元的财产留给他”。

3. 理论要点和认识运用

好广告应具有三个方面的特质（三板斧），关联性、原创性、震撼性。

现实的广告市场也确实是如此，好广告首先要具有关联性（relevance），即要求广告创意要与广告商品、受众和竞争者相关联，否则会失去意义。创意讲的不是商品的卖点，不是消费者关心的利益，是竞争对手已经“讲透”了的，那根本没有意义了。所以，关联性是创意的根本。特别是要注意根本点要关联到消费需求（心理，情感等）。成功的广告实战例子比比皆是。例如，“日夜百服宁，日夜照顾您”；又如，“洗呀洗呀洗澡澡，宝宝金水少不了，滴一滴呀，泡一泡，没有蚊虫没虫咬”；再如，“彩乐，去头屑就那么简单”；最后，举一个思考例子，佳能等品牌复印机都不请类似巩俐、章子怡、孙俪等丽人，可能主要是因为买的消费者更加看重的是办公设备的有效高效。

原创性（originality）是广告生命力之所在，要求广告创意要突破常规，出人意表，与众不同。因为在成千上万的商品中，只有商品鲜明个性的佳作，才能引起消费者的直觉反映。“人云亦云”的广告容易引起受众的反感。原创，增加了广告的新意，容易引起受众的注意，产生好的心理效应。再用伯恩巴克实战战例来说明，伯恩巴克在做金龟汽车的广告策划时，首先深入生产第一线，详细地考察每一道生产工序，得出“这是一辆诚实的车子”的销售主题。然而这一特点早已存在，要使其发挥效力需要较多的投入和较长的时间。所以，伯恩巴克出人意料地说，“这是一部不合格的车子”，原来是六亲不认的质检员发现了车门某处有肉眼不易发现的瑕疵。这样的创意确实是"前无古人"的原创。随时打开电视看到的广告都是原汁原味的原创，没有人再去模仿人家的了，例如，"脉动回来""士力架，横扫饥饿"，等等。

震撼性（impact）要求广告创意能够深入到人性的深处，冲去消费的心灵，否则，难以给消费者留下深刻的印象。因为广告展示的时间有限，因而震撼性尤显重要，必须有一定的冲击力，才能打动人们。广告人只有深入到消费者的心灵深处，倾听他们的心声和心灵的脉动，才能一语触心、一招制胜。例如，"世界上最长的路写在妈妈的脸上——母亲节"；又如铁达时手表"time is love"等广告。而一则好的广告，引起受众的注意是基础，关键还要促使受众产生共鸣、兴趣、欲望、好感记忆，最终才能产生购买行动。震撼性就是关键的因素了。

注意，运用时广告诉求点可以多用难以忘怀的生活经历、人生体验和感情。如，利用"生活经历"题材，雕牌洗衣粉"妈妈我会帮您干活了"；利用"人生体验"题材，香港维他奶广告《返乡篇》就是以浓郁的怀旧情调调动人。始终的"维他奶"广告，讲述的是一位少年暑假回乡村探望以前从未见过面的祖父。初到乡村的他既新鲜又有些不适，祖父替孙子碰伤了的膝盖上擦跌打药水，同时一道翻看昔日的家庭生活照片，情义浓浓，快乐的暑假结束时，祖父送孙子上火车，开车前，祖父越过铁轨，爬上对面的月台买了一盒纸包装的维他奶给孙子在途中解渴。火车开动了，祖父的音容笑貌渐渐远去，而他脸上淡淡的愁容却永远刻进了孙子的心田。此时，画面水到渠成地显现字幕——始终的维他奶。浓厚真挚的亲情，永远流淌在儿时嬉戏的河里，让你一再回忆少年时的难忘经历，亲情是可以深深打动每一个人的。利用"感情"，特别是"爱情"。周润发与江美仪演绎的"百年润发"广告，真是"丝丝入扣"，情感动人，这就是一则情感诉求广告的经典佳作。

4. ROI 理论现实运用的要求

伯恩巴克的 ROI 理论可以说是一个实战性很强的理论，特别是理论中提到的"relevance"和"impact"，对广告创意的思考意义和价值是很大的，要求在广告创意活动中多从广告商品的卖点、竞争对手的卖点、消费需求的需求点出发思考广告创意表现。还要结合一些大牌都是为品牌注入情感因素，使品牌更加丰满的思路，在广告商品的创意思考时可以多考虑利用情感诉求，吸收受众的注意和激发情感共鸣，以致产生对广告商品的喜爱。

6.2.6 企业形象识别理论

1. 理论的提出

企业形象识别理论（corporate identity，CI 理论），于 20 世纪 70 年代提出。确实，随着市场竞争的发展，市场的竞争转化为企业整体实力的竞争。"好企业生产好产品”更为消费者认同，所以，着力打造企业形象，以企业整体形象为载体进行竞争是一个重要的发展。如格力，除了空调以外，借助企业的形象影响力，进军手机和电冰箱、电饭煲等家电行业产品市场。美的更是如此，新产品迅速推出市场，占领市场的较大份额，如美的豆浆机。零售业的苏宁、国美借助企业影响力快速地扩张门店、广州广百股份也是借助企业的市场地位迅速在市内和二、三线市场铺开。这些都说明了，现在的广告市场应当更加注重企业整体形象。

2. 主要理论观点

（1）广告的内容应保持统一性，这种统一性是由CI总体战略所规定的，广告应注重延续和积累企业整体形象效果。如零售国际连锁企业沃尔玛“天天平价”；国美“便宜才是硬道理”；“好空调，格力造”；“TCL科技取悦你”都是从企业整体形象出发来打造的，而且也已经成为企业重要的竞争载体。而前面“广告目标”学习时也提到了“哈药六厂”的品牌打造；“P&G世界一流产品”的打造；“浙江纳爱斯集团”的打造，这些例子都说明了企业对整体形象的注重。

（2）企业整体形象，是企业实力展现的重要载体，也是企业开拓市场的利器，当今市场上有实力的企业都非常注重企业整体形象的打造。例如，哈药六厂所投放的新盖中盖牌高钙片广告，在广告最后，强调“哈药六厂生产”，突出企业整体形象，广州市零售龙头企业天河城百货推出的广告采用的都是展示企业实力和企业经营理念的形象广告。

6.2.7 品牌个性创意理论

1. 认识理论的基本背景

该理论又称为BC（brand character）理论。美国格雷（Grey）广告公司大约在20世纪70年代初期提出了“品牌个性论（品牌性格哲学）”。还有日本的小林太三郎教授也提出了“企业性格论”，形成了广告创意策略流派“品牌个性论”。

2. 核心观点

该理论认为广告在“说什么”时，不只是“说利益（产品）”“说形象（定位）”还要“说个性”，即要在广告宣传中，把品牌当人看待，使品牌人格化、个性化。

3. 基本思想

（1）要在与消费者沟通中，从“标志”到“形象”再到“个性”，即个性是最高层面的。因为个性比形象更深入一层，形象只是造成认同，而个性可造成崇拜。例如，曾经做过的白领崇拜者最新调研，得出的人是周杰伦。周杰伦是一个蛮有个性的人。

这一观点的成功代表作品是1972年的“苹果牌牛仔裤”广告。广告画面大致是：一匹没有鞍的马背上，骑着赤膊的二女四男，一只红苹果由下而上，在他们手中一一传递，女模特是著名影后，而且赤裸着上身。广告将苹果牌牛仔裤“反叛”“个性主义”的品牌性格显露无遗。而类似的广告例子是501牛仔裤广告，也是很有个性的。

⊙小案例

路虎（Land Rover）

路虎是全球顶级奢华品牌，自1948年诞生之日起始终致力于打造能够卓越应对各种路况的全地形汽车（finest all-terrain vehicles）。经过60余年的发展历程，路虎已经成长为拥有全系车型、备受全球尊崇的奢华SUV领导者，其轻松驾驭各种路况的强大、全面的性能（Breath of Capability）卓尔不群、享誉业界，销售屡屡刷新历史纪录。

资料来源：汽车之家，http://www.autohome.com.cn/dealer/201409/1734/676.html。

捷豹（JAGUAR）

捷豹（Jaguar）是英国的一家豪华汽车生产商，车标为一只正在跳跃前扑的“美洲豹”形象，矫健勇猛，形神兼备，具有时代感与视觉冲击力，它既代表了公司的名称，又表现出向前奔驰的力量与速度，象征该车如美洲豹一样驰骋于世界各地。

资料来源：百度百科。

（2）要将品牌人格化。为了实现更好的传播沟通效果，应将品牌人格化，即思考如果品牌是一个人，它应该是什么样子，找出品牌价值观、外观、行为、声音等特征。

结合现实市场认识这一观点，现在有很多企业都已经是这样做的了。如广州市广百集团，2010年9月推出“广百集团社会责任蓝皮书”，将社会责任战略与企业发展战略对接。“责任广百”成为“广百人”对社会的郑重承诺，掷地有声；也明确服务社会、贡献社会、为客户价值最大化服务的价值观；打造情暖社区活动品牌和因地制宜推进扶贫济困。利用广百商业优势，对口帮扶贫困村，“反哺扶贫村集体经济项目”获“广东省扶贫济困优秀项目奖”等让人称颂。再如海尔品牌个性，核心价值观集中表现在“真诚到永远”；外观是“兄弟”。

（3）要塑造品牌个性的特性。塑造的品牌个性应是独具一格、令人心动、经久不衰的特性。其关键是用一定的核心图案或主题文案来表现。

按照这一观点，现实有很多成功企业的例子。如核心图案方面有麦当劳的拱门、肯德基的山德士大叔、Nike的钩、金利来的“G goldlion”；主题文案方面有百年润发的“青丝秀发，缘系百年”，平安保险一则经典广告的文案“平安是五谷丰登的祈盼；平安是吉祥的寄托；平安是人生的愿望；平安是宅第的安宁；

平安是未来的希望；长久的愿望，一生的追求；中国平安保险”，太平洋保险“平时注入一滴水，难时拥有太平洋”，等等。

⊙小案例

LV 与生俱来的宫廷印记

塑造的品牌个性应是独具一格、令人心动、经久不衰的特性。LV 品牌定位为 LV 的流行，铸就了源源动力。LV 奢侈品品牌个性剖析，能够把自己的品牌做成奢侈品的代名词确实是不简单。路易威登从法国宫廷的御用箱包的制作者，到工业革命时期被资产阶级新贵们追捧的身份标志，再到现代的路易威登的奢侈帝国的建立，整整经历了 152 年的历史。LV 在历史的长河中积下了深厚的文化内涵。LV 品牌定位不仅以其创始人路易 – 威登（Louis Vuitton，LV）的名字命名，也继承了他追求品质、精益求精的态度。从路易威登的第二代传人乔治 – 威登开始，其后继者都不断地为品牌增加新的内涵，成为特有的“DNA”。第二代为品牌添加了国际视野和触觉；第三代卡斯顿 – 威登又为品牌带来了热爱艺术、注重创意和创新的特色；至今，已有 6 代路易威登家族的后人为品牌工作过，同时，不仅是家族的后人，连每一位进入这个家族企业的设计师和其他工作人员也都必须了解路易威登的历史，真正地从中领悟它特有的“DNA”，并且，在工作和品牌运作中将这种独特的文化发扬光大，宫廷的印记——奢侈品历史的精华。不管过去 152 年中哪一刻，也不管 LV 从宫廷走向贵族又走向了大众，每一款 LV 都是那个时代风尚的缩影，LV 与生俱来的宫廷印记正是整个奢侈品品牌历史的精华所在。

资料来源：http://3y.uu456.com/bp-66feca62783e0q/2a2/62ad8-1.html。

（4）要寻找和选择好品牌个性的象征物（symbol）。例奔驰、奥迪、宝马、路虎、雷克萨斯、法拉利等都有自己的象征物。英国豪车 JAGUAR 是用一只飞跃的豹子作为象征物的。再如，花旗参茶是用“展翅的雄鹰”、IBM 是用大象、万宝路是用“牛仔”作为象征物的，等等。

6.2.8 ESP 理论

1. 理论简介

ESP 理论英文全称是 emotion selling proposition，译为情感销售主张。随着市场的发展，商品日渐丰富并趋于同质化，商品的差别在缩小，再加上人们的需求层次的发展，使得消费者对商品功效认同接受，而对情感的需求满足越来越注重，据此有学者提出 ESP 理论。

2. 基本观点认识与运用

（1）软化广告，以一种更富有亲和力的方式接近消费者、打动消费者，从而产生情感上的共鸣，使消费者在不经意间产生购买行为。

确实要认识到，情感具有巨大的力量。广告商品所诉求的信息，如果受众在情感上不能接受，那一切都会是徒劳无功的。而情感是任何人都需要的，都非常注重的，许多广告商品都是借助情感诉求取得成功的。如前面提到的铁达时、百年润发、雕牌洗衣粉等。

（2）便于形成和强化品牌个性。品牌个性是品牌体系的一个延伸识别，ESP可以成为建构品牌个性的有效工具。

既然情感是每一个人的需求，利用一些亲情、友情、爱情、乡情、关爱之情就是很好的诉求题材，情感诉求就会是打造品牌个性的很好的工具。台湾三菱汽车“回家的路”，父爱满满，表现了一位父亲对女儿的成长一路的关爱，深深打动了受众；太平洋保险“四季的爱”广告，让看广告的受众几乎都落泪，因为这些亲情是人们最为温暖的、最为喜爱和感怀的。

（3）由ESP发展成为品牌故事，深入人心。好的ESP能够被消费者牢牢记住，成为品牌建构的重要记忆点。因为能打动受众的情感是受众有强烈共鸣的，能在心灵深处拨动心弦的。正如前面举例的蒋雯丽演绎的“太太乐”鸡精广告，让许许多多的年轻人对美好爱情更加向往，深入人心，成就了品牌故事。这对恋人相恋的缘起和重要“载体”是“一触倾心”，成为广告和商品品牌重要的记忆点。

6.2.9 共鸣理论

1. 认识人们的“怀旧情结”和共鸣论的要义

1998年,《泰坦尼克号》成为全世界人们讨论的热门话题，它创造了人类电影史上的新纪元。在当年的奥斯卡金像奖晚会上，该片获得了包括最佳影片在内共11项奥斯卡金像奖。同时也创造了人类电影史上的奇迹，上映3个月就取得了12亿美元的票房收入。原因分析：迎合了人们的怀旧情结，引起了专家和观众的共鸣。这是以怀旧等方式挖掘人的情感，体现了广告创意的又一重要理论——共鸣（resonance）理论。

共鸣理论的英文为“resonance”，它是由跨国广告公司盛世长城提出的创意理论，具体是指利用情感跨越地域、文化的障碍，取得情感共鸣的创意方式。

2. 共鸣论观点

该理论主张在广告中述说目标对象珍贵的、难于忘怀的生活经历、人生体验和感受，以唤起受众内心深处的回忆，同时赋予品牌特定的内涵和象征意义，建立目标对象的移情联想，通过广告与生活经历的共鸣作用而产生震撼效果。

现实广告市场也是如此，特别是一些大牌，为了品牌的丰满，许多都采用注入“情感”的方式，进行广告诉求。例如，前面提到的铁达时手表，“不在乎天长地久，只在乎曾经拥有”的广告词，配以兵荒马乱战争年代的动人爱情场面，使消费者对该品牌产生强烈的共鸣。

主要认识两个基本观点：

（1）对于大众化的产品或服务，最适合运用情感共鸣。例如，前面提到的雕牌洗衣粉，“妈妈，我能为您干活”的极富感情的话语，引起目标受众强烈的情感共鸣；还有一则雕牌洗衣粉广告“你妈非要来”也是非常感人的；雕牌牙膏广告，则以社会热点的单亲家庭为题材，讲述新妈妈对小孩关爱付出后，“真情付出，心灵交汇”的动人故事。

（2）应多选择目标消费者所模仿的、盛行的生活方式作为题材。例如，立白洗洁精选择家庭“厨房故事”；冯小刚拍的周大福广告“爱与承诺”，用青涩的“爱”成长出“一世情缘”的情感打动了许多的人。

⊙参考资料

传世爱情　珠宝见证

他，怀揣着成为珠宝大家的梦想，在 20 世纪 50 年代初来到广州的一家金铺做学徒。那里的工作繁忙而琐碎，但是他总会见缝插针地向师傅偷学手艺，不断尝试自己设计首饰。工厂里，楼梯间，甚至屋顶上都能看见他拿着日历本绘图的身影。她，富家小姐，常常无意间透过窗户瞥见埋头苦干的他和那总不离手的日历本。是什么让他那么认真，那么执着？他眉宇间透露的真诚让她很想解开心中那份好奇。他和她，就这样走近了，她成了他童年里最亲密的伙伴，他们常常坐在屋顶上，说着各自的梦想，一丝懵懂的爱恋在两个年轻人身上悄悄蔓延开来。在她生日的时候，他特意送上一张精心绘制的戒指手稿作为礼物，并许诺，将来定会将手稿上的戒指送给她。半个世纪过去了，他凭着那份执着已然成为业界巨子，而她也成了相伴他一生的那个人，爱与承诺伴随他们步入晚年。在她七十岁生日那天，他给她准备了一份特别的惊喜——在拍卖会现场拍下一件珠宝珍品。那是一枚华人著名珠宝品牌的钻石戒指，首饰盒打开的那一刻，她惊喜地发现戒指的设计正是出自儿时的那张手稿。她，轻轻地握住了他的手，此时收获一生爱与承诺的她，幸福之情溢于言表。

资料来源，开心网，http://www.kaixin001.com/repaste/60244288_1013257171.html?stat=orrecn_out。

（3）创意的关键在于构造一种能与目标对象所珍藏的经历相匹配的氛围或环境，使之能与真实的或想象的经历连接起来。

现实广告市场中一些佳作也是如此的，例如，前面提到过的香港“维他奶”广告；再如“南方黑芝麻糊”广告都是如此运用的。

（4）广告侧重的题材内容包括爱情、童年回忆、亲情等。

⊙小案例

丽珠得乐

“丽珠得乐”胃药的系列广告，就是以唤起消费者共鸣取胜的，贯穿几则广告的标题是：“其实，男人更需要关怀”。广告放弃用明星，而是用“名不见经传”的人来演绎，这本身就是一个大胆的创意。朴实无华、体贴入微像一根红线，贯穿于广告策划的始终，正是这种对普通消费者心理和人性的关怀，给广告活动带来了金色的辉煌。广告效果非常好，广告为“丽珠得乐”创造了品牌联想，消费者想到“丽珠得乐”，就会想到“男人更需要关怀”。而品牌联想的创造，标志着品牌个性的形成。技术可以引进，产品可以仿造，唯独品牌特性是伪造不了的，创造了品牌联想也就创造了市场差异，争取到了消费者对品牌的忠诚，并且为品牌的延伸打下了基础（延伸出“丽珠肠乐”“丽珠欣乐”“丽珠感乐”等）。

资料来源：http://www.njliaohua.com/lhd_7wlq49rni0cqsi0v4ww.12.html。

最后，这里要进一步说明的是，运用广告创意的理念，除了遵循适合的广告经典理论的指引外，现代的广告人也不断在总结和探索广告创意的诀窍和发展变化，形成适应当时广告市场的广告表现的原则，这一点，将在项目 8“表现广告创意”中，通过广告创意表现的原则做较深入的认识说明。

/ 实施任务 2/ 结合具体广告项目进行广告创意的深入思考

1. 任务的组织

（1）各小组先结合选定项目进行讨论，各自拟订个人的方案，然后小组再进行讨论，确定出小组的最后方案。

（2）老师组织小组之间进行交流，由各小组结合实际项目设计的方案进行相互讨论和交流；老师负责说明和决策。

（3）学习小组将完善好的设计方案提交老师进行评定。

2. 任务实施的要求

（1）每位同学都要积极参与，发表自己的观点。

（2）广告创意思考的方案紧紧结合实际项目要求。

（3）必须用电子文件和纸质文件将最终结果上交老师。

‖ 学习指导 ‖

1. 学习建议

本项目是核心项目之一，涉及一个非常重要的问题——广告创意的理念的问题，应当明确广告创意是主题的深化，创造性表现，是通过一种合适的意境表现广告主题。广告创意是为主题的很好表现服务的，是广告生命力所在，是广告的灵魂，决定广告的成败。所以，可以结合多一些具有创意的广告领会这些理念。要运用好这些理念，必须对广告市场熟悉，并有成功的理论指引，所以，学习中涉及的经典理论内容很多，也要知道，每一理论都具有它合适的商品、市场条件和企业的目标要求。同时要知道创意无限，可以多结合一些目前热播的广告去思考广告创意的表现。

2. 学习的重点与难点

重点：广告创意的本质与特征

难点：定位理论、ROI 理论认识

3. 核心概念

广告创意　戏剧性学说　USP 理论　品牌形象学说 品牌定位理论　ROI 理论　CI 理论　品牌个性创意理论　ESP 理论　共鸣理论

‖ 课后思考与练习 ‖

1. 单项选择题

（1）广告创意是指广告（　）的深化。

A. 目标　B. 对象　C. 主题　D. 受众

（2）广告创意是通过创造出广告（　）表现主题的。

A. 信息　B. 情景　C. 效果　D. 意境

（3）广告商品的内在戏剧性是指广告商品的（　）。

A. 吸引力　B. 价值　C. 使用价值　D. 有意思的内容

（4）广告商品的品牌形象是指广告商品的（　）。

A. 吸引力　B. 影响力　C. 印象　D. 个性

（5）广告品牌个性理论简称为（　）理论。

A. BC　B. BI　C. CI　D. BP

2. 判断题

（1）广告创意只能遵循一个广告理论。（　）

（2）广告创意是比广告主题更加重要的核心。（　）

（3）广告创意可以利用好的已经表现的广告主题。（　）

（4）广告创意就是指所有具有创造性的广告活动。（　）

（5）广告创意 BI 理论与 BC 理论本质是一样的。（　）

3. 问答题

（1）简要说明广告创意与广告主题的关系。

（2）简要说明戏剧性学说的内容。

（3）简要说明 USP 理论的内容。

（4）简要说明 BI 理论的内容。

（5）简要说明 Brand positioning 理论的内容

（6）简要说明 CI，BC，Resonance 理论的内容

4. 案例分析题

脉动广告以“不在状态呀，脉动回来”为主题，多则广告通过各种场景展示喝脉动可以让身体恢复好的状态。特别是其中有一则广告是一名男青年，面对有点饿的女友，剥香蕉给她的时候，很不在状态，惹得女友不高兴。这则广告让受众看后觉得广告拍得不错，印象特别深刻。

[案例分析要求] 要求认真结合案例分析认识：

（1）该则广告的创意是什么？

（2）结合具体的广告创意理论分析广告的创意。

项目 7

思考广告创意

★ 学习目标

知识目标

1. 认识广告创意基本原则和发展的新原则。
2. 认识广告创意的基本方法。

能力目标

1. 能够结合一些好的广告作品领会广告创意的原则。
2. 能够结合具体商品的广告项目策划出好的广告创意。

⊙ 项目介绍

广告创意需要好的理念指引，同样重要的还要利用好的思考方法进行思考，广告创意思维是在创意思想和采用意识指引下，运用好创意的基本思维方式方法，寻找广告创意的思路。广告创意的思维方式主要有三种，广告创意思考的方法也有很多种，要求在认真领会的基础上，结合广告项目认真思考广告创意思路。

任务 1　运用广告创意的思维方式

7.1.1　广告创意的思维方式认识

⊙小思考

三洋高端帝度洗衣机，电视广告诉求信息个性是“超静”，请思考要如何运用思维方式完成创意？具体是如何表现的？

许多人都为广告人的创意拍案叫绝，感叹广告人的智力和智商超群。其实这些作品都不是一蹴而就的。好的广告作品无疑是广告人智慧的结晶，是他们苦思冥想的结果。

⊙**参考资料**

香港地区设计师李永铨提出了一个“冰山定律”。所谓“冰山定律”就是在寻找创意元素的时候，眼睛不能只盯住露出海面的冰山一角，而应潜入冰山下面的深洋大海中去寻找。冰山下面的空间是无限的，任你遨游，越向深处寻找，未发掘的空间及境界也越浩瀚，创作素材将取之不尽，用之不竭。李永铨就是按照他提出的“冰山定律”去进行广告创意实践的。这种对原创性的执着追求使他屡获殊荣，被誉为香港设计界的未来。

广告创意活动是一项比较复杂、需要有比较综合的知识和能力的活动。如何产生广告创意，可以说是没有捷径可走的。需要广告人平时的不断积累，做项目时付出“辛勤”的劳动。首先要求广告人要有必要的消费心理学、市场营销学、社会学、传播学等学科的知识，同时更为重要的是广告人要掌握社会文化和社会生活的发展变化，能够紧随社会发展和社会文化潮流的变化，这样才能产生好的广告作品。一则广告往往是创意人“竭尽所能”的努力付出，才能有好的思路和灵感。而广告创意活动是没有模板可以照搬的，广告人应该如何思考呢？下面认识一些对广告创意思考富有价值的常用思维方式，供读者学习认识运用。

人的思维根据思维创新成分可以分为“常规性思维”（复制式思维）和“创造性思维”。常规性思维使用现成的知识、经验和方法解决问题，一般不会有创新性成果出现。创造性思维，就是突破常规的、具有新颖独特性的解决问题的思维方式，就是利用人类基本的思维方式，在创新精神和创造性意识的驱动下，进行综合思维产生具有创造性的全新的认识、新的理论、新的思想、新的观念。

⊙**小案例**

德国著名数学家、物理学家、天文学家高斯在上小学时，老师给大家布置了一道数学计算题：1+2+3+4+5+…+100=?。其他同学都在认真地加，高斯很快得出答案是5050。原来高斯用的是乘法计算：（1+100）+（2+99）+（3+98）+…+（50+51）=101×50=5050。

广告创意活动要求具有创新性，自然要求运用能产生创造性的思维方式。所以，要运用好思维必须充分认识和运用好人类的基本思维方式。人类的思维类型心理学上普遍认同的是概括为三大类型，即按照思维的形态分为动作思维、形象思维和逻辑思维。

⊙**小知识**

思维是人脑对客观现实的概括的、间接的反映，俗称“思考”。根据思维的凭借物或思维形态不同分为直观动作思维、形象思维、逻辑思维；根据思维的指向性分为聚合思维和发散思维等。

7.1.2 思维的主要类型

1. 动作思维（直观动作思维、实践思维、直觉行动思维）

动作思维是以实际操作和直接感知来解决问题的思维。其特点在于所要解决的问题是直观的、具体的，解决问题依赖实际动作。例如，甄美家里的洗衣机坏了，师傅说要拆开来看才知道哪里坏了才能修。师傅边拆、边检查、边思考哪里坏了，并把它最终修好，主要用的就是这种思维方式。大家记得小的时候数手指头计数，用的也是这种思维。只不过要注意前者是在经验的基础上，在第二信号系统（现实的抽象刺激，即语言、文字）的调节下实现的，与后者有本质不同。

要注意的是“动作思维”对广告创意的思考也是很有意义的，广告创意活动中可以通过改变场景、改变代言人的“言行举止”等方面帮助思维，得出更好的广告创意作品。

2. 形象思维

现在的人越来越注重自己的“形象”。“形象”从心理学的角度来认识，就是人们通过视觉、听觉、触觉、味觉等各种感觉器官在大脑中形成的关于某种事物的“整体印象”，是人们对事物的感知。“形象思维”是以直觉为基础的，即以视觉、听觉、触觉味觉等各种感觉器官对外部事物进行认知。

⊙小例子

形象思维与逻辑思维的通俗认识

问小孩，3 个人和另外 3 个人站在一起，加起来是多少个人？回答是 6 个人，小孩脑瓜会用人的形象来数，这是“形象思维”；问小孩 3 加 3 等于多少，小孩想过后回答，等于 6，这就是他经过了“逻辑思维”得出的结果。注意，两者的本质区别在于思维加工时所使用的基本单元不同，逻辑思维的基本单元是“概念”，形象思维的基本单元是“感性形象”。

形象思维在现实生活和工作中是一种主要的思维类型。例如，想去广西桂林旅游，头脑中会出现坐飞机的路线怎么走、坐高铁怎么走、坐汽车怎么走、自驾怎么走等形象，并运用这些形象进行分析、比较做出选择，会说坐汽车太折腾了、太累了。而在遇到复杂的问题时，鲜明、生动的形象有助于思维的顺利进行。广告人、艺术家、作家、导演、工程师、设计师等都离不开高水平的形象思维。学习者更需要形象思维来理解知识，并成为发展逻辑思维的基础。

⊙参考资料

形象思维具有三种水平：第一种水平的形象思维是幼儿的思维，它只能反映同类事物中的一些直观的、非本质的特征；第二种水平的形象思维是成人对表象进行加工的思维；第三种水平的形象思维是艺术思维，这是一种高级的、复杂的思维形式。通常所说的形象思维是指第一种水平。

资料来源：http://edu6.teacher.com.cn/tkc491a/Chapters/Chapter3-3.html。

现实世界的万事万物都是客观存在的"物质"。这些"物质"可以刺激人的感官，可见、可闻、可感知，在人们的头脑中形成"表象"（印象），即经过感知的客观事物可以在人们脑中再现出它的形象。因为"物质"都有各自不同的"表象"，事物不在面前时，人们在头脑中也可以出现关于事物的形象。例如，一提到以前的某人会说她以前很漂亮。形象思维过程的一般形式是运用"表象"进行联想和想象的。

（1）表象是人们对以往曾感知过的事物的一种主观反映"印象""记忆中的形象"，它不仅带有事物的客观属性，同时带有人的主观色彩。例如，见过的某个人印象很好，那人本来就很英俊，再加上那人很友好，所以自己又给那人加了几分，一提到他，就会说"我认识的，真帅"。

（2）联想是根据事物之间具有的接近、相似或相对的特点，进行由此及彼、由近及远、由表及里的一种思考问题的方法。它通过对两种以上事物之间存在的关联性与可比性，去扩展人脑中固有的思维，使其由旧见新，由已知推未知，从而获得更多的设想、预见和推测。例如，看到碧生源减肥茶广告里的妙龄女郎很苗条，马上联想到肯定是喝了碧生源的原因，也会联想到碧生源效果肯定不错。

联想的方式，具体又可以分为"相似联想""相反联想"和"相关联想"三种。

1）相似联想是对性质、外形有某种相似的事物表象进行的联想。例如，看到广告中香喷喷的烤牛排，想到了烤羊肉；家里用的松下电视觉得很好，就联想到冰箱也该买松下的。

2）相反联想是对性质、外形等事物视觉表象相反因素进行的联想。例如白天联想到晚上；吃满桌子的佳肴联想到了昔日满桌子的青菜豆腐等。

3）相关联想是对并不相似但在逻辑上有某种关联的事物表象进行的联想。例如，一身泥巴的 SUV 汽车傲气地停在车位上，广告是"回来了"，让人联想到该车可以驾驭泥泞难行的道路。而现在多款 SUV 广告就采用"车随心驰"，让受众联想到该车具有的优越性能和个性。

（3）想象。富有创造力的人通常都具有极强的想象力。想象是人们运用已有的表象形成新形象的过程，就是人们根据记忆中的"表象"生成新的形象和思想情境的心理过程。如看到刻苦用工、非常聪慧的小学生艾雪，就想到将来其成才的样子。

根据想象的创造性程度的不同，想象可分为“再造想象”和“创造想象”。

1）再造想象——根据别人的描述或图样进行的想象。例如，问闺蜜那人长得怎么样，闺蜜描述他的长相，问者在脑海中勾勒出那个人的形象。

2）创造想象——不依现成的描述或图样独立进行的想象。例如，小刚新交了个女朋友，按照小刚的条件，想象出他的女朋友的模样会是怎样的。

著名科学家钱学森说：“人认识客观世界首先用形象思维而不是用抽象思维，就是说人类思维的发展是从具体到抽象。”而人们对各种事物的感知能力是形象思维的基础，只有丰富的表象积累才能为形象思维提供广阔的天地。形象思维同抽象思维一样也能反映事物的本质及规律，是人类普遍存在和使用的一种思维形式。例如，阿基米德看见洗澡水溢出澡盆而想出检验金冠真假的办法；牛顿看到苹果落地发现万有引力。著名美学家王朝闻说：“联想和想象当然与印象或记忆有关，没有印象和记忆，联想或想象都是无源之水、无本之木。但很明显，联想和想象都不是印象或记忆的如实复现。”在广告创意过程中，联想与想象是记忆的提炼、升华、扩展和创造，而不是简单的再现。从这个过程中产生的一个设想导致另外一个或更多的设想，从而不断地创作出新的广告作品。

由以上学习可以认识到，广告人在创意活动中要多积累一些好广告的“表象”素材，平时就要学习国内外优秀的广告作品，为形象思维服务。

⊙小知识

小孩子的“形象思维”能力比“逻辑思维”能力要强很多倍。学生要学好英语要多读、多听、多写、多记、多用，目的增加更多的“表象”积累。

3. 逻辑思维

人们在认识过程中借助于概念、判断、推论（推理）等思维形式，反映事物的一种概括性、论证性的思维方式，能动地反映客观事物（本质特性和内在联系认识）的理性认识过程，称为逻辑思维。例如，因为 A>B，B>C，所以，A>C。不追究 A，B，C 是人还是物，道理都是相同的。逻辑思维的指向是单一的、递进的。因此，逻辑思维也被称为“线性思维”。只有经过逻辑思维，人们才能达到对具体对象本质规定的把握，进而认识客观世界。例如，现在人购买商品时，喜欢挑款式、颜色、面料、出产地、流行性等，抽象思维可以得出现代人“品牌消费”意愿强烈的本质认识。

小知识

逻辑思维（logical thinking）：人们在认识事物的过程中借助于概念、判断、推理等思维方式能动地反映客观现实的理性认识过程，又称“抽象思维”。

资料来源：百度百科，逻辑思维。

逻辑思维是人的认识的高级阶段，即理性认识阶段。同形象思维不同，它以抽象为特征，通过对感性材料的分析思考，撇开事物的具体形象和个别属性，揭示出事物的本质特征，形成概念并运用概念进行判断和推理来概括地、间接地反映现实。例如，广州人生活在一个经济发达，具有 2 000 多年历史的名城，自 2010 年亚运会后，城市面貌焕然一新，空气质量好，是一座宜居之城。广州现在被国家定位为“国家重要中心城市、国际商贸中心、综合交通枢纽”，据此可以得出广州人生活的幸福指数一定很高的本质结论，实际上也确实如此。

逻辑思维的基本形式是概念、判断、推理。逻辑思维方法主要有归纳和演绎、分析和综合以及从具体上升到抽象等。以大众生产的 Polo 的汽车招贴广告为例，画面呈现的是电影里常见的警匪对峙场景，似乎马上就要爆发一场激烈的枪战。为防止被匪徒的子弹射伤，警察们会让什么车为他们提供掩护呢？他们抛弃了两边宽大的警车，却都无一例外躲在了路边的一辆 Polo 的后面。广告语：Small but tough（小巧但很坚固）。因为 Polo 车真材实料，所以坚实、值得信赖。广告用荒诞的手法引出受众逻辑思维的推断。

逻辑思维（抽象思维）贯穿于广告创意活动的全过程。广告创意的各个阶段都要运用抽象思维进行科学的分析和综合、合理的归纳和演绎、严密的推理和科学的论证。逻辑思维如同整理加工信息的“过滤器”，创意人员可以借助它对各种资料进行“条分缕析”，逐条深入进行挖掘。

在实际的市场活动中，三种思维是协同作用的，不能把它们割裂开来。如广告参与活动中，可以在场景设计中多动手改变一些元素运用直观动作思维，多运用镜头的变化带来形象的变化的想象进行形象思维，多运用需要表现的主题，延伸出需要的表现意境进行抽象思维，等等。

这里还想提醒大家认识一下人的“直觉思维”。人们的思维从形式上来看，可以分为三种，即形象思维、抽象思维和灵感思维。直觉思维是思维者利用自己所积累的知识和经验的，凭借自己的“直觉的感觉”进行判断得出事物的规律和本质属性的思维方式。它属于潜意识思维，所以，也称为“灵感思维”或“顿悟思维”。例如，广告创意人想累了在床上合了一下眼，突然从床上爬起来，写了几个字，然后说“就是它了”，用的就是直觉思维。可见，直觉思维是一种突发式的、特殊的思维形式，是人脑的高层次活动，比“抽象思维”和“形象思维”更复杂。它常出现在创意过程中处于关键性的阶段，表现于创意的高峰期。这里要注意，灵感思维的出现，通常具有一般思维活动所不具有的特殊性质，如突发性、跳跃性、创造性、瞬间性、兴奋性等，所以它蒙上了“玄妙”、神秘的面纱，实际上它就是由潜意识转化为显意识时的一种特殊的表现形态。精神分析家弗洛伊德把人的意识比作海洋里的冰山，把露在水面上的部分称作“显意识”，即人能意识到的记忆，把水面之下的部分称作“潜意识”，即人们已经不能意识到的那部分记忆，比水面上大得多。但是，这些存在于大脑深处被遗忘的记忆并非真正遗忘，而是像录像带一样，全部储存在“潜意识”之中，一旦有信息偶尔进入，就会使人猛然有所触动、顿悟，过去寄存在大脑中的信息就会得到综合利用，这时就会出现新的构思、新的意义和新的成果。所以，直觉思维是创意灵感产生的一种主要思维方式。要注意的是，直觉思维不是突发的灵感，不是到大山、大海边就会出灵感，靠的是丰富的知识和经验、敏锐的洞察力，以及深入的形象思维和逻辑思维的积累和融会贯通，艰苦的脑力劳动来孕育，从而产生出来的智慧光芒。所以，要求广告人要注重平时的积累、提升，多思多想，这样才能运用好自己的直觉思维。

还要注意的是，人们在创造过程中不可能只用一种思维，必须是多种思维交叉使用，相互补充，有效综合，从而运用创造性地思维解决问题。创造性思维是人类思维活动的最高表现形式，它是多种思维形式系统综合作用的结晶。

⊙**小知识**

抽象思维（abstract thinking）是人们在认识活动中运用概念、判断、推理等思维形式，对客观现实进行间接的、概括的反映的过程。如面对五颜六色的苹果、柑橘、香蕉、菠萝……，却说是“水果”，甚至说是“植物的果实”；面对千姿百态的大雁、海燕、仙鹤、天鹅……却说是“飞禽”，甚至说是“鸟纲”。抽象思维作为一种重要的思维类型，具有概括性、间接性、超然性的特点，是在分析事物时抽取事物最本质的特性而形成概念，并运用概念进行推理、判断的思维活动。

资料来源：百度百科，抽象思维。

/实施任务1/ 结合项目运用创意思维的方式进行广告创意的思考

1. 任务的组织

（1）各小组先结合项目进行讨论，各自拟订个人的方案，然后小组再进行讨论，确定出小组的最后方案。

（2）老师组织小组之间进行交流，由各小组结合实际项目设计的方案进行相互讨论和交流；老师负责说明和决策。

（3）学习小组将完善好的设计方案提交老师进行评定。

2. 任务实施的要求

（1）每位同学都要积极参与，发表自己的观点。

（2）广告创意的思考必须紧密结合创意的思维方式要求进行。

（3）必须用电子文件和纸质文件将最后结果上交老师。

任务 2 运用创造性思维的基本方法

开发创造性思维是一项极其重要且十分复杂的问题，它涉及一个人的知识、经验、创造技能、思维方式等多种因素。下面仅从“思维”角度认识基本方法。创造学认为创造性思维的基本方法是发散思维和聚合思维、顺向思维和逆向思维、纵向思维和横向思维。

⊙小知识

思维方法是人们通过思维活动为了实现特定思维目的所凭借的途径、手段或办法，也就是思维过程中所运用的工具和手段。思维方法属于思维方式范畴，是思维方式的一个侧面，是思维方式具体而集中的体现。

资料来源：MBA 智库，http://wiki.mbalib.com/wiki/%E6%80%9D%E7%BB%B4%E6%96%B9%E6%B3%95。

7.2.1 发散思维和聚合思维

（1）发散思维又叫作扩散思维、辐射思维、开放思维、立体思维，是一种可以海阔天空地任意抒发、异想天开的思维形式，是由一点向四面八方想开去，充分运用丰富的想象力，调动寄存积淀在大脑中的知识、信息和观念，重新排列组合，从而产生更多、更新的设想和方案的思维形式。具有这种思维方式的人在考虑问题时一般会比较灵活，能够从多个角度或多个层次去看问题和寻求解决问题的方法。例如，思考曲别针的用途，有人从钩、挂、别、连的角度说出了许多用途。有的人根据材质、重量、体积、长度、截面、颜色、弹性、硬度、直边、弧度十个要素举出了 3 000 种用途，如根据弧度可编成 1、2、3、4、5、6、7、8、9 等数字；变成 ABCDE 等英文字母；弯成俄文、拉丁文、希腊文等许多种文字的字母；也可以弯成各种符号；还可以根据直边、电、磁等性质，用作导线、线圈，制成指南针。

无独有偶，曾在戛纳广告节获奖的作品沃尔沃汽车广告，也是通过回形针弯成汽车形状，并与沃尔沃汽车品牌联结的一则简约平面广告，其获得了大奖，利用的就是发散式思维。三洋超静洗衣机，也可以利用发散式思维思考创意，“超静”，可以利用静谧的森林来表现；可以用进入到无人洞来表现；可以用小孩在旁边睡着了表现；可以用回到家里一切都是那么惬意来表现；可以回到家里把衣服放进洗衣机，人在旁边看书学习或打坐或练瑜伽等来表现。

（2）聚合思维又称辐合思维、收敛思维、集中思维，很明显是与发散思维相反的思维方法。它是以某个问题为中心，运用多种方法、知识或手段，从不同的方向和不同的角度，将思维指向这个中心点，以达到解决问题的目的的思维方法，如看事物都从本质看。具有这种思维的人一般具有较强的洞察力，看问题比较深刻，善于推理分析，思维严谨周密。相对于发散思维，这是一种异中求同、量中求质的方法。

在采用思维方法时要注意两者的关系。只扩散不集中势必造成一盘散沙、鱼龙混杂，因此扩散后必须进行筛选和集中，通过分析比较，选择出最有价值的设想方案。在创意开发阶段，发散思维占主导地位；在选择创意阶段，聚合思维占主导地位。创意就是在这种分散—集中—再分散—再集中的循环往复、不断提升中开发出来的。

结合三洋超静洗衣机的创意，利用聚合式思维思考创意，前面利用静谧的森林、无人洞、小孩在旁边睡着了、回到家的惬意人在洗衣机旁边看书学习或打坐或练瑜伽表现“超静”，但是应该将思维引导一个中心点，洗衣机毕竟是“家里必备的东西”，不能离开“家”，这样，思维的方向就可以引向小孩在旁边睡着了、回到家的惬意的人在洗衣机旁边看书学习或打坐或练瑜伽等与“家”有关的创意思考，来表现“超静”。

7.2.2 顺向思维和逆向思维

（1）顺向思维是指人们按照传统的程序从上到下、从小到大、从左到右、从低到高等常规的序列方向进行思考的方法。这种方法平时用得最多，尤其是在处理常规性事物时具有一定积极意义。但要注意顺向思维的常规性容易形成习惯性思维，即思维定式，有时会影响创造性思维的开发。

举一例来说明创意运用，冰箱要表现它的“高贵”，那么，就应该请具有高贵气质的明星来代言。结合三洋超静洗衣机的创意，在发散式思维中的思考，都可以归为顺向思维。

（2）逆向思维是一种反常规、反传统、反顺向的思考方法。在寻求创意时，往往会陷入一种既定的方向，仅仅从正面着眼，只想表达产品好，而反向表达优势也许会有更好的创意。

逆向思维法是相对于习惯思维而言的，也就是从相反的方向来考虑问题的思维方法，它常常与事物常理相悖，但却达到了出其不意的效果。因此，在创造性思维中，逆向思维是最活跃的部分。按照常规的创作思路，有时我们的创意会缺乏创造性，或是跟在别人的后面亦步亦趋。与常规思维不同，逆向思维是反过来思考问题，是用绝大多数人没有想到的思维方式去思考问题。运用逆向思维去思考和处理问题，实际上就是以“出奇”去“制胜”。当陷入思维的死角不能自拔时，不妨尝试一下逆向思维法，打破原有的思维定式，反其道而行之，开辟新的道路。例如，前面在学习“项目 3 分析广告信息主体因素”中就提到了“逆向定位”的一些成功广告创意的例子。

再例如，高露洁牙膏的平面广告，设计者采用逆向的设计思维方式，没有从正面宣传该品牌牙膏的优良品质，而是用一个几乎没有牙齿的老太太的笑容表现“世界健康的微笑”这一主题。快要掉光的牙齿和高露洁保护牙齿的概念看上去似乎背道而驰，但通过仔细分析我们可以得出这样的认识：人的牙齿正常地脱落属于自然规律，谁也不可能违背，当然也包括高露洁的使用者。高露洁的作用是让在你口腔内的牙齿永远健康。与众不同的切入角度和与众不同的表现手法必然达到与众不同的效果。

运用“逆向思维”时要注意把握好两个要点。

1）传达要恰当，语言要实在而且幽默。例如“杉杉西服，不要太潇洒”“不要太瘦哦”等。

2）注意消费者的认同，并不是所有问题都能从反向求解的，能否运用需要进行必要的调研和分析。例如，伦敦布莱维尔书店，要做一则以在本书店购物舒适、自由为主题的广告，想从反向去构思，但不知“服务不必过于周到”是否符合消费者的需要，很忐忑。调研发现，在一片服务至上的宣传中，消费者有这样的反映：有时想去商店看看，并不一定要买，服务员紧跟在身边，过于热情地介绍商品和服务，令人感到烦琐，或感到不买东西没有面子；再者会使人感到像被监视，所以有时不买东西就不去商店。调研的结果刚好与反向思考的结论相符合，因而布莱维尔书店在广告中大胆应用反向思考的构思。广告的内容是这样的，当你光临布莱维尔书店的时候，没有一个人会问你要买什么。你可以信步所至，随便阅读，放心浏览。店员只在您需要的时候才为您效劳。您不招呼，他们决不打扰。无论您来买书或浏览均欢迎。这就是布莱维尔书店一百多年来的传统。广告确实使顾客产生了亲切生动，符合心意的感觉。

总体来说，一般人习惯接受的是顺向思维，这一点还是要把握好，可行的情况下，再运用逆向思维。结合三洋超静洗衣机的表现，利用逆向思维可以吗？将洗衣机拟人化，对着主人歉疚地说，“主人，可惜我不是最好的”，身着高贵的主人对她笑着说，“啊，我要的就是你”，这只是闪念一想，大家可以多加思考。

7.2.3 纵向思维和横向思维

（1）纵向思维，即垂直思维，一般会根据事物本身的发展过程来进行深入的分析研究。例如，明星从早到晚都在练歌，近几天肯定有演出活动。也就是说，这种方法是按照一定的思考路线，在一定范围内，向上或向下进行垂直思考的。

（2）横向思维，即“水平思维”。一般会从与某一事物相互关联的其他多种事物中分析比较，寻找突破口。也就是说，这种方法是突破本身的局限，具有多维性和发散性的思考，是从另一个新的角度来对某一事物进行重新思考。例如，广州市的天河 Mall 生意很好，近在咫尺的正佳 Mall、太古汇肯定生意也不错，实际上也确实如此。水平思维法要求摆脱固有模式的束缚，多方向、多角度、多方位地思考问题，不断寻求全新的创意。举一个大家可能接触过的有趣的例子——戴勃诺讲的有趣的故事。古代的时候有一位商人破产了，欠了不少的高利贷。放贷者看中了商人有个美丽的女儿，动了要抢他女儿的念头。于是硬逼商人马上还钱，否则要么去坐牢，要么用女儿来抵债。为了让商人和他的女儿信服，放贷者还想了一个花招，说自己口袋里有一颗黑的和一颗白的小石子，商人由他的女儿来碰运气，如果从口袋里摸出的是黑色小石子，就是女儿卖身来抵债；如果摸出的是白色小石子，就可以免掉商人的欠债。然后，放贷者偷偷地从地上捡起了两颗黑色的小石子，放进了口袋要商人的女儿来摸。这一切，商人的女儿看在了眼里，她非常聪明，没有马上揭穿，反而想出了高招。她决然从放贷者的口袋里取出一颗石子，并故意失手将石子跌落在布满黑白小石子的地上，然后说道："真对不起，石子丢在地上找不着了，只好看看你口袋另外一颗是什么颜色了，如果你的是白色，那证明我的那颗就是黑色的；如果你的是黑色的，那我那颗就是白色的。"放贷者自己知道口袋里剩下的是黑色的，只好哑巴吃黄连，免了商人的欠债。这个例子，说明的就是商人聪明的女儿运用横向思维多向思考的方法，找到了解决问题的好办法。

在产生创意的过程中，运用横向思维可以引发灵感，产生新的构思；运用纵向思维，则可以使新构思更加深入、具体和完整。两者必须结合使用才能相得益彰。

最后做个小结，实际上行之有效的创意思考方法，人们比较认同的是发散性思维、逆向思维、横向思维、顿悟性思维等。广告创意有赖于广告人的勤奋努力，运用各种思维方式和方法多思多想出臻品。用一个里约奥运会期间出现的热词，就是要用"洪荒之力"来进行广告创意的思考。

⊙参考资料

世界上最伟大的50种思维方法

1. 上帝思维。"关爱别人，受益自己。"上帝说，天堂里的居民，凡事都是这么想的，世人要是拥有爱的思维，那他无论身处何方，都是活在天堂里。

2. 司马光思维。打破，才能得生机，这就是司马光思维的精髓所在；只有打破旧思维的桎梏，思路才会见到光明。

3. 孙子思维。知己知彼，是孙子思维的精髓。这个思维是换位思维的变种。

4. 拿破仑思维。所谓拿破仑思维，就是敢想敢干，不被外界所干扰，在任何情况下，始终保持自己的主见，用自己的目光去审视世界，用自己的方法去解决问题。

5. 亚历山大思维。它蕴含着一种霸气的、更值得称道的思维方式，那就是，成大事者，绝不被陈规旧习所束缚。

6. 哥伦布思维。想了就要干，这才是哥伦布思维的可贵之处，自古成功自有道，这个道，往往就是从众人认为不可能的地方闯出来的。

7. 拉哥尼亚思维。简练才是真正的丰富，只有最简单的东西才具有最大的孕育性和想象空间，也才最符合"拉哥尼亚"思维法则。

8. 奥卡姆思维。奥卡姆思维，就是舍弃一切复杂的表象，直指问题的本质。这种思维的可贵之处，是它直戳现实中的这么一种病态：今天的人们，往往自以为掌握了许多知识，从而喜欢将事情往复杂处瞎鼓捣。

9. 费米思维。简单化才是最经济、最优化的。费米思维是一种简单、省力、准确的思维法则，具有普遍的适用性。

10. 洛克菲勒思维。时时求主动，处处占先机，以最小的代价，求得利益最大化，这就是洛克菲勒思维的主旨。

11. 爱迪生思维。愚者拘泥于形，易被外在束缚；巧者注重本质，因而心明眼亮。爱迪生思维的独到之处，就在于其灵动自如直奔目标，而不为人间万象所困惑干扰。

12. 布勃卡思维。凡事留有余地，力气不必用尽，把握在手的东西，要懂得慢慢享用，这就是布勃卡思维的精妙之处。

13. 丑角思维。最危险的地方最安全，这种丑角思维，体现了一种物极必反的哲理。拥有如此思维的人，同时也得拥有非凡的勇气。

14. 裁缝思维。眼前的对手，才是真正的对手；现实的问题，才是最有意义的问题，这就是裁缝思维的主旨。只有认真对待现实中的问题，人们才有可能真正改善自身的处境。

15. 囚徒思维。囚徒思维传达出这样的信息：人要懂得借势借力，自己要是没有能力去办好某一件事，那就一定得想方设法请个能人代劳；要是自己有能力，有时，也得考虑一下是否该让更有能力的人，把一件事情，办得更漂亮一些。

16. 浪子思维。设定一个较低的预期，以便营造更大的发展空间，这就是浪子思维的本质所在，从一种技巧的层面上看，这种思维，颇有陷阱的意味。

17. 多米诺思维。量变引起质变，这就是多米诺思维要说的道理。在这个世界上，你不可以忽视任何一个微小的事物，往往，一个微小的东西，很可能就是改变大局的触发点。

18. 质疑思维。大哲学家狄德罗曾经说过：怀疑是走向哲学的第一步。要创新，就必须对前人的想法加以怀疑，从前人的定论中，提出自己的疑问，才能够发现前人的不足之处，才能够产生自己的新观点。

19. 逆向思维。逆向思维，又称反向思维，是指从反面（对立面）提出问题和思索问题的思维过程，是以悖逆常规的思维方法，来解决问题的思维方式。

20. 横向思维。横向思维，是将由外部世界观察到的刺激，牵强性地与正在考虑中的问题建立起联系，使其相合，也就是将多种多样的或不相关的要素，捏合在一起，以期获得对问题的不同创见。

21. 换位思维。换位思维，就是设身处地将自己摆放在对方的位置，用对方的视角看待世界，这是一种非常有益又十分实用的好思维。

22. 换轨思维。换轨思维是一种非常有效的创新工具，当某一路径无法抵达目标时，及时脱轨便成为突破的关键。

23. 发散思维。发散思维的实质，就是突破常规和定势，打破旧框框的限制，提供新思路、新思想、新概念、新办法，所以，它是一种创造性思维方式。

24. 收敛思维。收敛思维同发散思维一样，也是一种创造性思维方式，它并非保守，它对各个方面、领域都是开放的。

25. 减法思维。在减法思维中，1–1>1。因为减少而丰富，这就是减法思维的要义。

26. 加法思维。加法思维有着奇妙的效果，就像画龙点睛故事当中，那个点睛的神奇一笔，虽然就加那么一小点，而原有的价值，就一下猛增起来，这种1+1 的结果，远远大于 2。

27. 系统思维。系统思维，要求人们用系统的眼光从结构与功能的角度重新审视多样化的世界，把被形而上学地分割了的现象世界重新整合，将单个元素和切片放在系统中实现“新的综合”，以实现“整体大于部分的简单总和”的效果。

28. 移植思维。英国科学家贝弗里奇说：“移植思维是科学发展的一种重要方法。大多数的发现都可应用于所在领域以外的范畴，而应用于新领域时，往往又促成进一步的发现。重大的科学成果可能来自移植。”

29. 推理思维。万物皆有关联，由此可以及彼，串点可以成线，有效牵住一线，或可掌控全局，这就是推理思维的价值所在。

30. 超脱思维。腾空大脑，抹去旧思维，用一种清新的眼光重新审视现实中的困惑，非常有助于问题的解决。

31. 效率思维。效率思维，就是有意识地将效率作风贯穿在思维活动中，以期取得卓越成效。

32. 分解思维。分解思维是一种独特的创新思维方法，其原理就是化大为小、化整为零，把大目标分解成小目标，然后进行累计得出总和，以达到创新目标。

33. 和田法思维。和田法思维给了我们这样一个启示，我们的大脑，经常需要摇晃一下，打乱原来的秩序重新来一个新组合，这样的话，我们的“视界”里才会经常保持一种新意，风光无限的景致也将因此不断展现在我们的生活之中。

34. 简单思维。最伟大的真理常常也是最简单的真理。因为任何基本的东西都是简单的，宏伟事业的核心是简单的，人类文明的根基是简单的，人性的本原是简单的，宇宙的出发点是简单的，一切创造的起点也是简单的。

35. 增值思维。增值思维是这么一种思路：在做某件事时，不妨打开思路，设想一下如何把它做得更漂亮，更有价值。

36. 立体思维。立体思维的意思是：从点到线、从直线到平面、从平面到立体，开发创新思维，需要有不断突破自我、不断突破思维局限和思维障碍的精神。

37. U 形思维。U 形思维的实质是：迂回前进。中国有一句古话：退一步海阔天空，其体现的，恰恰就是 U 形思维的妙处。

38. 极限思维。所谓极限思维，就是把所思考的问题及其条件进行理想化假设，当假设被一步步地推到极端时，问题的实质，便会水落石出。

39. 底线思维。底线思维体现了这样一种原则：当一件事情已经坏到底的时候，只会有两种可能：第一，不可能更坏了；第二，物极必反。设定最低目标，争取最大的期望值，这就是底线思维预期。

40. 进取思维。进取思维就是一种积极向上的处事方法，这里面包含着执着、信心和勇气。

41. 动态思维。动态思维是一种用变化发展的眼光看世界的方法，运用到生活中，就具有积极的意义。

42. 深入思维。深入思维就是坚持和执着，凡事只要深入坚持，就一定会有收获。

43. 超前思维。超前思维，用一老话说，那就是未雨绸缪，以长远的眼光，对未来早做谋划。

44. 光明思维。光明思维是一种积极的心理导向，是一种有益的心理暗示，是一种健康的心理品质。光明思维能激励创新者自强不息、见贤思齐，能激发创新者的生命潜能和创造潜能。

45. 糊涂思维。表面上，糊涂思维是一种纯化内心敏感度的方式，但实际上，这种方式是在给人生涂上一层百害不侵的防护膜，让人从容面对世界的本质，蓄意忽视人生路上的一切旁枝杂草。

46. 形象思维。从创新思维的角度来说，开发右脑功能的意义是十分重大的。因为右脑活跃起来有助于打破各种各样的思维定式，提高想象力和形象思维能力。

47. 想象思维。想象，是人类大脑中孕育智慧潜能的超级矿藏。想象力，能使思维充满创造活力。在诗人眼里，“人类所有才能中，与神最接近的就是想象力”。

48. 灵感思维。灵感思维是知识、信息等要素，经过大脑潜意识思维激活后，瞬间产生出目标所需的答案信息，并由潜意识向显意识闪电式飞跃的高能创新思维。

49. 梦象思维。梦象思维对于绝大多数人来说，并没有什么智慧可言，但对于一些科学家、发明家、文学家、艺术家以及其他从事创造发明的人来说，却能给人启迪，引出智慧之果。

50. 互动思维。互动思维是一种集体创造性思考法，其意为：一组人员通过开会方式就某一特定问题，出谋献策，群策群力，解决问题。

资料来源：豆瓣，https://www.douban.com/note/476045244/。

/ 实施任务 2/　结合项目运用创意思维的方法进行广告创意的思考

1. 任务的组织

（1）各小组先结合项目进行讨论，各自拟订个人的方案，然后小组再进行讨论，确定出小组的最后方案。

（2）老师组织小组之间进行交流，由各小组结合实际项目设计的方案进行相互讨论和交流；老师负责说明和决策。

（3）学习小组将完善好的设计方案提交老师进行评定。

2. 任务实施的要求

（1）每位同学都要积极参与，发表自己的观点。

（2）广告创意的思考必须紧密结合创意的思维方法要求进行。

（3）必须用电子文件和纸质文件将最后结果上交老师。

‖ 学习指导 ‖

1. 学习建议

广告创意是一种创造性思维的成果。创意思维无限，要多结合一些好的创意作品领会广告创意的思维方式；同样也应当结合一些创意广告案例，好好认识广告创意思维方法，开发自己的思维能力，并多结合一些现实的广告进行广告创意思维的练习。

2. 学习的重点与难点

重点：广告创意的思维方式

难点：运用创造性思维的基本方法

3. 核心概念

动作思维 形象思维 逻辑思维 发散思维 聚合思维 顺向思维 逆向思维 纵向思维 横向思维

‖ 课后思考与练习 ‖

1. 单项选择题

（1）广告创意是（　）思维的结果。

A. 常规性　B. 思想性　C. 独创性　D. 创造性

（2）广告创意的发散式思维是（　）的思维。

A. 同一方向　B. 垂直　C. 因果　D. 多向

（3）广告创意的逆向思维是指与平常思维（　）的思维。

A. 一致　B. 相反　C. 不完全相同　D. 相同

（4）广告创意的聚合性思维是与（　）思维对应的。

A. 横向　B. 抽象　C. 发散　D. 动作

（5）广告创意的横向思维要求是进行（　）思维。

A. 单向　B. 双向　C. 三向　D. 多向

2. 问答题

（1）简要说明思维的类型。

（3）简要说明思维的方法。

3. 案例分析题

一对恋人坐在火车的车厢里，看到一位养路工在检查铁轨，口渴了，拿起水壶但水已经喝光了，这时恋人中的女孩子真诚地把一瓶怡宝矿泉水递给养路工，养路工露出喜悦和感激的笑容。这时广告推出广告语“心纯净，行至美”。

[案例分析要求] 要求认真结合案例分析认识：

（1）结合广告创意思维策划一则以“纯净”为题材的广告创意。

（2）结合广告创意思考的方法思考一则“怡宝矿泉水”中的新广告。

项目 8 表现广告创意

★ **学习目标**

知识目标

1. 认识广告创意表现的要义、意义、基本原则。
2. 认识广告创意表现的形式。

能力目标

1. 能结合具体的广告分析理解广告创意的表现核心。
2. 能结合具体广告项目策划广告创意的表现。

⊙ **项目介绍**

通过前面两个项目的学习，我们建立了如何思考广告创意的理念，了解了进行广告创意思考的方式方法。本项目可以说是前面的延续，将广告创意思考的结果用具体的形式勾勒出来，并用一定“形式”反映出来。要注意的是，这个“形式”不是用画面、构图、声音等来表现的，不是实实在在的广告作品，因为这部分内容属于广告制作。这里所学习的广告表现还是以设想的文案、广告公司习惯的脚本、广告板等形式来反映结果的。

任务 1　学习和运用广告创意表现的理念

8.1.1　广告创意表现

1. 广告创意表现要义

广告创意表现简称为广告表现，可以从两个层面来认识。广义的认识，是指广告的创作与制作的环节，根据广告创意策划提供的思路要求，进行广告作品的设计与制作，通常由广告创意设计与制作部门执行，最后体现的是完整的、可供发布的广告作品。狭义的认识，是指将广告创意的思路通过各种传播符号，加以形象地表述，最终形成目标的广告创意意境的“样式的广告作品”。本项目是从后一角度认识的。如曾热播的 P&G 主打产品飘柔洗发水广告，主题是“飘逸柔顺”，广告创意的表现思路确定为“通过长发女子在出水之后头发的甩动表现主题”，并用广告文案或广告脚本、广告故事板等形式体现广告表现。

⊙小知识

电视广告脚本，即电视广告文案，是电视广告创意的文字表达，是体现广告主题，塑造广告形象，传播信息内容的语言文字说明，是广告创意（构思）的具体体现，也是摄制电视广告的基础和蓝图。

电视广告脚本，又称电视广告剧本，是广告文案在电视广告中的特殊形式。由于电视广告文案在写作过程中，必须运用蒙太奇思维，用镜头来进行构思，必须按镜头顺序进行撰写，这颇似电影文学剧本。所以，电视广告脚本是从电影文学中借鉴的。

资料来源：百度百科，电视广告脚本。

2. 几点认识

（1）广告创意表现是广告创意思考的具体结果。前面项目 6 和项目 7 主要说明了广告创意的要求和思考的方法，即在“项目 5 确立广告主题”后，认真地思考采用什么“意境”来独特地、有创造性地反映主题。假如思考有了结果，就是说广告创意表现有了思路，具体可以把想要的广告表现用一定形式反映出来，如文案或者脚本等。比如说，沃尔沃汽车确立的主题是“安全”，广告创意的思考结果是想到了“利用回形针的安全含义，并弯成汽车形状再结合标志”，形成沃尔沃汽车安全意境，并作为广告创意表现。在前面“项目 7 思考广告创意”中更多的是从广告创意思考的要求和方法上认识和运用，本项目广告表现其实就是把前面思考的结果体现出来。

⊙参考资料

广告故事板

广告故事板是广告艺术化作业阶段借助美术手段对广告创意所做的图画和文字的说明，是具体表达电视广告创意的故事式图画，又称广告创意效果图或故事画纲。通常为使广告创意说明的表现力更真实、具体，更有视觉上的感受，在拍摄制作电视广告之前往往会由专人来绘制电视广告的故事板。

故事板的作用主要是将创意进一步视觉化，绘制故事板对创作人员整理自己的创意构思很有好处。同时使用电视广告故事板也便于向客户说明广告创意。另外故事板还为电视广告制作单位提供了制作依据。故事板的绘制，要求每幅画面都要合乎创意的逻辑，流畅自如，能完整表现广告创意的内容。故事板是广告创意的翻版，它必须突出广告的主题，使广告拍摄制作能够按广告创意的要求来完成。

资料来源：百度知道，广告故事板。

（2）广告表现与广告制作活动紧密相连。在确定了广告主题与广告创意表现之后，要通过具体的广告作品把它们表达出来。我们可以把形成广告实际作品的整体活动过程称为广告制作。例如，极富有创意的麦当劳广告经过类似电视作品的拍摄形成了广告作品，把快乐麦当劳的主题和创意表现了出来。毫无疑问，广告制作与广告表现的关系是非常密切的。

⊙小思考

广告制作与广告主题、广告创意有什么关系？广告制作与广告表现有什么关系？

要注意，只有好的广告制作才能把广告计划表现的广告主题和广告创意表现出来；好的广告表现只有借助好的广告制作才能实现；而好的广告制作要一直按照广告计划要求表现的广告主题和广告创意"意境"来完成。由此可见，广告制作是广告作品形成的过程，广告表现是广告作品的思想，两者是不矛盾且可以统一的。实际上好的广告作品就是融合了广告制作和广告表现的结果。

好的广告作品具有强烈的艺术感染力促进受众改变商品观念，巨大的诱惑力吸引受众产生购买欲望、强大的驱使力促进广告受众购买商品。广告制作的水平高低直接决定了广告活动的成功与否。

⊙小案例

在2015年美国橄榄球联盟年度冠军赛"超级碗"（Super Bowl）上，麦当劳的全新广告"用爱买单"(Pay with Lovin') 被《时代周刊》(*Time*) 网站评为今年"超级碗"最佳广告之一。而影片中"用爱买单"的动人情景，也是餐厅中的真实体验。顾客可以用爱紧紧拥抱身边的人、给母亲打个电话说"我爱您"、现场跳一支有爱的舞等"有爱"的方式，免费得到麦当劳美食。类似的情景亦在中国的麦当劳发生：情人节期间，购买咖啡饮品后，可用你与爱人的亲吻换取一杯慕斯。活动在社交媒体上收到热烈反响。

资料来源：成功营销官方网站，麦当劳做美妙的营销，http://www.vmarketing.cn/index.php?mod=news&ac=content&id=8426。

8.1.2 广告表现在广告活动中的意义

富有表现力的广告作品可以不违背广告主题和创意的初衷。广告创意表现在整个广告活动中具有重要意义。

（1）广告表现是广告主题的创造性反映。广告表现是围绕广告主题的有效展现来思考的，是要为广告主题服务的。为了增强吸引力，广告创意人利用富有创造性的“意境”来表现主题。例如，立白洗洁精，主题卖点是“不伤手”，如何更好地展示主题，广告创意人想到了利用生活中的素材，创造了“丈夫对妻子的关爱意境”来表现主题。一是夫人愿意洗锅碗瓢盆，说明因为用立白洗洁精不伤手；用完了，夫人叫二子去买，二子马上听话去买，体现对妻子的关爱；同时夫人问买什么牌子的，二子马上回答“买立白”，体现的是家里常备习惯用了的喜欢的牌子；二子懊恼地回来说立白的卖完了，但并没有买别的牌子，体现专一；夫人说那一大堆碗筷怎么办，二子马上说“夫人的手要紧”，二话没说，就自己用开水洗了，体现核心点；同时二子边洗边说，“下回我一定要把所有的洗洁精都买回来”，强调了喜爱；整个广告再加上陈佩斯和夫人惟妙惟肖地演绎，让人很喜欢，可以说这则经典的创意广告对立白的成长功不可没。从这个例子也可以说明，广告创意首先要明确所要表现的意境，再用很多的元素去表现这种意境的。

（2）对具体广告作品制作起到重要的指引作用。广告创意表现已经基本上是广告作品的雏形，可以把广告创意思考的意境，用文案或脚本的形式更加清晰和具体地反映出来。所以，它对广告作品制作可以起到指引的作用，保证了创意的实现。

8.1.3 广告创意表现的基本原则

广告创意的本质是商品化信息的艺术加工，是要为广告主题表现服务的，是一种具有功利性的经济行为，所以，不能天马行空，是“带着枷锁跳舞”，在不自由中寻找更高境界的自由，也许这正是广告创意的迷人之处。广告创意要按照一定的原则要求进行。广告人在长期的广告实践中总结出不少的广告创意的基本原则。广告创意的基本原则包括新颖独特性、目的性、主题性、关联性、震撼性、现实性、情趣生动七个方面。

1. 新颖独特性原则

广告创意是一种创造性的劳动，必须具有原创性。原创性是保证品牌独特性的根本。保证原创性从而表现出具有独特性，与竞争对手的不同，与自己以往的广告的不同，成为广告商品独特的标记。进一步还要注意，这种不同必须是具有新颖性的不同。广告商品是用来满足人们的生活需要、提升人们生活品质的劳动产品。具有新意的商品广告成为必要，广告正是以全新的形式吸引着受众的注意，广大消费者也正是通过广告认识了各种新型商品。所以，新意是广告创意的核心。模仿是徒劳的，好的广告创意是广告人最终的、最高的追求目标。

创新是广告生命力所在，创新为广告提供了不竭的动力。例如，百事可乐和可口可乐不断推出新的有创意的广告。不能因循守旧，要意识到社会是不断向前发展的，不能故步自封。例如，现在的人接受了身为体育运动员的“网红”，第31届里约奥运会，参加100米仰泳半决赛后晋级决赛的杭州姑娘傅园慧被采访时说话表情夸张得让人难于置信，这段“洪荒之力”使她迅速走红网络，泳坛“小公举”获封“行走的表情包”“泥石流女神”，几小时内，她的微博粉丝数量增长了近60万（其称参加奥运首先要开心，是一位“乐天派”）。宁泽涛被誉为“国民老公”，也打破了西方人对亚洲男子的传统看法。所以，广告创意活动不能因循守旧、墨守成规，要勇于和善于标新立异、独辟蹊径。

激烈的市场竞争，广告商品要从众多的同类商品中脱颖而出，就必须具有独特的竞争优势；而从广告宣传上来说，广告商品要从同类商品和非同类商品广告的海洋中脱颖而出，独特的创意必不可少，这样才更能使广告被受众注意，从而促成受众心理感应直至购买。

⊙小知识

幽默广告的作用

幽默广告的故事性、戏剧性很强，能够更有效地吸引消费者的注意，能够增强消费者对广告的记忆，有助于对广告的理解，能够给人一种快乐感，从而让消费者对广告和广告产品产生好感。

2. 目的性原则

广告活动的根本目的是促进企业和商品品牌的塑造以及商品的销售。广告创意活动也不能违背这一原则，广告创意不能为了创意而进行创意，而必须紧紧围绕促进商品销售、品牌塑造这一核心来进行。而按照这一原则要求，广告创意就不能只追求创意怎么好，而要密切注意创意能否被理解和对最终商品销售的意义。例如，有一个不成功的例子，双汇火腿肠广告请了冯巩、葛优两人一同演绎广告。浑身充满着笑的细胞的冯巩、葛优一出现，就会使消费者产生一种笑的期待，表演诙谐有趣：双汇火腿，省优、部优、国（葛）优。广告巧妙地利用了谐音，葛优与国优。事后广告效果测试发现，极具幽默感的演员和诙谐有趣的语言所发出的光芒，遮盖了广告所要诉求的对象双汇火腿，相当一部分消费者甚至认为这是其竞争对手春都牌火腿肠所做的广告。广告失误的地方在于使消费者仅仅停留在广告的本身，而忘了做广告的产品品牌。

创意表现时应当尽可能利用多种创意元素突出广告商品的卖点。例如，前面提到的立白洗洁精广告，就利用了“夫人的手要紧”“二子买什么牌子的？二子回答是不伤手的立白”等。

3. 主题性原则

“漂亮的广告不是优秀的广告”。广告创意的生命力在于充分反映广告主题，使受众认识广告意图传递的主题信息。广告创意的艺术表现形式要充分体现广告主题。例如，有一种能使制作甜饼操作程序简化的甜饼粉，广告主题要反映的是这一点，创意人制作了两则广告。第一则，屏幕上出现了一个满脸滑稽的大师傅，以卓别林的幽默动作，在制作小甜饼。另一则，广告中出现一个活泼可爱的小女孩，取来一盒甜饼粉，按照包装上的制作图示，边念边做按照程序取粉、加水、放入烤箱，她刚刚在洋娃娃和自己面前摆好碟子和叉子，烤箱定时器就响了，她立即打开盖子，小姑娘一脸惊喜（甜饼大特写）。两则广告都有一定的创意，但前者只是为了创意而创意，没有很好地展现广告主题，后者则把要展现的主题通过小姑娘的轻松表现表现了出来，无疑，是更加理想的。

所以，广告表现思考时要围绕已经确定的广告主题来进行，必须能真实的体现所策划的广告主题与创意“意境”的本意。这是因为广告的本质意义在于展现广告商品的信息。而这些信息的中心就是通过广告主题来体现的并通过广告创意得到更深入地体现。所以，与主题一致是广告创意的最基本原则。

⊙小案例

某洗衣机确定的广告主题是“这是一部超静的洗衣机”。但在广告表现上却是采取一家人嬉戏打闹的形式来予以表现。可以说广告创意表现与广告主题是两张皮。并没有把洗衣机的“超静”的中心主题表现好；在创意表现上围绕“超静”也没有采取好的意境予以表现。

4. 关联性原则

广告创意要关联到商品、消费者、竞争者。这一点在学习伯恩巴克的 ROI 理论时已经做了认识，在这里再强调其作为最基本的原则要求。关联到商品，是因为消费者关注商品带来的实际利益和精神利益；关联到消费者，是因为消费者是决定性的因素，只有消费者被引起注意，感兴趣被吸引，广告才有效果可言，所以，广告要关联到消费的真正需求；关联到竞争者，是因为广告一定要有独创性，主题创意一定要新颖独特。

5. 震撼性原则

这一点同样在学习 ROI 理论时做了说明，在这里再强调其作为最基本的原则要求。广告要给受众一定强度的刺激和冲击力，才能引起他们更多的注意、更强烈的兴趣、更强烈的心灵拨动。广告的震撼性包括视觉和心灵两方面。这也因为广告信息在相互掩盖，没有一定的震撼性难以脱颖而出。

6. 现实性原则

广告商品是生活中的商品，是为满足人们生活便利、提升生活品质服务的。如冰箱坏了需要更换，大家对冰箱并不陌生，没有必要把它说成是“天外来客”。许多的新商品也是因为生活中人们有这样的期望，“要是有某种商品就好了”，而生产厂家就是了解到这一点，才进行开发生产的，所以，这样的商品同样不是很陌生的，如地宝、家用机器人等。由此引出重要的创意思路要求，应该从为生活服务出发，寻找创意题材。如黄磊演绎的新飞冰箱就是如此；合肥三洋帝度（DIQUA）冰箱《玫瑰篇》广告也是如此，主题可以是“让爱保鲜”；也请了林志玲代言演绎冰箱和洗衣机广告，它们是“高端生活的一部分”。

7. 情趣生动原则

生活是美好的，人们都向往着生活带来的快乐和幸福。作为生活中的广告商品，是为满足人们的生活便利和提升生活品质服务的，所以，广告商品要成为能增添人们生活情趣的商品。因此，广告创意表现要注意多用增添快乐和幸福感的元素来体现广告主题。例如，幽默的广告、麦当劳小婴儿篇广告、士力架和脉动广告，等等。

8.1.4 广告创意表现发展的新原则

市场是发展的，社会经济、文化、技术等方面都是不断前进的。广告作为为商品市场服务的工具，自然也要跟着向前发展。广告人在广告实践中有了许多广告创意新的思考，在广告创意活动中也是要加以注意运用的。

1. 思想性原则

广告活动是一种存在各种复杂关系的投资活动，包括广告中人与商品之间的关系，广告中人物与人物之间的关系，广告中人物与社会之间关系，广告中人的价值观、生活观、人生观、社会观、世界观等方面。在广告中必定会涉及多个方面的关系，需要广告人认真进行处理。因为这些关系的处理，就具有很强的思想性。而有的思想是社会摈弃的，有的思想是社会推崇的。只有社会认可的思想才能被更多的受众接受，从而更好地接受广告商品。如某牌子的蚝油广告，丈夫从外面回来，衣服一扔就躺在沙发上，这时妻子从厨房端出菜，说加了某牌子蚝油，请丈夫吃饭。这则广告就是明显的带有“男主外，女主内”的封建思想；相反的，由陈佩斯演绎的立白洗洁精经典广告，“夫人的手要紧”则深受大家喜爱，也成就了立白的辉煌；而现在比较少出现讲“帝王享受”的广告了，也是广告的一大进步。再如现在的人们更多的是向往和追求“自由惬意的生活”，所以，由韩寒演绎的雀巢咖啡广告“活出感性”特别受年轻人喜爱等例子，都共同说明了一点，要注意广告创意的思想性。

广告创意表现应当注重以积极、上进的思想意识去展现广告主题。例如，在广告表现时让深受青年人喜爱的明星人物来展示广告商品则效果很好，相反，使用一些绯闻缠身的明星则会使效果大打折扣，甚至是起反作用的。

最后，要注意思想的火花是美的，人们对耐人寻味的、深邃的思想是推崇的、向往的，特别是一些高端的商品，在广告创意时要通过深入的思考提升思想性。

2. 适度性原则

广告是商品化的艺术，必须以适度的艺术加工达到更好地表现广告主题为原则，而不应为了艺术而艺术。所以，在广告表现中要注意把握好分寸，不要过度的渲染和夸张、强调艺术性，要能使广告作品不晦涩难懂，容易理解和亲近大众。这里还要说明的是适度表现还要注意广告的受众对象：针对普罗大众，可以更加容易理解一点；有的时候广告商品面对的是较高层次的消费者，针对高端的人群可以多考虑艺术性，可以把广告创意加深一点，如香奈儿 5 号香水通过国际影星妮可等来演绎，用高端“梦幻般的神奇”意境来表现香水处于前列的定位。

⊙小案例

著名的香港国际影星张曼玉为香港 PT 珀金做广告，由于广告商品针对的是高端消费者，所以，广告表现上采用了较强的艺术性形式进行表现。通过张曼玉以真女人的形式表现了 PT 珀金“最懂女人心”“为女人度身定做”的主题。

要注意把握住广告是商品化的艺术，并不都要求一鸣惊人的创意。一般的广告商品是面对普罗大众的，面对的是真实的生活，这就要求广告的创意不要太深奥，使受众费劲思量，要考虑受众的教育程度、能接受的程度；进一步来说，主要的广告商品也是生活中的商品，是人们天天见到而非常熟悉的，没有必要用太大的创意来促进认识。

3. 生活化原则

广告商品是生活中的商品，其供人们享用并伴随着人们的生活，也就是说广告商品是为消费者更好地享受生活、幸福地生活服务的。所以，广告就是要将广告商品置于生活的真实场景中，使到受众能够感觉到广告商品在生活中给生活带来的意义。而从生活中选择素材，受众看到这些广告时就会发出会心的微笑，容易产生共鸣。例如，广东立白洗洁精就采用了一对家庭夫妇在生活中为了洗锅碗瓢盆发生的故事。洗洁精用完了，由著名演员陈佩斯演绎的“家庭主男”出于“夫人的手要紧”的考虑，自己动手帮助夫人用传统的方法洗好碗。

所以，要求广告创意要符合尽量来源于生活的素材。“艺术要源于生活，高于生活”，商业广告创意艺术也同样应该升华为这样一种生活的艺术。广告创意应有生活的根基，通俗易懂，在生活中长生常见。例如，耐克曾在戛纳获奖的一则广告，就是直接取材于生活，广告直接展现的是街头上来来往往的人群中许许多多的人穿的都是耐克的鞋，不言而喻耐克是何等的受欢迎。而要注意的是脱离了生活基础的广告往往是难以有效的。

⊙小案例

浙江纳爱斯集团推出的雕牌牙膏，其中一则广告表现的主题是小孩对雕牌牙膏的喜爱。表现形式是采用“新妈妈与小孩利用雕牌牙膏作为拉近关系的纽带”，展现对小孩的关爱，广告表现的生活现实性强。

实践证明，来源于生活的广告效果显著，因为商品很自然地就被大家接受了，甚至广告中所展示的场景成为大家争相学习的生活模式。例如，由国人喜爱的“中国媳妇蒋雯丽”演绎的欧派橱柜广告，受到大家的喜爱，温馨的家庭场景，欧派橱柜带来了家的欢笑和温暖，“有家有爱有欧派”的广告语深入人心，广告商品也成为高端消费家庭热衷购买的品牌商品。

4. 社会性原则

广告是一种面向广大目标受众、借助大众媒体进行信息宣传的一项社会性活动。这就要求广告主题内容和创意要符合社会观念的发展，满足目标受众的心理需求。例如，随着社会的发展，许多人对在交际应酬中大吃大喝不感兴趣，而热衷于更为健康的活动，如跳交际舞和拉丁舞、打球切磋球艺、登山跑步、联谊联欢活动等，在广告主题的创意表现中就要加以注意了；再如人们的健康意识引发全民的修身运动，各种拳术培训班、瑜伽班遍布大街小巷；还有就是激烈的社会竞争，激发了人们再学习的积极性，大家积极投身于各种证书、技能培训班、学历教育的学习。以上这些，都需要我们广告人去充分认识，在广告创意活动中很好地加以利用。

同时，前面已经说明广告是一种具有思想性的活动，在面对社会上千千万万的家庭时，要注意按照社会的发展基本规律，适度在人们的观念上引领社会。例如，伴随着我们国家政治、经济、文化、社会的发展，人们的思想观念也得到了很大发展，过去不敢谈金钱、不敢谈享受生活，现在已经习以为常。所以，在广告创意活动中要注意适度地引领，如男士化妆品，“大宝，咱老爸也用”和“大宝天天见”，促使人们对男士使用化妆品的接受；由影星吴彦祖代言的欧莱雅男士洗面乳，就引发了男士对化妆品的消费热情。这些例子，都说明了广告具有强烈的社会性。

5. 促销原则

广告创意的目的或终级目标是促进销售。广告品牌形象大师奥格威曾指出，

"我们的目的就是销售，否则便不是广告"。他的话直指广告的本质目的。促进商品销售应当成为广告创意的圭臬。所以，要求必须充分掌握产品、竞争对手、消费心理等各类信息，从中发现或挖掘出能有效达成广告目标的创意主题。例如，P&G"尿不湿"，原来广告诉求主题是"方便"，市场中遇到阻力，后来改成"更舒适、更多呵护"就打开了销路。

6. 印象原则

广告要通过简洁明了的形式，增强受众印象。例如，脑白金广告"送礼就送脑白金"，简洁明了，让人容易记住；黄金酒"我女儿送的"也是同样。具体来说，要求广告创意要做到以下三点：

（1）意境要让人觉得形象。如前面提到的菲尔普斯演绎的马自达"睿翼"汽车，生动、逼真、形象地展现了该车的性能，又可以使受众增强记忆；捷豹（Jaguar），英国的一家豪华汽车生产商，车标为一只正在跳跃前扑的美洲豹雕塑，矫健勇猛，形神兼备，具有时代感与视觉冲击力，既代表了公司的名称，又表现出向前奔驰的力量与速度，象征该车如美洲豹一样驰骋于世界各地。

（2）有可以增强记忆的形象的意境。例如，"康美之恋"；鹰牌花旗参茶，利用展翅的雄鹰作为个性"图像"符号，让人印象深刻；蒋雯丽演绎的欧派橱柜广告，展现了幸福之家的美好意境，让人难忘、喜爱。

（3）以美的形象让人形成难忘的记忆。一些大牌都请一线的过季影星代言自己的产品，目的是给受众留下美好的印象。受众也因为明星的魅力，记住了哪家的品牌商品广告是请哪一位明星演绎的。如李冰冰演绎的华祥苑正韵茶广告、孙俪接替蒋雯丽代言欧派橱柜，还代言丹麦蓝罐曲奇，也是为了让受众注意到。

7. 科学合理性原则

广告创作活动充满了不同事物之间、现实与虚幻、真理与荒诞、幽默与讽刺、具体与抽象之间的碰撞、交融、转化、结合。不同事物之间的关系遵循事物的原理、社会生活的道理，并且需要发挥策划人的想象力，用大胆、最异想天开的方法去创造广告作品。例如，楼盘广告的地理位置与交通和教育生活配套应作为创意表现的题材。相反，违背了科学的道理，广告是会被受众诟病的。例如，××电风扇广告，借用唐僧师徒四人过火焰山为创意题材，孙悟空为了扑灭火焰山翻筋斗云到了电风扇厂家，拿到电风扇去扑火焰山的火。这样的广告违背了科学道理"风助火势"。再例如××学习机广告，"好爷爷都买××学习机"，这样的广告有悖常理。

8. 产品相关联原则

广告创意要与所做的广告产品相关联才能产生更强的效果。例如，草珊瑚含片广告，请葛优演绎可能就不如请男高音戴玉强或者男中音廖昌永等歌唱家来代言好。再如广西金嗓子喉宝，请巴西足球明星罗纳尔多演绎，非常想当然，效果肯定比不上请老师、播音员等来演绎。而正有这样的例子，健民咽喉片就是请群众演员演绎的。前面提到欧派请蒋雯丽演绎，因为蒋雯丽被国人评委中国好媳妇之一，请她演绎幸福的家园再好不过了。再如1996年法国戛纳国际广告节获平面广告金奖及全场大奖的沃尔沃汽车广告（安全别针篇），一直被广告界奉为创意经典。整幅画呈现在白底画纸上，一只弯曲成汽车轮廓的安全别针，居于中央。画面右下角印有VOLVO字样。单纯、简洁，商品个性和创意表现关联自然，别针在西方就叫作安全别针，两者之间的过渡是非常自然、贴切的，商品个性与创意表现关联是自然熨帖的，没有一丝斧凿痕迹。

⊙小资料

通过《爸爸去哪儿》第二季的播出，公认的国民暖男“黄小厨”黄磊，深受观众喜爱。这个隽永诗意般，且拥有好厨艺的男人，在生活中得到改变和成长。黄磊对于家庭工作生活的观点，如同新飞冰箱传递给消费者的理念“时刻保护最在乎的他，让每一刻的幸福都如此新鲜”。相信我们的国民暖男与新飞会擦出耀眼的火花，开启全民保鲜新时代。

资料来源：商业电讯，http://www.prnews.cn/press_release/106127.htm。

最后，再举一例，就是林志玲代言三洋冰箱和洗衣机。林志玲甜美的形象与优雅高贵的气质，再加上招牌式的娃娃音和“宅男女神”地位，使她成为聚揽超高人气的国际级多栖明星，三洋帝度定位为国际化高端家电品牌，可以说是“一拍即合”。

9. 简洁甜美原则

这一原则又称KISS原则。KISS（keep it sweet and simple），意思是简洁而甜美。广告大师伯思巴克说，“假如你不能把你所要告诉消费者的内容浓缩成单一的目的、单一的主题，你的广告就不具有创意”，“在创意的表现上光是求新求变、与众不同并不够。杰出的广告既不是夸大，也不是虚饰，而是要竭尽你的智慧使广告信息单纯化、清晰化、戏剧化，使它在消费者脑海里留下深刻而难以磨灭的记忆。”因为消费者普遍都有喜简厌繁的心理，所以，要多从这一原则思考广告创意。例如，美孚石油公司曾多年使用红天马作为意象象征以标明其服务站，而不用美孚（Mobil）这个简单的词（孚：深孚众望，信任、信实），原因是广告创意人员认为汽车驾驶员看到红天马时会感到快乐，它使人联想到敏捷、力量与迅速，而美孚这个词则相对枯燥失色。然而，事实证明，美孚公司对红天马的期望过高，终做更换。成功的例子，如杨澜演绎的左右沙发广告，是非常KISS的，“幸福不远，就在左右”；波司登羽绒服广告，演绎的就是年轻人追求简洁甜美的时尚服装。

⊙小案例

KISS

晶晶亮，透心凉（雪碧汽水）
海尔，真诚到永远
可口可乐，真正的可乐
金利来——男人的世界
康师傅——好吃看得见

广告创意必须简单明了、纯真质朴、切中主题，才能使人过目不忘，印象深刻。如果过于追求创意表现的情节化，必会使得广告信息模糊不清，使得受众不知所云。伯恩巴克认为，在创意的表现上光是求新求变、与众不同并不够。杰出的广告既不是夸大，也不是虚饰，而是竭尽你的智慧使得广告信息单纯化、清晰化、戏剧化，使它在消费者脑海留下深而难以磨灭的记忆。例如，贵州茅台酒的广告“空杯尚留满室香”，一切尽在不言中。以一语天然万古新，豪华落尽见真淳的简洁、质朴创意，征服了大众，给人疏朗、明快之感。像一首唐人绝句，多一字则累赘，少一字则害意，给人留下了深刻印象。

再从广告法律法规要求来认识，一则广告的时间是有具体的要求，《〈广播电视广告播出管理办法〉的补充规定》（自2012年1月1日起施行），对广播电视播出时间进行了限制，而媒体是按播出时间向广告主对象收费的，再加上受众也不耐烦看很长时间的广告，所以广告不能费时过长。

⊙小知识

《广播电视广告播出管理办法》（广电总局令第61号）第十五条　播出机构每套节目每小时商业广告播出时长不得超过12分钟。其中，广播电台在11:00～13:00、电视台在19:00～21:00，商业广告播出总时长不得超过18分钟。在执行转播、直播任务等特殊情况下，商业广告可以顺延播出。

第十六条　播出机构每套节目每日公益广告播出时长不得少于商业广告时长的3%。其中，广播电台在11:00～13:00、电视台在19:00～21:00，公益广告播出数量不得少于4条（次）。

第十七条　播出电视剧时，可以在每集（以45分钟计）中插播2次商业广告，每次时长不得超过1分30秒。其中，在19:00～21:00播出电视剧时，每集中可以插播1次商业广告，时长不得超过1分钟。播出电影时，插播商业广告的时长和次数参照前款规定执行。

而要在短时间内将广告主题清晰地表达，就要求广告人要秉承简约的原则进行广告制作。不以烦琐的关系、费解的所谓新意，而应该以简约的关系、简明的意思让受众接受，尽量减少受众的接受成本。再有，广告更多的是借助大众传播媒体进行传播，而这些大众传播媒体都是大家日常生活中作为新闻娱乐的工具。烦琐的广告关系容易使人们厌烦，产生排斥的心理而不愿意接触广告，广告效果也就无从谈起。

⊙小案例

某则广告采用了系列的广告形式，第一则广告是整版的空白，只留“敬请等待”；第二则广告还是整版的空白只留“还须等待”；第三则广告则是整版空白“再耐心等待”；第四版才推出新的楼盘广告。实际上在广告播出后进行广告效果测定发现，广告效果微乎其微，前面的广告几乎打了水漂。其实分析起来道理很简单，一般的消费者谁都不会去耐心等待和关心一则广告。要注意，广告是以被动吸收为主的一项经济活动。

10. 以情动人原则

情之所至，金石为开。在一个高度成熟的社会，消费意识也日益成熟，消费需求追求发生了新的变化。感性消费时期消费者不仅仅注重广告商品的性能和特点，更加追求的是一种与自己内心深处的情绪与情感相一致的感觉。人最美好的感觉是感动。情是最能打动人的。情感是人们永恒的话题，俗语有言道“天老情难老”，以情感为载体来进行广告创意是广告的重要趋势，因为广告作用的机理说到底，就是激发人们的七情六欲。所以，广告创意应以真切动人的情感，朴素的情怀之力打动广告受众。例如，前面提到过的雕牌洗衣粉广告“你妈非要来”、铁达时手表“time is love”广告等。

11. 适度原则

广告创意，其实是采用各种手段强化与突出某种品牌与产品信息的方式。而有些创意人至今还着迷于深奥得不容易看懂的创意，创意的目的不是增加消费者的接受成本，而是减少消费者的接受成本。创意要结合商品的特性做到适度，一般的商品都可以加大渲染引起消费者的注意，但要注意适度渲染。例如，一般性的商品快食面、矿泉水等，并不是什么“皇帝”才能享受的东西。而是“你我的怡宝”；快食面就是“不时之需”的东西。

适度原则要求一般性商品尽量贴近生活。对于高端的商品，要注意受众对精神利益需求的满足。有些高端的香水、饰品都是如此的，可以有更多的有深度思考的创意意境。如，香奈儿5号香水广告，拍的就是有一定深度创意的，主要是通过故事表现香水“魔幻般的力量”。

12. 受众导向原则

不同目标受众具备不同的认知能力。广告的创意要结合他们的接受能力和心理需求来开展创意。

（1）针对婴儿。创意可以多考虑从母爱、婴儿健康成长出发去开展。例如，惠氏婴儿奶粉，就是利用婴儿的健康成长进行创意表现的。

（2）针对儿童。创意可以多从母爱、儿童健康快乐成长出发去发展。例如，舒肤佳香皂广告，“有效除菌，保护家人健康”。也可以多以父爱表现，如麦当劳《父子篇》，表现父亲带儿子去麦当劳的浓浓父子情。还可以多从儿童的天性如好奇好玩出发去表现，如 ROLO 糖广告。再可以多从家庭快乐出发去表现，如蒋雯丽代言的盼盼食品“法式小面包”广告等。

（3）针对少年人。多表现天真烂漫、清新、阳光。例如，Nike 运动鞋广告。

（4）针对青年人。可以多以朝气、力量、时尚、阳光、快乐表现创意。例如，嘉士伯啤酒广告，利用青年人喜欢的 K 歌的形式表现。

（5）针对中年人。可以多从成熟、稳重、责任感等方面表现。例如，七匹狼男装，演绎的就是成熟男人的魅力。

（6）针对老年人。可以多从快乐、安逸、夕阳红、家庭温暖等方面进行表现。

⊙小资料

史玉柱的脑白金和黄金搭档广告。一般来说一个品牌被大家认可是要经历三个阶段的，那就是知名度—美誉度—忠诚度。在现在的中国，品牌竞争如此激烈，把脑白金打造成礼品的概念，作为礼品销售，符合了现在人花钱买健康的理念。大密度的广告投放，是打开知名度的重要手段，至于广告的美观度有待商榷，毕竟脑白金所面对的是中老年人群，他们对产品的认知，大多是来源于电视。在他们眼中也不可能认为谁的广告做得好，就认可谁，关键的还是拿到家，喝了效果到底怎么样。

以上提到的是以年龄阶层进行分类策划表现创意。为了适应目标受众还要多从社会阶层进行分类策划表现创意。例如，针对成功白领中高收入阶层，广告创意策划要多从“事业有成，家庭幸福”方面进行，如多则楼盘广告。

必要时还要考虑地域不同的广告受众。例如，有利于辅助中老年降压的饮品桐辉茶，就是在电视剧《外来媳妇本地郎》在广东珠江电视台热播的期间大做广告，请剧中主角康伯与康婶用当地人熟悉的粤语做广告，使商品很快家喻户晓，创出了品牌。

另外，有时还要考虑面对的受众对象的文化水平和认识能力。例如，张曼玉演绎的香港 PT 铂金广告，针对的是香港高收入的阶层，所以，广告创意是比较深邃一点的。相反，针对农民的广告，如农用化肥、种子的广告，创意就应该直接一点。

进行以上方面的思考，就是要使广告创意被广告受众很好地领会吸收。这样才能成为广告成功的创意。

13. 系统性原则

广告创意要求综合考虑多方面的因素，要考虑主题的要求，要考虑社会环境的发展。

14. 观赏性原则

广告创意要有吸引受众欣赏的方面，要给人美的感受。现实生活中人们都追求美好的东西，正所谓“爱美之心人皆有之”。所以，应当在广告中展现画面的美、人物的美、故事的美、心灵的美，等等。

15. 故事性原则

广告创意能够利用一定的故事情节，吸引人们的注意力。许多国外的广告比较喜欢采用故事性很强的创意手法表现。因为故事情节往往引人入胜，容易吸引受众看广告，从而取得广告的成功。如张艺谋拍摄的雅虎广告，冯小刚拍摄的周大福广告，彭于晏和桂纶镁演绎的益达的“酸甜苦辣”广告，等等都是故事性很强的广告，而且效果不错。

16. 整合性原则

广告创意要符合市场整体营销目标，服务于市场营销目标的实现。广告创意必须与广告目标和营销目标相吻合，服务于它们。广告创意要通过广告主题的诉求，实现广告目标。同时要意识到广告目标是服务于营销目标的。从这些相互关系中，我们可以认识到要把广告创意表现与整体市场营销的要求结合起来。如前面提到的帝度冰箱，走的是国际化道路，高端市场的定位，所以要请具有与这些定位相一致的明星表现，形成的创意意境才符合要求。

17. 关注原则

日本广告心理学家川胜久认为，“捉住大众的眼睛和耳朵，是广告的第一步作用”。奥格威也说过，“要吸引消费者的注意力，同时让他们来买你的产品，非要有很好的点子（创意）不可”。例如，江苏盖天力制药股份有限公司的“白加黑”感冒药，1995 年上市仅半年营业额就突破 1.6 亿元，市场占有率达到 15%，在营销传播界被称为“白加黑”的震撼。当时其中一则电视广告是这样的：五彩缤纷的电视画面突然消失了，屏幕一半黑一半白，而且信号极不稳定，正当大家着急时，突然看到屏幕上出现了一行字：“感冒了，怎么办？你可选择白加黑的方法。”紧接着的诉求是“白天服白片，不瞌睡；晚上服黑片，睡得香”。这则广告可以说很好地运用了引发受众关注、吸引受众注意的广告机理。广告只有被受众注意到了，广告受众才可能产生其他的心理活动和变化，这就是 AIDMA 广告心理法则。

18. 冲击性原则

广告主要指的是报纸平面广告，要把视觉张力摆在首位，也就是把广告创意的吸引力摆在首位。如画面的美、构图的美、色彩的美、人物的美、寓意的美等，以美好的感受深深打动人。

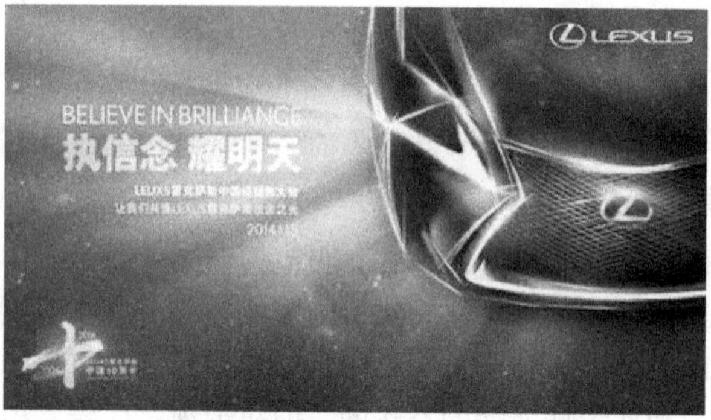

19. 合乎法律、社会责任原则

创意必须符合广告法律法规和社会责任要求。虽然广告竞争的火药味浓、社会新观念不断发展。但是要注意广告要受到广告法规、社会伦理道德和不同国家、民族的风俗习惯的约束，要为社会提供正能量。例如法律要求不能在公共场合做香烟广告、比较广告、以“两性”为诉求点的广告。

⊙小知识

2015年9月1日，新《广告法》正式实施。新《广告法》明确规定，“不得利用不满十周岁的未成年人作为广告代言人”。法律做出这一规定主要是考虑儿童属于无完全行为能力者，进行广告代言既违背了广告的真实性原则，也不利于其身心健康成长。今后，只要明星代言的是虚假广告，将负有连带责任，工商部门可依据新《广告法》没收其违法所得，并处违法所得一倍以上两倍以下的罚款。

20. 注意国外广告目标受众的文化差异

现在，有许多企业的产品进入欧美、东南亚乃至世界各地的市场。每一国家地区的社会文化、法律等都是不同的。在广告创意思考时要加以注意。例如，最具争议的广告品牌“贝纳通”，贝纳通（BENETTON）是意大利的时尚服装品牌，在广告界创下了诸多的争议与奇迹。按时尚的说法，它算得上是最酷的品牌，奇迹来自它的广告，它所做的广告已经超出人们对服装广告的期待，成为“有争议广告”的代名词，在世界各地，要么获得大奖，要么被封杀。1985年贝纳通公司以“全色彩的贝纳通”（united colours of Benetton）为广告主题，在致力于展现“世界的全部色彩”（All the colors of the world）以及“种族和谐”的过程中，不得不承认这个世界有不可逾越的“文化鸿沟”和宗教、种族禁忌。1988 年该公司推出一幅裸露出一个乳房的黑人妇女在哺乳一个白皮肤的婴儿的广告宣传画，虽然广告在提倡种族和谐，却招致黑种人和白种人的强烈抗议，美国的黑人社会反应更加强烈，他们认为广告隐含了对殖民时期黑人奴隶的嘲弄。不同国家的文化差异，常使“全球统一化”的贝纳通陷入尴尬。1991 年贝纳通曾采用了三个小孩伸出舌头的广告形象，本意是尽管我们肤色不同，舌头的颜色却相同。这则广告在英、美、意、德获了奖，却因受到伊斯兰国家的谴责而被撤销。1991 年该公司还推出了一则教父亲吻一个修女的广告——《上帝之吻》，同样遭受了诸多争议。这则广告在宗教力量较弱的地方，得到很好的理解“爱能超越所有的传统禁忌”，但是，在意大利，这种“亵渎”宗教的做法遭到了禁止。由此，在广告创意思考时要注意到有的时候文化差异是巨大的，但又是非常重要的。

21. 可操作性原则

广告创意不能只停留在纸面上，还要结合现实的条件和现实的制作可能性。条件上来说能否配备所需要的人力、物力、财力等条件。有时广告人想好了创意，但是被广告主否定掉了，为什么呢？因为没有这么大、这么持久的投入。如一些抽奖、公益、利益返还等的广告；制作可能性上来说，有时广告创意人的想法，广告制作人无法实现，如利用实际航母来拍、利用太空来拍等。所以，广告一定只有可以落地实施，才是有意义的。

22. 人性化原则

要注意面对的目标市场的目标受众能否接受广告创意。俗语经常讲到“一方水土养育一方人”，面对的广告目标市场会有什么样的文化差异，这点是要多考虑的。因为企业的产品布局市场，一般是渗透式的，先从区域市场入手，逐步扩张发展。广告目标市场也是基本对应的。面对的各个区域市场，必然存在不同的人文风俗、风土人情。如广州人的包容、平和、务实；上海人的精明、东北人的豪爽等。如面对广州的目标受众可以多用粤语来演绎，并多结合广府人讲究意头、彩头的特点进行广告创意。另外，广告创意中出现的一些“过头话”，当地人也是不愿意接受的，等等。

23. 追求完美原则

广告创意多从客户利益出发。客户是广告公司的衣食父母、市场上的朋友。客户的成功也就是广告公司的成功。所以，广告人在创意思考活动中要努力去追求完美，不到最后就还不是最好的。广告人应该认识到广告创意是一种商业化的艺术，并通过不断地艺术创作提升广告的创意水平，以臻完美。

24. 注意必要的传承

有的广告商品品牌有客户自己的精神理解和一些初衷意愿；有的广告曾经委

托过其他的广告公司打造过。所以，对于好的方面与广告战略策略吻合的方面要注意继续传承，不一定要"另起炉灶"。另外，要注意商品生命周期和广告主题的策略，经常要求广告主题要维持很长时间是不变的。

总之，广告创意的思考是一项要适应市场要求的、会发展变化的，同时又具有基本的规律要求的意向活动，需要广告人不断地总结，不断地创新使之得到更好的发展。

/实施任务 1/ 结合广告项目进行广告创意表现的思考

1. 任务的组织

（1）各小组先结合项目进行讨论，各自拟订个人的方案，然后小组再进行讨论，确定出小组的最后方案。

（2）老师组织小组之间进行交流，由各小组结合实际项目设计的方案进行相互讨论和交流；老师负责说明和决策。

（3）学习小组将完善好的设计方案提交老师进行评定。

2. 任务实施的要求

（1）每位同学都要积极参与，发表自己的观点。

（2）广告创意表现的思考必须紧密结合广告创意的原则性要求进行。

（3）必须用电子文件和纸质文件将最后结果上交老师。

任务 2 广告创意的表现形式

8.2.1 设计广告创意表现的体现形式

（1）广告文案，采用文字的形式将创意的要点进行要求和说明。

（2）脚本是广告文案在电视广告中的特殊表现形式，由于广告类似电影一样要通过镜头表现，所以"脚本"是按照分镜头顺序撰写的"剧本"，包含有剧情解说、台词、音乐、情感氛围控制等内容。

8.2.2 广告创意的表现形式

（1）故事法。就是以具有一定的情节的表现方式来表现广告意境。例如，冯小刚拍摄的周大福广告，倾情演绎"爱与承诺"的感人故事；张艺谋拍摄的"雅虎"广告也是讲述了一个神奇的故事。故事的表现形式，具有很强的吸引力，是表现广告创意的好的形式，特别是一些大牌的广告，投入比较大，广告片子也比较长，可以比较好的展现。如前面提到的香奈儿广告就是如此的。

（2）意境法是指用写意的形式展现广告创意意境。前面提到的康美药业广告"康美之恋"、平安保险经典广告"四季平安"等都是利用写意的意境表现广告主题的。这种方法具有很强的吸引力，还可以给受众很大的想象空间。

（3）场景法。利用生活中广告商品出现在各种的场景，体现广告商品是非常合适在该场景消费的。具体来说，可以利用以下的一些场景来表现：

1）生活场景——利用生活中家的场景展现广告商品的价值。如一些家用的电器、家具等特别适合。例如，前面提到的蒋雯丽演绎的欧派橱柜，还可以留意很多的油漆品牌的广告。

2）工作场景法——利用人们在特定工作场合、工作场景展现广告商品价值。例如老版的雀巢咖啡广告，就做了许多“友情篇”的广告。例如其中有一则广告，是同事不小心把另一位同事的墨水打翻了，同事马上冲了一杯味浓香溢的雀巢咖啡，大家都相视而笑了。

3）校园场景法——有些针对校园学生的商品，利用校园生活来展现商品价值，特别是大学校园学习、运动等场景。例如过去大学校园学习中的快译通、随身听；现在校园学习中的电脑、iPad 等；运动鞋利用校园运动场景则是最多的了。

4）恋人场景法。许多针对恋人的商品，如钻戒、礼品、饰品、时尚饮品等，就是利用恋人热恋的场景来展现商品优势的。如周大福、周生生等钻戒的广告，都是利用热恋中的情人，以“心钻”表示永恒。而周杰伦的“你是我的优乐美”也是用了不少热恋的场景表现的。

5）运动场景法。许多品牌的运动鞋、运动器材、健身器材都是利用运动场景展现商品价值优势的。例如易建联曾为 Nike 拍的篮球鞋广告，就是通过在篮球场上一展身手的场景展现的。

（4）寓意法，就是用一些事物蕴含的意思来表现广告主题。例如，前面提到的康美药业广告“康美之恋”，就是用美好的恋人、好山、好水、美好的笑脸等来寓意“康美是从事人间美好的事业”。有许多公益广告采用寓意法来表现主题，如有一则“戒烟”广告，就利用吸烟的人，手优雅地拿着香烟，烟在飘，人已经看不见了，寓意吸烟危及生命。

（5）嫁接法，就是直接将影视角色嫁接到广告里。广告内容与影视角色融为一体。让受众好像在看影视作品一样，自然接触到广告商品。具体主要有以下三种嫁接的方法。

1）直接嫁接法。广告代言人直接将他在某影视作品中的角色和道具代入到广告，借助影视剧的热播，提升广告效果。例如陈宝国成功地演绎了电视剧“汉武大帝”，就接拍了“一统天下”酒的广告，受众一看还以为是电视剧的情节呢。

2）间接嫁接法。广告代言人脱下戏服，以平常人的身份进入到广告内容中，并将某一部影视作品的角色嫁接到广告中。例如，蒋雯丽以好妈妈和家庭主妇的形象，代言了康恩贝和法式小面包广告。

3）综合表现法。这种方法将广告代言人在某部影视作品中的角色和平时的风格综合在一起演绎广告。例如，葛优代言的神州行广告，就是将他在电影《手机》里扮演的严守一和自己平时幽默的风格结合起来进行演绎的。

（6）反差法，也就是对比法，就是突出广告主题，强化诉求信息。具体方法是对不同的事物的不同方面（或是同一个事物的不同方面）进行强调，并加以比较，以此产生强烈的反差。具体可以运用直观形象进行对比（比如色彩、形状、质感、数量、面积、方向等）；或是在内在意义上进行对比（如属性、功能、情调、内涵、特质等）。相对比的元素可能会产生激烈的冲突或者相辅相成地融为一体，构成一种强烈的差异效果。

（7）夸张法，就是对所要表现的广告主题的诉求点（商品的属性等）进行有意识的突破常态地夸大或者缩小的表现手法。这种表现手法可以吸引受众注意，增强兴趣，加深受众印象记忆，提升广告水平。夸张的手法常用于平面广告，常用的夸张手法包括以下四种：

1）形态的夸张就是将广告诉求的人或事物的外形、体态、体量、人的表情等夸张表现出来。如为了突出某一款皮包，将皮包的外形扩大好多倍。

2）情景夸张就是将现实生活中不可能发生的故事或者场景，通过夸张的形式表现出来。

⊙小案例

加拿大卡尔加里动物园。广告主题是“ go bake in time”，意思是指“动物园侏罗纪主题中逼真的恐龙，能让你一下子回到童年”。

3）功能夸张就是将广告商品的功能夸大。但要注意适度，并且融进幽默和趣味。

4）时空的夸张就是突破时间的发展和事物空间的状态。

要注意的是，夸张要适度，要遵循国家的法律法规，否则很容易直接违法或者被认为是虚假的广告。

（8）幽默法就是运用饶有风趣的情节，巧妙的安排，把需要肯定的诉求点，无限延伸到漫画的程度，造成一种充满情趣，引人发笑而又耐人寻味的幽默意境。

（9）偶像法就是借助人们喜爱的明星来代言所宣传的广告商品，这是一种经常采用的方法。例如，有利于辅助中老年降压的饮品桐辉茶，就是利用电视剧《外来媳妇本地郎》在广东珠江电视台热播的期间大做广告，请剧中主角康伯与康婶用当地人熟悉的粤语做广告，使商品很快家喻户晓，创出了品牌。

这是松下 3D 电视的平面广告，画面逼真到连恐龙都跑出来了。

资料来源：有意思吧，http://www.u148.net/article/29010.html。

/ 实施任务 2/　结合广告项目思考广告创意的表现形式

1. 任务的组织

（1）各小组先结合项目进行讨论，各自拟订个人的方案，然后小组再进行讨论，确定出小组的最后方案。

（2）老师组织小组之间进行交流，由各小组结合实际项目进行相互讨论和交流；老师负责说明和决策。

（3）学习小组将完善好的认识方案提交老师进行评定。

2. 任务实施的要求

（1）每位同学都要积极参与，发表自己的观点。

（2）广告创意表现必须紧密结合广告创意表现形式。

（3）必须用电子文件和纸质文件将最后结果上交老师。

任务 3　广告创意表现的确定

1. 广告创意的管理

许多广告公司都有自己的一套广告创意的管理办法，其中集思广益是广告创意产生的好方法。在广告公司经常运用头脑风暴法（brain storm），共同激发广告创意。

2. 广告创意的执行者

广告公司负责创意的部门是创意部（创作部）。一般的广告公司都是把每个客户作为一个项目，成立创意小组负责。小组的人员构成一般是艺术总监（art director，AD）、广告文案撰稿员（copy write）和创意总监（creative director，CD），并由总监负责领导。创意总监负责客户广告的策划和创意工作；艺术总监负责广告表现的视觉形象的创意和制作；广告文案撰稿人负责广告表现用语、文案的写作，包括广播、电视广告的声音和音响文案以及印刷媒体广告的文字文案。

⊙参考资料

广告创意小组人员

1. 创作部主任

全面负责创作部的行政管理和业务管理，控制广告创作水平。监督和保障创作人员按广告计划工作日程和广告预算标准进行工作，负责向创作组和创作人员分配工作任务，重点督促和保证广告策略的实施。有权选聘、任命和考核创作人员。参与新业务的广告创作。对总经理或副总经理负责。

2. 创作组

（1）组长，负责文稿组或美工组的业务领导，代理创作部主任履行某些职责，总揽广告创作的全面工作，直接向创作部主任负责。

（2）撰稿员，通常为一组特定的客户工作，负责广告文稿的构思。参加客户会议，并在必要时直接向客户介绍工作进展。负责所有媒介广告的文稿编写工作，必要时参与促销活动，要求能够理解、实施、解释市场策略和广告策略，能与美工、导演密切合作。现阶段，分工已发展到细分专职广告和专职广告文的阶段。

（3）撰稿助理，在撰稿员的指导下，为一些较小的广告活动进行文字工作，实施撰稿员的广告构思，发展广告策略。在必要时，参加小客户的客户会议。要求能按广告预算开展一个广告活动。

（4）美工导演，同撰稿员一样，通常为特定的客户工作，负责广告画面构思，负责导演电视广告，必要时，亲自进行摄影和绘画。要求能理解广告策略。

（5）美工导演助理，负责落实美工导演的构思，必要时进行绘画。

（4）（5）两项职务分工，随着广告公司的发展已发生变化。美工一般不负责摄影及导演，而设有专职导演、摄影师、摄像师。

（6）创作助理员，负责协调创作部（组）工作的正常进行，帮助创作人员完成广告的创作，收藏创作稿件和创作资料，帮助打印其他人所撰写的文稿。必要时，与有关政府部门联系，以取得广告的电视播映许可。

3. 印刷制作组

（1）组长，全面负责公司内有关报刊等印刷广告的制作工作；负责与有关制作单位洽谈业务，并对各种印刷技术的采用加以指导和提出建议；领导正稿员的工作，并对部主任直接负责，汇报工作。

（2）正稿员，负责落实美工导演的设计草图和撰稿员的初稿；高质量地制作广告正稿，寄给报社、杂志或印刷厂，负责广告的美工技术处理。

（3）美工，负责把美工导演的初步创意变成视觉上的具体图案，要求有快速绘画的才能。

（4）排印，负责各种字体设计的选择和排版。要求熟悉印刷业务，并能很好地理解各种广告设计与各种字体运用的关系。

（5）校对，负责印刷清样的文字小队工作，修正版面的印刷错误和文字错误。

（6）制作助理，负责安排和料理广告制作材料的供应，保证广告工期和制作质量。作为制作经理的助手，向其报告工作。必要时，参加广告制作。

资料来源：百度知道，广告创意小组人员，http://zhidao.baidu.com/link?url=g1RA2nbxcRNBNcbgf8QH-CXCM5Vh6kwIWFFNOE5915rjyufee6_1z6ofPzEArWSCFyJq0rF2O2ztqHuMhGHvCa。

3. 广告创意的控制与执行

（1）基本确定的广告创意方案，要向客户进行说明沟通。

（2）具体执行。要求创意人员结合“故事板”，向制作人介绍解释广告创意的内容、意境、基调等情况。

（3）必要的时候要进行创意实验。

⊙小知识

电视广告故事板

电视广告故事板是广告艺术化作业阶段借助美术手段对广告创意所做的图画和文字的说明，是具体表达电视广告创意的故事式图画，又称广告创意效果图或故事画纲。通常为使广告创意说明的表现力更真实、具体，更有视觉上的感受，在拍摄制作电视广告之前往往会由专人来绘制电视广告的故事板。故事板的作用主要是将创意进一步视觉化，绘制故事板对创作人员整理自己的 创意构思很有好处。同时使用电视广告故事板也便于向客户说明广告创意。另外故事板还为电视广告制作单位提供了制作依据。故事板的绘制，要求每幅画面都要合乎创意的逻辑，流畅自如，能完整表现广告创意的内容。故事板是广告创意的翻版，它必须突出广告的主题，使广告拍摄制作能够按广告创意的要求来完成。

资料来源：百度知道，电视广告故事板。

总之，广告人要采用情趣生动的表现手段，立足现实、体现现实，引发受众共鸣，将受众带入一个印象深刻、浮想联翩、妙趣横生、难以忘怀的意境中去，这样，广告就必能产生预期的好效果。

⊙小知识

广告表现的符号包括语言文字系统（运用语言文字来表现广告信息）和非语言文字系统（图画、色彩、构图、音乐、音响）。

/实施任务3/ 结合广告项目进行广告创意的确定

1. 任务的组织

（1）全体同学作为“头脑风暴”的参与者。

（2）老师组织同学们讨论交流。

（3）老师负责说明和决策，学习小组将完善好的设计方案提交老师进行评定。

2. 任务实施的要求

（1）每位同学都要积极参与，发表自己的观点。

（2）广告创意的决策必须充分的讨论。

（3）必须用电子文件和纸质文件将最后结果上交老师。

‖ 学习指导 ‖

1. 学习建议

广告创意既是科学又是艺术，所以是要遵循一定的基本原则要求的；广告创意又是发展的，因为广告面对的受众的思想观念意识是会变化发展的，广告生存的市场“土壤环境”是变化发展的，所以，要求广告创意人要有发展的观念，要多结合新发展的观念认识广告创意，还应当结合当前的一些热播的广告好好加以领会。广告表现是广告创意通过思考后得到的成果，应当掌握好广告创意主要的表现形式。

2. 学习的重点与难点

重点：广告创意表现的基本原则

难点：广告创意表现发展的新原则

3. 核心概念

广告创意表现

‖ 课后思考与练习 ‖

1. 单项选择题

（1）广告的生命力取决于广告的（ ）。

A. 思想性　　B. 主题　　C. 独创性　　D. 投入

（2）广告创意的适度性要求广告创意不能（　）。

A. 过多　　B. 超出　　C. 太深奥　　D. 水平太低

（3）广告创意表现的夸张法要求尽量做到（　）。

A. 夸大　　B. 缩小　　C. 适中　　D. 适度

（4）广告创意的整合性原则要求广告创意为（　）服务。

A. 营销目标　　B. 广告商品　　C. 广告目标　　D. 主题

（5）广告创意的 KISS 原则是指广告创意要（　）。

A. 简单而美　　B. 简洁甜美　　C. 简要美丽　　D. 简单美好

2. 问答题

（1）简要说明广告创意的基本原则。

（2）简要说明广告创意的新原则。

（3）简要说明广告表现的形式。

3. 案例分析题

一对恋人坐在火车的车厢里，看到一位养路工在检查铁轨，口渴了，拿起水壶但水已经喝光了，这时恋人中的女孩子真诚地把一瓶怡宝矿泉水递给养路工，养路工露出喜悦和感激的笑容。这时广告推出广告语“心纯净，行至美”。

[案例分析要求] 要求认真结合案例分析认识：

（1）该则广告主要符合什么广告创意的原则？

（2）结合对广告创意表现形式的认识，策划一则“纯净”为题材的广告创意。

项目 9

广告投放策略

★ 学习目标

知识目标

1. 掌握媒体要义、基本认识以及各种媒体的特点。
2. 掌握媒体的选择和评价的主要指标。
3. 掌握广告投放实施的一些策略。

能力目标

1. 能结合商品的特点分析确定运用媒体的策略。
2. 能结合实际的广告项目运用好媒体和投放实施的策略。

⊙ 项目介绍

本项目由两大部分学习的内容组成，一是媒体投放策略，二是具体投放策略。广告是企业一项重要的投资活动；主要是借助大众传播媒体进行宣传，广告媒体具有特有的特性，所以投放的策略有很多，直接关系到广告的效果，应重点加以掌握；广告是一种市场经济的行为，要产生比较理想的效果，需要结合市场环境的条件及其变化，采取适宜的投放策略，包括产品策略、市场策略、实施策略等，这是学习中另一个需要重点掌握的内容。

任务 1　确定广告媒体投放的基本思路

9.1.1　对广告媒体的基本认识

1. 广告媒体的要义

广告媒体是指能借以实现广告主与广告目标受众之间信息联系的物质，如传统的广播、电视、报纸、杂志四大媒体，手机、电脑等新媒体。

⊙**小案例**

婚纱店，利用“人体模特”有个性有特色的展示门店的经营。一动不动的人体模特也成为广告媒体。

2. 广告媒体的主要类别

首先，按照媒体的传播范围，把广告媒体分为两类。

（1）大众传播媒体。

1）传统大众传播媒体，主要包括电视、广播、报纸、杂志四大媒体。

2）新型大众传播媒体，包括互联网、手机、部分户外广告（如出租车、公交车）、电影、电视剧、电子游戏等。

⊙**小知识**

美国前总统奥巴马竞选时发现了一个新的广告载体：游戏广告。通过艺电经营的在线游戏对战服务投放，主要集中在赛车、橄榄球和篮球等体育类游戏中。当玩家用微软公司出品的Xbox游戏机联上互联网玩在线对战时，艺电就将这些广告插入游戏中。奥巴马是第一位在游戏中打广告的总统候选人。

（2）非大众传播媒体，即相对在较小范围内能借以达成目标信息传播效果的物质载体，如海报、直接邮寄广告（direct mail advertising，DM）、传单（flyers）、气球、人体、灯箱、霓虹灯、火柴盒、蚊香架、厕纸、山川、声音语言（掌声、吆喝声）、列车等

⊙**小资料**

海报、招贴、张贴物，英文翻译为posters。海报这一名称，最早起源于上海。旧时，上海的人通常把职业性的戏剧演出称为“海”，而把从事职业性戏剧的表演称为“下海”。作为剧目演出信息的具有宣传性的招徕顾客性的张贴物，也许是因为这个关系的缘故，人们便把它叫作“海报”。

资料来源，百度海报，百度百科。

⊙**小案例**

人体媒体

2009年6月27日，广州市越秀区（含原来的东山区）流行前线，一对“金身”模特吸引了不少逛街的市民。

3. 对广告媒体的基本认识

（1）能伴随物质生产技术与科学发展而不断发展。科学技术的发展，带来物质生产技术的发展和空前的飞跃。新的技术广泛应用和发展，如通信技术的发展，现在而更多的人借助网络、手机与外部世界交流；新的商品也被源源不断生产出来，如 4K 电视、智能家居、机器人等。

（2）能伴随市场经济的发展而不断被挖掘，存在巨大的潜在媒体。随着市场经济的不断发展和完善，人们的商品意识越来越强烈。商业的触角越来越敏锐，一些原来静寂的没被发现运用的物质成为新的媒体。如高山可以通过冠名宣传企业牌号成为媒体；头发也可以剪成企业的标示进行宣传，成为媒体；活生生的人也可以成为模特媒体，等等。

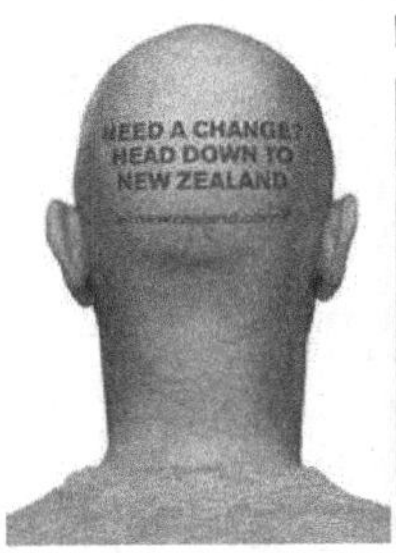

⊙小案例

广州地铁开通“亚运吉祥号”列车成流动广告箱

中新社广州 2009 年 8 月 29 电（王华、亚组宣、常青）二十九日上午，随着一声汽笛长鸣，“亚运吉祥号”从车辆段驶入广州地铁四号线正线，开始履行宣传广州亚运会、服务亚运会的使命。

广州地铁为宣传亚运会特别推出的“亚运吉祥号”列车当日上线服务，这是所有亚运会城市中，首次采用地铁列车作流动广告箱的形式宣传亚运会。“亚运吉祥号”在地铁车辆段中显得格外醒目漂亮：原本月白色的车体变身为突出“绿色亚运”理念的浅绿色基调，列车两端车头的第一扇门，分别是 2010 年亚运会的会标和广州地铁标志，车身装饰图案为第十六届亚运会吉祥物“乐羊羊”，阿祥、阿和、阿如、阿意、乐羊羊五个吉祥物体育动作造型，富有动感和视觉冲击力。包装整列地铁列车来进行广告宣传，对广州地铁来说还是第一次，而历届亚运会上，以这种形式进行宣传也是第一次。整列列车车身总长 68 米，高 3 米，宣传亚运的总面积达到 204 平方米，可称为亚运有史以来最大的流动广告牌，列车车身一边是 2010 年亚运会的会标，动感醒目；另一边则是亚运会吉祥物乐羊羊的体育动作造型，卡通可爱。该列车会一直在四号线上服务，市民直到亚运会结束都有机会亲自体验。

（3）是在继承传统媒体的基础上不断发展的。广告媒体是传统媒体与新生媒体同台竞技，共同发展的。实际上目前报纸、电视还经常被称为第一大媒体。目前以电视为代表的传统媒体与互联网为代表的新生媒体可以说是各占半壁江山。

（4）具有很强的时代性。爷爷辈是靠报纸决定未来的，报纸上的一切都是对的；父亲靠听广播；我们这一代是看电视的。今天“80后”“90后”的孩子说要参与，要有自己的观点，因此互联网诞生了新的一代。互联网的迅猛发展，电子商务的高速发展彻底改变了未来和我们的生活，社会已经发生了剧烈的变化，“互联网+”成为时代的主旋律，而媒体也自然地随着时代不断在发展演变。

⊙小知识

广告媒体的功能

（1）特有的吸引力。（2）广泛的传达力。（3）灵活的适应力。

9.1.2 主要广告媒体运用分析

1. 报纸广告媒体运用分析

（1）发行量大，覆盖地区广，广告效果好。以广州日报为例，2008年《广州日报》日均发行量185万份；2016年发行量达到了近200万份，覆盖的地区包北京、上海等地（在北京市、上海市、海南省等地建有分印中心，在北京、上海及珠三角20多个城市设有150多家连锁店）。广告效果比较理想，截至2015年，《广州日报》连续22年广告收入稳居中国平面媒体第一名。

（2）读者涉及各个阶层。读者阶层包括金领、白领、蓝领，高收入、中收入、低收入等社会阶层。所以，报纸一般比较适合刊登房地产、日常生活用品广告等。

⊙参考资料

广州日报报业集团成立于1996年1月，是经中宣部、国家新闻出版总署批准成立的中国内地第一家报业集团。除了主报《广州日报》之外，报业集团拥有10多家系列报纸、5份杂志，以及大洋网等一系列新媒体平台。其中，系列报纸有《信息时报》《足球》《广州日报社区报》《岭南少年报》《老人报》《舞台与银幕》《篮球先锋报》《美食导报》《广州文摘报》《赢周刊》《羊城地铁报》《丝路邮报》等，杂志有《南风窗》《看世界》《HEREN新现代画报》《读好书》和《粤商》。报业集团另有广州传媒控股有限公司、上市公司广东广州日报传媒股份有限公司（简称“粤传媒”）等一系列经济实体。

主报《广州日报》创刊于1952年12月1日，一直坚持“追求最出色的新闻，塑造最具公信力媒体”的新闻理念，在63年的发展历程中创造了中国报业的诸多奇迹，是华南地区发行量第一、零售量第一、订阅量第一的报纸。截至 2015 年，《广州日报》连续 22 年广告收入稳居中国平面媒体第一名。根据世界品牌实验室发布的 2015 年“中国 500 最具价值品牌”排行榜，《广州日报》以 221.86 亿元品牌价值继续稳居中国报业品牌第二名，仅次于《人民日报》，位列 500 强第 105 位。至今，《广州日报》已连续 12 年在“中国 500 最具价值品牌”排行榜上名列中国报业前三、华南地区之首。

资料来源：http://www.yingjiesheng.com/job-002-250-134.html。

（3）广告发行地区和读者明确。如《广州日报》覆盖地区包括华南地区、北京、上海等地。读者一般都是常年订阅的“老读者”，以一般广州市民为主。所以，针对目标市场比较容易到位。

（4）读者较固定，广告能确实深入家庭。以《广州日报》为例，一般人都不会改定其他报纸，如《羊城晚报》等。每天阅读该报纸，已经成为生活习惯，所以，报纸是能真正深入到千家万户的。

（5）广告反复阅读的可能性小。报纸一般是个人看比较多，家内成员有时会传看。看过了一般人都会当作废纸卖掉。作为报纸里面的广告一般被认真注意的可能性比较小，更不用说反复看了。

（6）广告说明性强。报纸主要以文字作为载体，结合图片。所以，文字可以比较多，说明性自然就比较强。一般在广告运用上比较多采用文字加图片的形式。

（7）广告的被注意率与版面大小有关。受众在接触广告时，一般大版面的广告，其被注意的可能性、吸引力都会强一些，有时整版或半版的广告还具有“强迫性”。而小“豆腐块”被注意的可能性是很小的。具体可以通过被注意率指标来反映。

公式是：被注意率参数 $=N+0.01N\cdot(100-N)$。N 为赋予不同版面的权数，整版为 100，半版 50，依此类推。例如 1/4 版被注意率可以这样计算：被注意率 $=100\times1/4+0.01\times100\times1/4(100-100\times1/4)=43.75$。

实践证明，报纸广告效果与版面大小是直接相关的。

（8）广告的被注意率与广告位置有关。一般来说，第一版面是最好的，其他版面基本上可以类推。一般按照视觉规律，广告效果是上比下大、左比右大、中比上和下都大。在报眼位置是比较理想的；其次是报纸的中间位置，再次是报角位置。

（9）广告的质量不完全理想。这主要是因为印刷质量还比较不理想。一些彩色的广告要不够清晰，美观。但专版的广告采用杂志的印刷技术，效果就比较理想了。

（10）相对广告费较低。因为报纸的发行量比较大，覆盖的人群比较多、地域比较广，这样分摊到每一份报纸广告成本是比较低的，经常采用百万发行量计算成本。

百万发行量“行成本”=（每行实际成本 / 发行量）×1000 000

⊙参考资料

报纸广告版面术语

版心——除去周围留的空白，一块版面上真正容纳文字与图片的区域。

基本栏——横排报纸的版心纵向等分为若干栏，称基本栏。

报头——报纸第一版刊登报名与其他内容的区域，多数在第一版左上角，四开报多数在第一版上方通栏排列。

报眼——又称报耳，指横排报纸报头右边的版面。

报眼内容：可刊登新闻、广告，也可与其他部分相连使用。

报线——版心的边线，分“天线”(又称“眉线”)、“地线”。

报眉——眉线上方所印的文字，一般刊登该版名称、版序、出版日期、版面内容标识等。

中缝——一张报纸相邻两块版之间的空隙，可空，也可刊登广告、转文等。

头条——横排报纸左上方、竖排报纸右上方的位置，通常用来刊登最重要的稿件。

双头条——在报眼或版面右下方刊登一条与头条同样重要的稿件。

倒头条——版面右下方与头条同等规格处理的重要稿件。

2. 报纸广告媒体运用分析

一般来说，首次登广告一般是告知性广告，适宜选比较大的版面，以引起受众注意；后续广告可以改小版面。节日广告用可以大一点版面，平时可以用小一点的版面。专版广告效果好很多，有实力的企业可以多采用；中缝效果差容易被忽视，尽量不要用。

⊙参考资料

报纸媒体广告运用的专业购买术语

1. 刊例。媒体将其拥有广告版面划分成若干部分，按其位置制定不同的价格，并制定出折扣。

2. 通栏。通栏是指和一个整版宽度相同、但是面积不到半个版的平面广告。例如我们经常看的报纸《参考消息》，一个整版的宽度是28厘米左右，在上面发布一个8通栏的广告，就是指宽度为28厘米，高度为8厘米的平面广告。

3. 空白。报纸等印刷媒体会在广告周围留有一定比例的版面空间不进行任何的设计和装饰，只涂上统一色调的颜色。(如果不留空白，称为“出血”。)

4. 插页。与报纸同时发行的单张或多页广告。

5. 报眼。一般指第一版右上角位置。

6. 报花。面积小，放置位置灵活。

7. 版面。一般指报纸的规格。

8. 版位。报纸的版面位置。

9. 跨版。跨版指同时占了报纸左右的版面，跨半版是指同时占了左右版的上半部分，或是下半部分。

2. 电视广告媒体运用分析

（1）电视是可以用来做各类目标消费对象商品广告的一种非常有效的媒体。受众几乎可以涉及各种阶层的人群。作为大众娱乐、生活、工作的媒体，电视已经成为面向各种年龄、职业、社会阶层不同对象的一种最重要的大众媒体，从儿童到耄耋老人、从农民到企业家、从富豪到低收入的人群都可以触及。

（2）广告目标对象的选择有双重性。

有的时段广告目标对象的选择会比较差，比如说，中央台“新闻联播”播出的前后。这个时段，是家人一起收看电视节目一起吃饭的时间。电视一般是一家人一起收看一个共同的节目，选定了一个台后要看的人一起看。所以，目标对象的选择从这一意义上来说是比较差的，这一点在采取无差别市场策略的情况下是没有影响的；但在采用差别市场策略和集中市场策略的情况下，就要注意目标对象的选择问题。其实，在这一点上，强大的电视媒体效应，可以承托起所有的商品。比如说，7 点钟的中央台新闻，一般的家庭都会收看，在播出之前的时段成为黄金时段，各种商品都可以利用，也成就了很多“标王商品”，如当年的秦池酒、茅台酒、P&G 等。老年人用品适合在老年人喜欢看节目的时段做广告。哈药六厂补钙的盖中盖药片，“一片顶两片”广告，选择在新闻节目后播出效果就不错。

同时要认识到，电视的不同节目有不同的对象，体现在目标对象的选择比较准确。例如，大型电视专题节目受众都比较明确。例如，江苏卫视推出的大型生活服务类节目《非诚勿扰》就是一个范例。该节目成为年轻人关注、同时也影响到家长的节目，并且影响的地域也非常的广。该节目的赞助商的商品，节目之前、之中的商品广告效果都非常不错。婴幼儿和儿童用品的广告选择在妈妈级人物或家庭主妇喜欢的电视剧播出时段推出节目，效果更好。

（3）广告的被注意率高。大家在观看电视的时候注意力都比较集中，生怕错过节目的开头或节目，比较高的关注度也驱使大家早早地打开电视做好准备。电视节目之前的广告效果往往都很好。

（4）广告的效果会受到节目之间比较大的影响。目前，一般的家庭都是客厅一部电视。由于收看电视节目的时候只能是单一的，所以，就存在“顾此失彼”

的情况。在看电视节目的时候存在“各花各好”的现象，大家喜欢收看的节目有的时候就会“打架”了，就是看了这个节目同一时段的其他节目就看不了。所以，在广告运用的时候，就要注意同一时段播出的不同台的节目，比较这些节目的影响力，结合广告商品的目标市场来进行选择，否则，则会造成自己的广告被同时段的节目“掩盖”了。

（5）广告效果受播放时间影响。前面也几经提到过有“黄金时段”。可见，不同时间播出广告的效果是不同的。时间的运用要多结合人们接触媒体的习惯来进行。儿童、老人一般都有早休息的习惯，所以，要注意播出的时间要早一点；青年人一般比较晚睡，所以，针对他们的商品广告可以利用较晚的时段。

（6）广告策划要注意利用“家庭共同意识”。许多电视节目都可以是一家老小一起观看的，其中涉及的广告往往大家会去评价它。比如，新闻节目、综艺节目、某些电视剧、某些专题节目都可以促成家庭成员一起观看，并可能同时将连带的一些广告商品进行一起评价，形成某商品好与坏的评价。例如，对葛优的良好印象，家人形成共同的意识买平安车险不错。再如，买大宝来简单的养护自己还是可以的，等等。

（7）传播速度快，适做时机性广告。电视作为电子媒体，成为传播速度仅次于广播、网络的媒体。其传播迅速，可以做一些时机性的广告。如中秋佳节，有许多品牌的月饼利用电视做广告。企业新开张、新品上市都可以利用电视迅速形成声势影响。再比如，“妙芙蛋糕”广告利用电视作为媒体，通过青年人喜欢的林妙可迅速被年轻人了解认识。

（8）信息不易保存。由于是电子媒体，所以信息是稍纵即逝的，一般情况下不容易保存。所以，要求每一则广告都必须主题鲜明有创意，这样才能成就广告的好效果。

（9）广告策划要注意适宜气氛渲染。电视媒体具有多种元素可以利用进行广告，包括画面、情节故事、语言、音乐、人物关系等，所以，具有综合的元素供广告创意表现。电视媒体目前还是市场的大媒体，成就了许多精美的电视广告都让人过目不忘。例如，刘翔与 S.H.E 拍摄的可口可乐电视广告让人看后都难于忘怀，记忆深刻，青年人的情感故事被他们演绎得丝丝入扣，让人回味。

（10）适宜做日常消费品广告。电视媒体的功效虽然有发展，但是人们主要还是利用电视作为娱乐的工具。娱乐是为了调节生活，而新型时尚、引领生活作为日常生活必需品的商品广告成为人们提高生活品质所关注的点，也是人们容易接受的。同时要认识到作为娱乐工具，人们寄予的希望就是看看电视带来好的感受。人们也不愿意在这种心境下再将工作带到家中，所以，也能从这一角度分析说明电视不适宜做机械类等专业产品的广告；也要从这一点出发认识到广告主题创意的重要性，轻松、惬意、幽默、富有情感、表现新颖的广告才容易被人们接受，产生好的效果。

（11）广告可利用多种形式。电视媒体除了一般的广告播放形式以外，还有多种的形式可以加以利用，包括赞助专题节目、利用电视剧进行内置广告，等等。广告效果通常都非常明显。例如，电视剧里主角用的手机、家里用的彩电、冰箱等，都是如此。

（12）广告制作费用比较高。电视广告相当于是拍摄一部小小的电视剧，需要多种技术支撑，需投入比较大的成本来进行制作。所以，往往一则十几秒钟的广告，动辄就要花费几十万乃至上百万，如果请明星代言甚至要上千万，费用高是电视媒体利用的主要瓶颈。

3. 杂志广告媒体运用分析

（1）广告针对性强。杂志具有很明确的读者对象，具有较强的广告目标对象的针对性。如《中国青年》面向的是青年人，《儿童天地》面向的是儿童，《汽车天地》面向的是购车爱车的人士，等等，相应的广告都是可以做到比较到位的。

（2）广告被注意率高。杂志一般都是自己确实喜欢的读物，所以，往往会认真地阅读，常常是“挑灯夜读”。所以，杂志有了喜欢的基础，读起来就会无一遗漏，杂志里的广告也是会被认真地看，注意率非常高。换言之，就是广告传播容易到位。

（3）广告传读性高

由于杂志是自己喜爱的，所以自己也常会把它介绍给其他的朋友，甚至朋友的朋友。所以，杂志具有很强的传读性，从而也使得广告的传读性比较高。

（4）广告反复阅读率高

由于杂志是自己喜爱的，一般的人都会进行收藏。许多的读者收藏历史还很长。无疑，收藏的目的是能够不时地重温、重习、重享杂志。人们甚至时隔多日还会把杂志记在脑海之中，当然，也不时地包括了杂志封面、封底或内页的广告，由此可见，杂志的广告具有很好的效果。

（5）广告效果与位置和厚度有关。人们阅读的习惯一般都是从封面到封二到里面内容，所以，刊登的广告与位置有关系；同时，广告效果与厚度有关，一般较厚的杂志，广告效果相对会较差些。

（6）广告被注意率高。杂志都是自己喜欢的，所以，读者在阅读杂志时都是主动阅读的，且专注认真；同时由于喜爱，以非常愉悦的心境阅读杂志，所以，杂志所刊登的广告也容易被注意到，而且经常会“爱屋及乌”。

（7）适宜刊登展示性的商品广告。现在的杂志都印刷精美，许多的图画都被读者收藏甚至是做图画张贴。所以，对于要展示的商品或品牌塑造，利用杂志是一种不错的选择。例如，服装、化妆品、家具、汽车等，都可以考虑加以利用。

（8）不适宜作时机性广告。杂志具有出版的周期，一般短则半个月一个月，长则双月或季度或半年，所以，杂志，不具有好的连续性，不适宜做告知性、竞争性的广告。

（9）比较适宜做品牌塑造和维持性的广告。由于杂志一般是铜版或更好的技术印刷，画面精美，所以，可以很好地展示企业牌号、商品品牌。

4. 广播广告媒体运用分析

（1）传播速度最快，最适宜作时机性广告。广播通过电子的形式进行传播，在所有的媒体中传播速度是最快的。例如，在当年美国“9·11”事件中，美国的 BBC 电台的人员进行了第一时间的广播。由于有较快的传播速度，所以，对于时机性的广告选用广播是一种可行的策略。如企业新开张、降价促销、展销活动等，都可以加以利用。

（2）广告传播范围广。广播已经在多种新型电子产品中包容了。如老年人手机，多种一般的手机、许多品牌的电脑、数字电视机、汽车，等等，随着各种电子产品的普及，广播已是相当普及了。所以，广播传播范围广的特点就存在了。

（3）特定节目有特定听众，广告可以比较准确地传播到位。广播存在听众较明确的特点，如交通电台，驾车的人士喜欢听；青年人喜欢听点歌和针对青年人的专题节目；老年人喜欢听类似“讲古仔”这样的传统的节目，等等，所以，运用广播媒体时要注意特定节目的对象与广告商品的切合问题。

（4）声音消失迅速，广告不易记忆和理解。广播传播靠的是声音，而声音传播的速度相当迅速，声音稍微不注意就没听见，所以，就会出现听了前面漏了后面，不容易掌握整个广告的内容。所以，在广告运用时，要注意声音的节奏和速度，并做必要的重复，提高广告传播的效果。

（5）广告被注意率差。人们习惯边听广播边干活，心情都处在比较松弛的状态。所以，广播传播的被注意率比较低，效果往往也受影响。

（6）广告表现手法只限声音，应注意利用一定艺术形式增强效果。正是因为广播的传播只靠声音，所以，在运用广播媒体的时候要多考虑运用其他的艺术形式增强广告的效果。如可以通过快板、对白、音乐剧、相声、朗诵、音乐背衬等，这样可以明显地增强广告的吸引力。

（7）广告费用最便宜。广播是在传统的四大媒体中费用最为便宜的一种媒体。所以，在一些商品的广告活动中可以多考虑花较少的钱来做广告。

⊙小思考

什么媒体适合做时机性广告？

5. 网络广告媒体运用分析

随着政治、经济、社会、文化、科技的发展，网络已经成为人们生活、工作必不可少的工具。网络有传播速度快、覆盖面广、传播比较容易到位、费用低等特点，从生机勃勃的电子商务，我们可以认识到网络的巨大力量和出其广阔的前景。所以，网络已经成为广告最重要的媒体了。

6. 手机广告媒体运用分析

手机已经普及成为大众化的消费品，可以说是人手一部，手机真正成为大众媒体。随着社会经济与信息技术的发展，手机已经成为人们不能离开的生活工具。手机的功能不断拓展，已经成为人们生活和工作对外联系的功能强大的个人媒体。手机具有电子媒体的特点，可以与外界广泛地、迅速地信息联系到位。利用手机进行一些时机性广告可以达到很好的效果。随着科技发展，利用手机发送清晰的图画、视频已经成为现实，手机广告将大有可为。

7. 电影、电视剧广告媒体运用分析

随着社会经济和社会文化的发展，电影、电视剧成为发展迅猛的媒体。电影中的任务、场景等都涉及各种各样的商品。而且电影中的男女主角还会影响着一大堆“粉丝”，追电视剧成为许多人生活的重要精神生活。电视剧中的人物、剧情成为人们茶余饭后的谈资，其中，剧中涉及的各种生活用品都可以很自然地被观众留意。特别是近年来植入广告成为广告重要的形式，在广告媒体运用中可以多加采用。

8. 赠品、宣传单张广告媒体运用分析

通过免费送赠品，或者在销售具有一定影响力的商品的时候，附送赠品，可以起到很好的效果。处在广州市粤垦路的“澳之星”连锁超市，采用购买一定金额的商品就免费送“澳之星挂历”的方式，很好地宣传了店铺；再有，直接派发宣传单张的形式，也在当地区域里起到了不错的宣传效果，这些形式很适合在日常的广告宣传活动开展时运用。

⊙小资料

传单广告（flyers）

无孔不入、你想躲也躲不开的东西——骑着车子出外办事，沿路会碰到有人向你手里硬塞广告；把车子停在一边，当你回来的时候，会发现车子前面的筐筐里，已经红红绿绿放了好几片纸；办事回来，打开自己的信箱，几张广告正在那里等候你；拿出钥匙开门，外面防盗门的铁网上也挂着几张广告传单……传单广告的印制费和人工费相对报纸广告和电视广告便宜多了，这对于那些没有多少钱做广告的小企业来讲，传单广告是上上之选。

资料来源：百度百科，传单广告。

9. 事件广告媒体运用分析

利用人们关注的公共事件或者营造能引起人们关注的事件来进行广告宣传，使之成为一种新的媒体形式。因为，该“事件”足以引起人们的注意，企业加以恰当的利用，确实能成为“街谈巷议”的热点话题，从而对受众产生影响。

⊙小案例

王老吉利用两次亿元捐款成就了企业品牌的声誉。

“361°”利用2010年广州亚运会，成就了自己的品牌影响力。

10. 车身广告媒体运用分析

车身广告主要是利用公共巴士的车身来做广告，可以对所经过区域产生重复影响。广告诉求元素主要利用画面和文案进行，画面可以尽量大些，文案简洁一些，色彩鲜艳醒目些，才能产生更好的效果。

11. 公共汽车候车亭广告媒体运用分析

候车亭的橱窗广告，可以利用候车的人的“空白心理”从而产生不错的效果。特别是制作精美的广告更是能真切地吸引大家。

12. 户外实物、人体模特、标识广告媒体运用

通过实物模型、品牌标识、人体进行广告，也能产生不错的效果。作为户外广告（out dour advertisement）的媒体，共同具有一些特点。

1）反复诉求效果好。经过的人可以多次重复看见，一些品牌广告可以多加运用。

2）选择性较强。只有经过该地的人、以及留意的人才能接触到该广告。所以，广告运用时要注意目标对象的要求，以及使用富有吸引力的广告表现形式。

3）具有较强的强迫诉求效果。往往经过该地的时，广告就在人的视线范围内，“扑面而来”。所以，广告运用时要尽量做到“触及受众的视线”。

4）可较好利用“空白心理”。路人在外面行走时会产生“心理空窗”，会想看见一些好看的东西来“填补”，往往会记得牢一些有特点的东西，所以，实物也好、标识也好、热气球也好、人体模特也好，都会留下较深刻的印象。在广告运用时要注意尽量使到这些媒体富有吸引力的广告表现形式。

5）传真度高。广告都是近似的实物、实在的人等，所以，可以说是真真切切的。例如，广州黄振龙凉茶粤垦路店，摆了一个药葫芦标识，成为很引人注意的“活广告”；身穿医院服装的导医小姐的人情、微笑服务，也成为医院很好的“活广告”。

6）广告费低。相比电视、报纸等媒体，费用明显的要低很多。

7）宣传区域小。只有在实物、人体模特、标识展示的地方经过的人，才能看见或接触到。广告运用时要注意广告目标对象的定位要求。

13. POP 广告媒体运用分析

POP 广告媒体主要指销售现场的自有媒体。零售企业越来越注重利用销售现场营造销售的氛围。POP 广告形式成为商家经营活动中重要的促销手段。总的来说，销售现场的媒体具有如下三个方面特点。

1）强烈的诱导功效。如招贴、店内模特、彩旗、货架上的“promotion”价格牌等。POP 广告是超市等业态不可或缺的广告促销手段，可以多加以运用。

2）可营造文化氛围。正是可以营造浓烈的商业气氛，所以，店家应当多加以运用这一广告形式。

3）可改善环境。店内的 POP 广告是商店重要的美化店内环境的手段，应有新意地积极加以运用。

14. DM 广告媒体运用分析

直邮广告的费用比较低，广告效果比较容易测定。但是接受率或者说到达率不高，效果不是很理想，所以，广告运用中最好不要以这方式作为主要方式。

15. 招贴广告媒体运用分析

招贴广告由于印刷精美，所以对受众的吸引力是比较大的。特别是一些商场通过大幅的招贴广告，结合灯光等手段，很是醒目。广告运用时可以多加以利用。

16. 建筑物、热气球、霓虹灯、灯箱等户外广告媒体运用分析

具有户外媒体的共同特性，如一些车展的热气球广告很引人注目；特别是到了晚上霓虹灯广告、灯箱广告和建筑物广告在灯光映照下，交相辉映，成为城市的重要景观。如在广州市“珠江夜游”，可以发现有很多企业的品牌就是利用这些广告形式进行宣传的，两岸的灯光美轮美奂，让人感到非常的惬意，效果自然理想了。

17. 其他新生媒体

当前，我国的媒体业正经历着前所未有的巨变，互联网技术飞速发展，信息传播的速度和规模达到空前水平。门户网站、微博微信、视频网络直播等新兴业态层出不穷，快速迭代，不断蚕食着传统媒体的市场。这是 2016 年 8 月 18 日 ~ 19 日，在广州市召开的、为期 2 天的“第十一届中国传媒年会”，广东省新闻出版广电局党组副书记、副局长钱永红在致辞中说的一段话。中国新闻出版研究院院长魏玉山，在主题报告中也提到,2014 年以来，传统媒体和新媒体的融合，

孕育和产生了大量新媒体产品，其中微博、微信和客户端成为颇受关注的主流媒体。进入2015年，随着4G网络的快速发展和WIFI的普及，基于移动智能终端的微视频发展如火如荼，“两微一端”逐步向“三微一端”迈进。由此我们可以认识到未来的媒体将向融合的方向发展，新的媒体也必然会得到发展。

/ 实施任务 1/　结合广告项目思考广告媒体运用方案

1. 任务的组织

（1）各小组先结合项目进行讨论，各自拟订个人的方案，然后小组再进行讨论，确定出小组的最后方案。

（2）老师组织小组之间进行交流，由各小组结合实际项目设计的方案进行相互讨论和交流；老师负责说明和决策。

（3）学习小组将完善好的设计方案提交老师进行评定。

2. 任务实施的要求

（1）每位同学都要积极参与，发表自己的观点。

（2）广告媒体的确立必须紧密结合媒体的特性。

（3）必须用电子文件和纸质文件将最后结果上交老师。

任务 2　选择合适的媒体进行广告投放

广告该用哪一类媒体进行宣传，在广告公司策划预算时已经基本明确了。比如拍一则电视广告，已经明确利用电视作为媒体类；策划一则广州日报的1/2版广告、地铁报整版广告，已经明确用广州日报或地铁报作为媒体。而在与客户的交流中，形成的初步的广告策划意向的方案，已经结合了广告主的市场战略策略、营销目标，事先要进入的目标市场，已经定好了要利用的具体的媒体，如利用电视媒体的话，是利用中央电视台还是湖南卫视、广东卫视等。

这里，主要从广告主的角度，结合广告公司、广告媒体公司（广告发布者）

为客户服务介绍说明的角度，来说明如何具体选定媒体，以及媒体组合策略的运用。所以，要思考的是，同样类别的媒体有很多，我们将该选择中央台还是地方卫视或者中央台、地方卫视的组合；该选哪一家电台、报纸或杂志等具体种类的媒体，作为学习的主线思路。

9.2.1 选择媒体时需要考虑的内容

1. 媒体类别的选择

媒体的传播能力与传播效果是不同的，所以，在选择媒体时就要先按照要求的传播效果的目标来选择合适的媒体。如下几点可以作为思考的方面。

（1）如果在店铺小范围的宣传促销，可以选用招贴、传单。

（2）如果想展示商品，应当选用电视、网络等媒体。

（3）如果想告知受众更多的商品信息，并且结合一定时效性，就要选用报纸、微信公众号、网站等作为媒体。

（4）如果要宣传商品快速促销信息，可以选用广播、报纸、微信公众号、网站等媒体。

（5）如想较长期宣传企业品牌，可以利用实物、霓虹灯、建筑物、POP、杂志、车身等媒体。

2. 不同媒体的横向比较选择

如想较长期宣传企业品牌，可以利用实物、霓虹灯、建筑物、POP、杂志、车身等媒体。究竟选用什么媒体或者媒体组合比较理想，要结合企业媒体运用历史、企业广告预算、企业品牌影响力评价等因素来考虑。

再比如，如要想在全国范围内打响品牌，需选定具有全国覆盖能力的媒体（当然也可以用一些主要卫视的组合），如中央电视台、中央人民广播电台、人民日报、参考消息等。问题是具体应当选什么媒体，以及媒体组合。这就要借用媒体传播效果测评评价指标，通过编辑选择理想的媒体或媒体组合。

3. 媒体组合选择

广告受众具有媒体的接触习惯；再加上可以增强重复的效应等原因，总体来说，市场影响力是靠多种媒体的共同作用形成的，这样就存在如何组合的选择问题。

4. 同一媒体的选择

传播效果的好与坏是选择同一媒体的重要思考。可以借助一定的指标评价媒体，进行比较选择。当然，结合市场营销战略策略，从传播范围来选择，是比较容易掌握的。如要想在全国范围内打响品牌，自然就只能选定具有全国覆盖能力的媒体（当然也可以用一些主要卫视的组合），如中央电视台、中央人民广播电台、人民日报、参考消息等。如果想用市场渗透策略，那就要选定合适的类似地方卫视等地方覆盖能力的媒体。

9.2.2 广告媒体传播效果测评评价指标

实行合适的媒体进行传播，是广告取得成功的重要一环。广告要懂得评价媒体以便选好媒体；广告公司评价媒体是为客户和自己发展必须具备的能力；广告发布者通过评价媒体可以向广告主和广告公司推介合适媒体。广告媒体传播效果，主要可以通过如下相关指标进行评价。

1. 开机率

这项指标针对电视比较多用。广告必须被受众留意注意到才有意义，而要做到这一点，受众首先必须是打开了电视机。所以，黄金时段一般认为是从 6 点 30 分开始的，至 10 点 30 分左右。这时候大家会看电视。无疑，广告主的广告最理想是在这个时段播出，其他时段，看得人自然就少了，因为许多人已经离开或关掉了电视机。具体可以用开机率这项指标反映。

⊙小思考

你是什么时候打开电视的？一般看多久电视？是不是比以前看少了，不开电视而开电脑了？

开机率（homes using TV，HUT）指在某一特定时段内打开电视机收看节目的户数（不论什么节目）占总拥有电视机户数的比例，实质是反映看电视的家庭有多少比例，基本公式为

开机率 = 某时段开机家庭户数 / 拥有电视机的家庭户数 ×100%

下面举一例来说明他的计算。

例 9-1：目标市场广州市有 500 万户家庭拥有电视机。2016 年 8 月 18 日的 18:30 ~ 19:30 时段有 400 万户家庭打开电视收看各种节目，其中有 100 万户看 A 节目；100 万户看 B 节目；50 万户看 C 节目；150 万户看 D 节目。计算该时段的开机率。

开机率 = 某时段开机家庭户数 / 拥有电视机的家庭户数 ×100%=400 ÷ 500=80%

计算时要注意，不分看什么节目。广告媒体运用时，同一媒体无疑应当考虑时段的选择。多年来中央电视台新闻联播前的一段时间被作为该台的黄金时间。

⊙参考资料

总的来说广播的黄金时间集中在为 6:00 ~ 7:00 时，当然不同节目有不同的听众，所以，时段上会有不同。

2. 收视率

收视率（audience rating）又称观众率或所众率或视听率，是指在一定时段内，目标市场上（特定区域）收看（或收听）某一特定电视台的特定节目（或广播电台的特定节目）的家庭户数（或人数，*n*）占拥有电视（或广播）的总人数（*N*）的比率。

计算公式，以某电视台的某电视节目为例：

收视率 =（观看该节目的家庭数 / 拥有电视机的总家庭数）×100%

如果是计算某广播电台某广播节目的听众率，把一些项换一换就行了。

例 9-2：目标市场广州市有 500 万户家庭拥有电视机。2016 年 8 月 18 日的 18:30 ~ 19:30 时段有 400 万户家庭打开电视收看各种节目，其中有 100 万户看 A 节目；100 万户看 B 节目；50 万户看 C 节目；150 万户看 D 节目。计算该时段各个节目的收视率。

解（以 A 节目为例）：A 节目收视率 =（观看节目的家庭数 / 拥有电视的总家庭数）× 100%=（100 ÷ 500）× 100%=20%

不难计算出 B 节目也为 20%；C 节目为 10%；D 节目为 30%，从中得出 D 节目是最受欢迎的。无疑，节目收视率越高，反映在该时段该电视台是最受欢迎的，在该台的该时段播出广告是最理想的。

再说明的一点，可以具体从每户家庭收看（听）的人数来计算收视率。

假设每户家庭平均是 3 口人。具体收看人数和收视率计算如表 9-1 所示。

表 9-1　收看人数和收视率计算

	A 节目	B 节目	C 节目	D 节目
收看人数	330（=100 × 3.3）	310	140	460
未收看人数	1 170（=400 × 2.925）	1 190	1 360	1040
总人数	1 500（万人）	1 500（万人）	1 500（万人）	1 500（万人）
收视率	22%	20.67%	9.33%	30.67%

3. 节目视听众占有率

这项指标用于反映电视和广播节目之间的传播效果。具体是指在特定范围内和一定时间内，收看某一特定节目的消费者家庭数目占开机家庭数的百分比。计算公式为

某节目视听众占有率 = 该节目视听户数（人数）/ 该时段视听总户数（人数）

本指标实质是与收视率完全一致的，只不过分母的口径不同而已，计算出的指标大小排列都是一样的，也就是说收视率高，节目视听众占有率同样也是高的。此指标的意义在于看电视的家庭（或听广播的人）中有多少比例是看该节目的。

例 9-3：目标市场广州市有 500 万户家庭拥有电视机。2016 年 8 月 18 日的 18:30 ~ 19:30 时段有 400 万户家庭打开电视收看各种节目，其中有 100 万户看 A 节目；100 万户看 B 节目；50 万户看 C 节目；150 万户看 D 节目。计算该时段各个节目的视听众占有率。

解（以 A 节目为例）：A 节目视听众占有率 =（观看 A 节目的家庭数 / 观看电视节目的总家庭数）× 100% =（100 ÷ 400）× 100%=25%

不难计算出 B 节目也为 25%；C 节目为 12.5%；D 节目为 37.5%，从中得出 D 节目是最受欢迎的。在该台的该时段播出广告是最理想的。

这里再强调一下三者之间存在的关系。某节目收视率 = 开机率 × 节目视听众占有率。例如，上例中 B 节目收视率 =80% × 25%=20%。回原的计算是 400 ÷ 500 × 100 ÷ 400=100 ÷ 500。实质就是收视率的本来的计算。可见，以上三个指标的核心是收视率指标。

⊙参考资料

某节目视听众占有率，主要受下面的因素影响：①该节目吸引力；②其他同时段节目的吸引力；③播出的时段；④该节目播出前后节目的吸引力，等等。

4. 毛评点

广告是一种重复的效应，所以，广告要有一定的重复才能起到效果。因此，策划好的一则广告会在一定时期内多次重复地刊登播放。无疑，每天收视都不错的情况下，效果是比较有保证的。毛评点就是这样一项指标。

毛评点又称总收视率（gross rating points，GRP），是指在某一特定时期之内，某一特定的广告媒体所刊登（或播放）的某则广告的收视率总数。

引入符号 R 表示平均收视率（平均观众率或平均听众率），F 表示插播频数，则 GRP 的计算公式为

$$GRP = RF$$

下面举一个例子来说明。假设上例提到的 ABCD 节目，插播的次数都是一个星期每天都播放。则它们的 GRP 计算如表 9-2 所示。

表 9-2　节目总收视率

节目名称	平均收视率（%）	插播次数（次）	GRP（%）
A 节目	20	7	140
B 节目	20	7	140
C 节目	10	7	70
D 节目	30	7	210

要注意，常用百分数表示，但常不用百分数表达。例如，A节目毛评点140%，但在读取的时候常省去%，将上例毛评点读为140。很明显的道理，节目与节目之间比较，同样插播次数下*GRP*越大媒体广告传播效果越好。

5. 视听众暴露度

视听众暴露度（impressions）是指在某一特定时期内收看（或收听）某一媒体特定节目的人数（或家庭数）的总和。计算公式为

视听众暴露度＝视听众家庭总数（或总人数）× 毛评点

把公式还原可以更好地领会公式的本质意义。

视听众暴露度＝视听众家庭数（或人数）× 毛评点＝视听众家庭总数（或总人数）× 收视率 × 插播频数＝视听众家庭数（或人数）×[（观看该节目的家庭数 / 拥有电视机的总家庭数）×100%]× 插播次数＝观看该节目的家庭数 × 插播次数。

由此可见，这项指标表示某则广告收看的家庭或人数规模。

无疑，在广告媒体选择上应当选用视听众暴露度高的媒体为好。但是要注意的是，本指标与毛评点都是比较粗略的一种计算，直接把收视率或者收视（收看）家庭数（人数）与插播次数相乘得出结果。至于收看（收听）的家庭是谁、收看（收听）了多少次是没有反映的，所以，还要结合其他一些指标和方法进行分析运用。

6. 到达率（接触率、触及率，reach）

到达率是指某一媒体在有效传播的时间周期内接触到广告的受众人数（不重复计算），占媒体传播范围内总人数的比率。到达率可以作为所有媒体的评价指标，但由于电视和广播有收视率的指标，所以，到达率常用在其他的媒体评价。实质上就是看到（或听到、接触到）某一媒体发布的某一则广告的人数的比例。计算公式如下：

到达率＝（接触到该则广告的人数 / 媒体传播范围内的总人数）×100%

注意，计算时分子只按人头来计算，与看过次数无关；统计人数的时间长短要结合具体媒体来确定。

媒体有效传播的时间周期指媒体的平均寿命周期。如某杂志从开始发行需经过11 ~ 12周才能到最后一位读者；户外广告与交通广告通常要一个月时间才能到最后一位受众；广播和电视媒体一般按4周时间计算。报纸也是按照一定发行期经过全部读者阅读的寿命周期作为计算标准。无疑，广告投放运用时要选到达率相对高的媒体。

7. 暴露频次

暴露频次（exposure frequency）指广告信息被受众听到或者看到的平均次数。

一般采用加权平均计算的方法。

例如，都教授与邓紫棋一同演绎的德芙巧克力广告，看过的受众一共有 50 万人，其中看过 1 次的有 10 万人；看过 2 次的有 15 万人；看过 3 次的有 25 万人。则暴露频次 =（1 × 10+2 × 15+3 × 25）÷ 50=2.3（次）。

无疑，广告投放运用时要选暴露频次相对高的媒体。

⊙小知识　评价指标的比较

到达率和暴露频次均用于衡量一则广告计划送达的人数或家庭数。广告策划者可用到达率和暴露频次分析、选择媒体刊播。若以告知为目标，应选到达率高的媒体；以强化品牌形象为目标，应选暴露频次高的媒体。

8. 千人成本

千人成本（cost per mille 或 cost per thousand，CPM），这是一项衡量相对费用的指标，也是一项常用的重要指标。具体是指在某一媒体每千个看过（听过、接触过）所播放的广告的受众，平均每次需要的费用，计算公式为

$$CPM=（广告费用 \div 媒体受众人数）\times 1\ 000$$

很明显，在可供选择的广告媒体比较是，应选 *CPM* 低的媒体来刊播广告。

9. 有效到达率

有效到达率（effective reach），指在一特定广告暴露频次范围内，有多少媒体受众知道该广告信息并了解其内容，可用来解答“多少次广告才有效”这一问题。比如说，暴露频次是 3 次，广告受众的人数即影响的面是不是达到了要求。

广告产品的有效到达率是由多种因素决定的，包括产品的购买周期、广告信息的复杂程度、产品的市场定位、品牌的知晓度、广告媒体的传播特性，等等。

⊙参考资料

西方广告专家对最佳程度的广告频次做了大量研究，得出一些公认的结论。

（1）广告宣传暴露一次没有任何价值。

（2）第二次暴露才会有一些效果。

（3）在一个月或一个购买周期中需要三次暴露才能产生预期的广告效果。

（4）广告宣传在达到一定的暴露频次以后，宣传效果递减。

（5）广告宣传在达到某一程度的频次时，广告效果为零，甚至会产生负效果。

理论研究认为，暴露频次在 3 次以下的广告没有任何价值，最佳的暴露频次是 6 次。当暴露频次超过 8 次，媒体受众就可能对广告信息感到厌倦，其后的广告暴露将没有任何效果，甚至可能产生负效果。

资料来源：http://www.gjart.cn/viewnews.asp?id=9566。

小结上面的指标，在选择评价媒体时，要综合多项指标来进行才能做出正确的选择。

9.2.3 选择媒体应考虑的因素

广告主和广告公司在选择广告媒体时，除了考虑上面提到的9项数量指标之外，还要考虑媒体、市场方方面面条件因素的影响、制约和要求。

1. 媒体的性质和特点

不同媒体具有不同的特点，在前面内容中已经学习。在选择媒体时要结合商品的特点和传播的目标加以比较选择。具体来说要结合如下几点：

（1）媒体的影响力。不同媒体具有不同覆盖面和权威，影响力也会不同。如传统的四大媒体报纸和电视的权威性和影响力就比广播和杂志要好；随着社会、经济、文化、科技的发展，网络将以迅猛之势成为具有强大影响力的媒体。所以，在选择媒体的时候要注意这一点。同时，还要注意的是同一媒体的媒体影响力也是不同的。如《人民日报》就比地方报要更加权威；广东卫视就比其他地方台影响力又要强些，等等。

（2）媒体的性质。不同的媒体具有不同的特性，比较适合的商品和目标受众是有差别的。如日常生活用品用电视进行宣传是较好的；专业性比较强的商品，例如药品、医疗器械，用专业杂志是比较好的，等等。

（3）媒体的覆盖面。不同媒体所具有影响力的广度和深度是不同的，也就是所覆盖的面是不同的。全国性媒体面向全国；区域性媒体面向区域；地方性媒体面向地方。

（4）媒体的收视率、触及率。此项指标反映消费者是否接触到广告。在选择媒体时，广告是否能被注意到是最重要的选择指标，因为广告被注意是广告产生效果的基础。

（5）媒体的接触频率（暴露频次）。广告是一种重复的效应，所以，广告要同一受众多次接触才能真正产生效果。所以，一方面在广告策略上要注意适度的广告播放时间和频率；另一方面在考虑媒体选择上要考虑该媒体在相应时段所刊播的节目的稳定程度以及受众可能多次接触的可能性，即节目受欢迎的程度。

（6）媒体的连续性。连续性主要是针对电子媒体选择时的一种考虑。媒体之间也存在着激烈的竞争，例如，春晚之争，许多地方台“叫板”中央台春晚。媒体竞争主要取决于媒体的权威性和影响力，而媒体竞争具体体现在同时段节目的收视率。由于有些节目很可能原来受欢迎，一段时间后发生变化或被其他节目替代，所以，在运用媒体时要考虑媒体可以延续的时间问题，即媒体的连续性问题。

（7）媒体的针对性。不同的媒体都有自己主体的目标传播对象。所以，在选择媒体时要考虑媒体对象能否与自己商品的目标销售对象相符或是否能覆盖到。如广播媒体的专栏节目都有自己的忠实听众，所以，在运用时要注意这些听众是否就是自己所要传播信息的对象。例如，针对司机的商品广告在定点交通播报时就容易被司机接收到。

2. 广告商品特性

所有的广告商品都具有自己的目标销售对象。所以，在选择媒体时要多考虑目标销售对象是否是媒体能覆盖触及的。同时要注意，不同商品处于不同的生命周期阶段，需要传播的力度要求是不同的，在媒体运用时要加以考虑；不同商品的主题、创意和表现的要求存在不同，有的商品需要展示，有的商品需要说明，等等，所以，在广告媒体的选择上要注意加以结合。

3. 目标受众接触媒体的习惯

不同的受众由于年龄、职业、教育程度、家庭、收入等方面的原因，接触媒体的习惯是不同的。例如，先说说教师，老师的天职是“答疑解惑”“教书育人”，所以，必须不断学习，不断了解社会的发展变化，要求知识性、信息性、资料性比较强的媒体，因此报纸、网络等成为其主要接触依靠的媒体；其次说说司机大佬，他们主要工作空间就在车上，又不能“太分心”，所以，他们需要借助广播了解交通等方面的消息和得到其他一些诸如娱乐等服务；再说说伴随互联网长大的 90 后，他们已经纷纷走上了职业岗位；还有上班一族成为“低头族”等都说明了人们接触媒体有自己的习惯。由此，在广告媒体选择上，就要结合所针对的目标对象的媒体接触习惯来运用相应的媒体。

4. 广告目标的要求

广告商品处于不同的生命周期阶段，广告传播所要求达成的目标也不同，所以在广告传播上要达成的目标也会不同。有的商品要求告知，需要有较强传播力的媒体覆盖所要营销到的目标市场；有的商品只是需要维持原有的市场、保持受众的美好记忆，广告的媒体只要求能保持一定的影响力，并不需要大张旗鼓，这样在媒体选择上又有一定的目的。例如，已经创出品牌的“海天牌”酱油，利用广州日报的报眼进行提醒式的广告，维持着较强的影响力。

5. 市场竞争状况

商品之间存在竞争，而面对对手的竞争压力，一种策略是直面竞争，包括在媒体的选择上也不加相让；另一种策略是回避竞争，包括在媒体的选择上可能都要避开竞争对手。例如，王老吉与加多宝之间的直面竞争，取得了双赢的局面。

6. 国家法律法规

国家对媒体从事广告活动和商品的广告活动上都有明确的法律规范。例如，限制香烟广告在公共媒体上的播放；对户外广告进行专门的规范；对媒体播放广告时间进行专门的规定；对新媒体的管理规定，等等。

7. 广告费用

广告费用无疑是在选择广告媒体时要考虑的重要因素，企业有广告预算，而不同媒体的市场价格是不一样的，所以这是要考虑的因素；另外，相同的媒体，选择具体哪一家媒体，除了传播效果等因素外，广告费用也是要考虑的因素，主要可以通过千人成本来进行比较衡量选择。

9.2.4 确定广告媒体发布的策略

借助一定的广告媒体将广告展播，要考虑利用一种媒体，还是同时考虑多种媒体一起运用。这样就形成了主要的两种策略，单一媒体策略和组合媒体策略。

1. 单一媒体（介）策略

这种策略就是只运用一种媒体来进行展播制作的广告作品。这种策略当然可以少花广告费，在企业广告预算只能考虑单一媒体的情况下采用。因为广告目标受众具有媒体接触的习惯，而媒体本身也具有传播能力的限制，所以，单一媒体存在明显的不足。单一媒介策略适应于小企业或大中型企业短期广告。

如何选择较理想的媒体，可以采用尝试法作为选择单一媒介的方法。尝试法就是通过一段时间的观察，分析所选用的单一媒体是否有效理想。

⊙小案例

有些宣传预算不充分的公司，在众多的媒介中集中力量只做某一种媒介广告。如稻花香酒在南京上市时，几乎在所有公交车上都做了车身广告，其他媒介几乎不做，由于其操作得当，效果也相当好。

2. 媒介组合策略

这种策略就是同时采用多种媒体进行广告的展播，称为媒体组合（media mix）策略。无疑，媒体的组合带来了很好的效果。主要体现在三点。

（1）可以扩大传播面，提高到达率。原来一种媒体到达不了的对象，通过另一种媒体得到补充。

（2）能互补加强效应，因为广告受众能通过多种途径接触到广告，感知到广告主的实力，同时重复也增强了印象。

（3）能降低成本。因为广告真正能做到全覆盖，提高了传播的效果；另外，不用专门依赖于费用高昂的某一种媒体，可以利用一部分的投入，转为采用其他比较便宜但又能起到补充作用的媒体。

当前，我们的时代已经进入了“全媒体时代”“大传媒时代”。随着科技日新月异发展，尤其是互联网时代的到来，媒体融合发展使得新的信息传播手段和传播方式不断产生和发展，媒体可以对受众做到全触觉的体验。

媒体组合原则上是有效高效的。需要广告人不断总结各种商品合适采用的方式，包括同类的和不同类的媒体的组合。

/ 实施任务 2/ 结合项目明确广告媒体运用的方案选择

1. 任务的组织

（1）各小组先结合项目进行讨论，各自拟订个人的方案，然后小组再进行讨论，确定出小组的最后方案。

（2）老师组织小组之间进行交流，由各小组结合实际项目设计的方案进行相互讨论和交流；老师负责说明和决策。

（3）学习小组将完善好的设计方案提交老师进行评定。

2. 任务实施的要求

（1）每位同学都要积极参与，发表自己的观点。

（2）广告媒体的确立必须紧密结合广告媒体的特性和运用策略。

（3）必须用电子文件和纸质文件将最后结果上交老师。

任务 3　广告投放策略策划

9.3.1　广告投放策略的基本认识

1. 要义

广告是一项投入较高的投资活动，广告人都需要设想在相同的投入下取得更好的效果。这就要求运用不同的广告投放策略（广告策略）来实现这一目标。可见，广告投放策略就是广告人在广告活动过程中为了取得更好的广告效果所运用的各种谋略思想和方法手段的总和。

⊙小案例

新产品优乐美奶茶，主题采用情感诉求的模式，深受年轻人的喜爱。“你是我的优乐美”广告语深入年轻人的心。广告由年轻人喜爱的艺人周杰伦来代言演绎，在广告媒体上采用了年轻人接触比较多的电视媒体，使得广告商品一推出就红遍天下，可见广告策略的重要。

2. 广告投放策略的内容

广告策略包含的内容有多个方面，具体包括了广告产品策略、广告市场策略、广告媒体策略、广告实施策略（含时间策略、IMC 策略等）等。

（1）广告产品策略，就是围绕广告产品方面的策略运用，包括广告产品定位策略、产品的生命周期策略、广告产品附加值策略等。

（2）广告市场策略，主要是围绕广告商品市场开拓运作方面的一些策略，包括无差别市场广告策略、差别市场广告策略、集中市场广告策略等。

（3）广告媒体策略，是指广告活动中运用不同的广告媒体及其组合，促使广告效果增强的方法手段。

（4）广告实施策略，包括广告系列策略、广告时间策略、广告频率策略、IMC 策略等。主要说明广告是一种重复的效应，要有策略地进行重复，采用合适的系列策略；广告要增强效果，需要在一定的时间和通过一定的频率并在合适的时机推出，促成产生好的效果等内容。

要注意，广告策略的运用可能需要综合采用多类的策略，而每类的策略又包含了多种的具体的策略，所以，广告策略的运用可以说是多种策略的组合。

这里还要补充说明的是，广告产品策略中的产品定位策略，与广告主题密切相关，已做了思考并在项目 3 广告信息主题分析中做了重点说明；广告实施策略中主题变不变的思考，与广告主题是有很密切的关系，这些内容也在项目 2 广告市场环境中的内容涉及，具体是在微观环境中的广告策略做了细化的说明；广告媒体策略在本项目前面的内容中已做说明。所以，在这里主要是从广告投放角度进行认识说明。

9.3.2　广告产品策略

1. 广告商品生命周期策略的运用

优质的产品是企业开拓市场的基石，产品在市场上存在自身发展的规律，最基本的体现在产品生命周期规律。广告商品在市场的销售不是一劳永逸的，而是会伴随市场的发展而不断的发展变化的。其中广告商品将经历了不同的生命阶段，从步入市场接受市场的检验，到销售迅速增长的成长期，到销售增长较缓慢期，到市场维持稳定成熟，到市场逐步饱和，到市场衰退这五个时期。每一个时期的市场环境是不同的，广告活动应当结合市场环境的变化来进行。

为了更好地说明广告策略的运用，一般将广告商品的生命周期整合成三个阶段进行分析说明，即广告商品的初期、广告商品的中期、广告商品的后期。广告商品初期包括产品的引入期和成长期的前期；广告商品的中期包括成长期的后期和成熟期；广告商品的后期是指广告商品处于饱和期和衰退期。

（1）广告商品处于初期。这个时期的市场特点是商品还没有完全成熟定型，商品也还没有被消费者认知，市场销售还没有起色。所以，广告在策略上应当采用以树立广告商品及品牌认知为目标，如“优乐美”奶茶广告，“你是我的优乐美”的情趣创意和周杰伦的形象代言，让广告商品迅速被受众认知。

在这一阶段，广告宣传以“创牌”为目标，目的是使消费者认知该产品，引导产生新的需求；实施开拓市场的战略；广告诉求策略以“告知”为主，突出新旧产品的差异，向消费者介绍新产品的有知识，从而引起兴趣、产生信任感；大力宣传产品的商标和牌名，不断扩大其知名度，促使最先使用者（目标受众的部分）购买，并在带头人推动下，争取更多的使用者，逐步过渡到普遍使用。

在这一阶段，广告投放上应投入较多的广告费；加大刊播频率；运用多种媒体组合造成广告声势，以便使新产品迅速打开市场。如海尔集团新推“探路者”彩电，广告以“海尔人的新奉献”为主题，借助于海尔品牌的提携，提高其知名度。

（2）广告商品处于中期。广告商品被市场接受，销售有了大的起色并且迅速增长，这是广告商品最好的赢利阶段，由于市场的打开和市道被看好，所以许多的企业也会觊觎这一市场，投资进入到这一商品的领域来，市场竞争激烈。广告商品必须考虑如何能够在众多的商品竞争中脱颖而出，所以，打造商品优势，突出商品的品牌形象尤其显得重要。在这一阶段，应以“保牌”为广告目标。广告诉求策略应以“说服”为中心，展开竞争性广告宣传，引导消费者认牌选购，广告诉求必须以强有力的说服力，突出与同类产品，其他不同品牌的差异性，巩固企业和产品的声誉，加深消费者对企业和产品的印象；广告的对象，则转化为广大消费者；广告媒体可以更有针对性，投入可以适度减少。

（3）广告商品处于后期。销售可以说是“一落千丈”。这个时候出现了新的替代商品。随着这一时期的推进，越来越多的企业开始转行退出该商品的领域，进入全新的领域，企业应当通过广告减缓商品在这一时期的销售下滑速度。这一时期的广告目标，重点应放在“维持”产品市场上的良好印象；广告发布策略主要做法是定期间隔、定时发布广告，以提醒消费者，唤起消费者的注意，巩固习惯性购买；广告诉求重点应突出产品的售前、售后服务，保持企业信誉，稳定产品的晚期使用者和保守者；多采用良好的性价比诉求。

2. 广告整体产品策略

随着市场竞争的加剧，企业更多地采用增大“顾客让渡价值”的方式，来促进商品的销售。其中，最多的就是采用整体产品策略，通过加大产品的“附加价值”的形式，使顾客得到更多的“利得”，从而增强广告的注意力和吸引力，增加商品的销售。企业向消费者提供的产品是“实体产品”和“附加产品”的结合，整体产品的灵魂是指向消费者提供的某种利益和效用，它是消费者购买的根本动机和目的。

商品是用来交换的具有特有价值的产品。商品本身具有相应的“核心价值”，包括商品特定的性能、功效、包装等。消费者购买商品无疑是以购买商品的核心价值为基础的；再有就是“心理价值”（品牌价值）越来越被消费者看重。而另外，随着商品的同质化加深，超越消费者的期望价值成为赢得顾客的极为有效的策略。所以，商品价值的三个层次的理解是比较简约的，即“核心价值”“心理价值”“附加价值”三个方面。

附加价值的形式包括形形色色的服务和赠送（运送、维修、安装、保险、艺术收藏、馈赠等）。顾客在购买选定商品后得到意外的惊喜，这样的商品往往更容易得到顾客的青睐，如附送一些小礼物等。而另外，消费者还普遍具有“收获喜悦”、得到“意外之喜”的“获喜”心理，在买到喜爱的商品之余能得到更多的超出期望的喜悦。我们把这些额外的利得称为附加价值。

可以说利用附加价值形式，在广告中是习以为常、司空见惯的，特别是在成熟期、饱和期的商品广告策略运用。

9.3.3 广告市场策略的运用

广告商品面对的是什么样的市场，是整个市场呢，还是其中一部分市场，这是有区别的。广告商品目标市场定位不同，广告目标对象就会不同，广告相应的市场策略（或广告目标市场策略）也会不同。

先来认识广告市场的消费特点，从总体来说，根据广告市场的消费特点，形成两大最基本的市场，一是同质市场，一是异质市场。同质市场的情况下，消费者们在消费该商品上的数量和质量上没有明显的不同，且消费弹性较小；异质市场的情况下，消费者在消费该商品上具有量和质有明显的不同。

当广告商品面对的是同质化市场，则在广告策略上可以采用无差别（无差异）市场广告策略，这种策略认为广告商品面对的消费者基本上是同一的，只要对他们做同一的广告就行了。在媒体组合策略上，对不同媒体采用同一广告主题的广告。最有代表性的案例就是“碧生源减肥茶”和“碧生源常润茶”，在车厢里、地铁上、电视上等媒体播出的都是同一主题的广告，“碧生源人美妙了”；还有大家熟悉的例子“好迪真好，大家好才是真的好”。要注意的是，这种策略比较适合新产品、竞争少产品、供不应求产品、小商品。

当广告商品面对的是异质化市场，则在广告策略上可以采用差别（差异）市场广告策略或集中市场广告策略。差别广告市场策略，认为广告商品面对的消费者基本上是不同的，需要对不同的消费者市场提供不同的商品，采用不同广告主题的广告。所以，先要进行市场细分，然后选择目标市场，有针对性的投放适合的商品和运用本广告策略。例如，P&G产品，针对不同消费需求推出了以“去头屑”为核心的海飞丝产品；同时推出了使头发“飘逸柔顺”为核心的飘柔产品；还同时推出了头发“养护”为核心的潘婷产品，在不同样的媒体上推出不同主题的广告，取得了很好的效果，三种产品都取得非常好的销售业绩。要注意的是，这种策略在广告商品处于成长期的后期或者成熟期，比较适用。

集中市场广告策略是指将一个或几个细分市场作为自己的目标市场，并对目标市场对象进行有针对性的广告宣传的策略。例如，世界500强企业惠氏，始终秉承“百年卓越，惠泽新生”的品牌信仰，在婴幼儿细分市场上闯出一番天地。以惠氏婴幼儿奶粉广告为例子，广告是针对新妈妈和准妈妈，广告中活泼可爱的小baby让受众印象深刻。可见，集中市场的战略策略是大有可为的。特别是一些中小企业在采用市场策略时，可以多考虑采用这一策略，针对所选定的市场，采用较为单一的广告主题的广告进行宣传。

⊙小案例

考后经济热起来　消费市场争抢“准大学生”

本报讯（记者 郝培杰 见习记者 万彤）高考过后，考生“准大学生”们纷纷选择不同的方式减压放松或是充实假期生活。与此同时，不少商家也将商机瞄准了这类人群，“考生特惠”“考生绿色通道”，一时间，名目繁多的考生福利让准大学生们应接不暇。在商家推出的众多优惠促销方案中，旅游套餐成了准大学生们的热门选择。各个旅行社抓住这个商机打出了各种套路：“考生凭准考证报团立减”“考生家长陪同参团立减”“考生家庭特惠”等诱人的条件，让不少考生家庭加入了报团大军。记者近日在围堤道一家旅行社看到，咨询台旁围着几个考生和家长，正在了解店家推出的考生套餐。为了让考生更好的放松，旅行社也是煞费脑筋。某旅行社店面经理告诉记者，高考结束后，旅游市场一般会出现两波考生出游小高峰，一波是从考后至高考成绩公布，另一波是录取结果确定至学生入学前。第一个小高峰往往以短线游为主，组团自驾游是一个适合考生家庭不错的选择。第二个小高峰 由于大部分考生录取结果确定，心里踏实了，将以中长线游为主。这样的规划，让不少家长觉得很贴心：“为了高考，一家人很久没有出去旅行了，趁着这个假期让孩子好好放松一下。旅行社制订出游计划，让我们省了很多心。”另据了解，一边减压放松，一边体验国外教育方式的出境游学，也越来越受青睐，咨询量和预订量都有所增多。难得的一个长假期，如果不选择出游，那么学车考驾照可能是准大学生们的不二之选。目前，本市已实施驾驶人培训“自主约考”新举措，实现了驾驶人培训与约考分离，驾驶证申请人可通过互联网交通安全综合服务管理平台向车管部门报名“自主约考”。但记者从周边驾校了解到，准大学生的家长考虑到孩子社会经验少，自控能力稍差，大多还是选择在驾校报名学车。几家驾校报名点工作人员也表示，现在学车的价格在3 500元左右，通过科目一之后，如果有足够时间练车，两个半月后就可以拿到驾照。“这个假期有3个月左右的时间，如果孩子打算去外地上大学，这次如果考不下来，就只能等下个假期再学。”在某驾校一位刚刚帮孩子报完名的家长告诉记者。据了解，不少驾校对考生实行了一定的优惠，还给高考考生开放了“绿色通道”，加上高校即将迎来暑假，在校大学生也更多地把学车列入了暑期计划，这就让学车报名更加火爆。

资料来源：《天津日报》，2016.6.16。

9.3.4 广告实施策略的运用

广告在实施过程中应当考虑如何结合市场要求，通过特定系列方式、实施的时间、频率、竞争、IMC 等策略，增强广告的效果，赢得更好的市场影响力。

1. 广告系列策略

（1）广告系列策略，是指企业在一定时期内，有计划、分阶段、有目的地连续发布“既有关联性又有变化性”的一组广告，从而增强广告的效果。

⊙小案例

洗肠的概念在 2003 年的中国保健品市场上闹得轰轰烈烈，几乎是每个人都知道可以洗洗自己的肠子。这与几家企业的共同打造分不开。碧生源肠润茶、御生堂的肠清茶、绿山九清润茶、普利捷润舒茶、春植林常舒茶、丁氏润通茶、肠清松、秘乌健都在说“洗肠清宿便”。全年至少有十几个品种在说洗肠清宿便。“三人成虎”，说的人多了，人们自然而然也就信了。于是，老百姓信了，真的开始洗肠了。可见，本例中的洗肠就是重复效应的明显体现。

（2）主要可以运用的广告策略形式：

1）形式系列广告策略。这一策略的特点在于广告主题在一定时期内保持不变，但广告表现形式有所改变。可以说这一策略被大牌运用的淋漓尽致。麦当劳、肯德基、可口可乐、百事可乐，等等，都是长年不断，以不变的主题变换的形式来表现广告的。这一广告策略形式的运用，可以在企业品牌比较成熟的时候多考虑运用。

⊙小案例

在广东珠海的“丽珠集团丽珠制药厂”出品的胃药“丽珠得乐”男子汉系列广告，描写的都是生活中的普通男人。由 3 部电视片、1 个 MTV、6 则平面广告组成，平面广告有《演员篇》《养路工篇》《摄影师篇》《教师篇》《建筑工人篇》《货车司机篇》共 6 篇。“丽珠得乐”胃药的系列广告，就是唤起消费者共鸣取胜的，贯穿几则广告的标题是：“其实，男人更需要关怀。”

2）主题系列广告策略。这一策略的特点在于依据每一时期目标市场的特点和市场营销策略的需要，适度恰当地变更广告主题，以适应不同广告目标对象的心理需求。采用这一策略的根本原因是需要符合商品生命周期的需要。注意，在运用这一广告策略时往往是有一定发展过程的，时间也会长些。

⊙小案例

百威啤酒

第一阶段主题：美国风味——如辽阔的大地、沸腾的海洋或宽广的沙漠，使受众产生视觉效应留下深刻的印象。

第二阶段主题：我们爱第一——百威是全世界最大最有名的美国啤酒，广告标题：这是最出名的百威。

3）功效系列广告策略。这一策略的特点在于以一系列广告从不同侧面说明广告商品的功效。例如，科龙空调就是曾经利用多则广告表现空调的抽湿、变频、制冷等功效。注意，广告商品在初创的时期运用这一策略比较适合。

4）产品系列广告策略。这一策略的特点在于通过多则广告展示企业所生产经营的一系列连带性强的产品系列。例如，松下电器，就采用这种形式，先用几则广告分开介绍生产的几种主要产品，然后再在一则广告综合介绍全部所生产的产品。在运用中也可以相反倒过来。当前市场当中苏宁和国美所采用的广告形式也可以看作这一策略的变通，几乎每天不断的广告，广告当中采用一些较大的优惠商品作为增强吸引力方面，然后比较全面介绍所经营的商品。注意，这一策略比较适合在广告商品的竞争比较激烈、企业有一定的成熟度的时候。

2. 广告发布时间策略

广告选择在什么时间段推出，以及什么时间点推出，间隔多久推出，是广告实施时必须认真考虑的方面。广告发布时间策略，可以分为广告时限运用策略和广告实际运用策略两类。

（1）广告时限运用策略主要指广告在时限选择上所运用的策略，也就是多场时间内投放广告的策略。主要策略主要包括如下几个：

1）集中时间广告策略。广告集中在较短时期内投放，目的是迅速造起市场的声势，特别适用于新产品刚投放市场以及企业新开张时。

⊙小案例

互联网金融企业斩获《新闻联播》后黄金时段广告

2015 年 11 月 18 日，有中国经济晴雨表之称的“央视黄金资源广告招标会”在北京火爆开场。联想控股成员企业、国内最大的三农互联网金融平台翼龙贷夺得 2016 年全年央视《新闻联播》后黄金时段广告位置，改写传统明星企业多年统治局面，与众多著名品牌共映荧屏，吹起一股强劲互联网金融风。

翼龙贷成为最大黑马 互联网金融登堂入室

在招标现场，翼龙贷积极参与举牌，在与一些传统企业的举牌竞标中交替上升，几乎呈现胶着状态，正是折射了传统经济与互联网企业相互竞争，相互促进的 螺旋式上升发展路径。最终，翼龙贷斩获了2016年全年《新闻联播》后黄金时段的位置。此前，翼龙贷的形象广告已经从11月～12月正在央视《新闻联播》后10秒的黄金时段及央视多个频道的黄金时段播出，从2016年开始，翼龙贷的广告还将全面覆盖央视一套、二套、十三套等黄金位置。

翼龙贷开启农村互联网金融“爆发年”

众所周知，央视的黄金时段招标会透露出不同行业的企业决心，并展示出企业家对次年中国市场的期待与信心。翼龙贷此次大手笔进军央视，展现出对自身战略、业绩、扩张计划的强烈自信。董事长王思聪表示，2015年已经成为农村互联网金融的元年，而翼龙贷在央视《新闻联播》半个多月的推广，已经给业绩带来了明显的增长，2016年或将成为农村互联网金融的“爆发年”。在中国经济打造升级版的进程中，翼龙贷选择用互联网金融的方式反哺农村。从2007年成立至今，已经为中国农村经济“输血”将近100亿元，先后为20多万农户提供贷款，帮助了60万以上的农民实现了就业，总交易额已经突破160亿元，成为中国交易总额最大的三农P2P企业。在翼龙贷董事长王思聪看来，此次进军央视黄金时段，就是希望将更多的城市富余资金引到田间地头，给农户或小微企业带来更多的贷款机会，也让更多投资者享受到合理的较高收益。截至目前，翼龙贷在中国内地已经覆盖了除青海、西藏、新疆、海南之外的全部省市区，加盟运营商网络延伸到300多个地级市、1 800多个县区、1万多个乡镇，部分网点已经到村级。据王思聪透露，2016年，翼龙贷的战略部署是将网点覆盖至全中国。

资料来源：网易财经，http://money.163.com/15/1119/10/B8PCRG3N00253B0H.html。

2）均衡时间广告策略。广告有计划地反复投放，即在较长的时间里撒开投放。策略的目的在于持续加深广告受众的印象，保持对广告的记忆度。要注意，由于拉开播放的时间比较长，所以，应当注意广告表现形式的必要变化，并考虑结合广告频率的策略来运用。

3）季节时间广告策略。主要是针对季节性商品的广告投放，一般应当在应季开始时就开始投放广告，季中多投放、季后少投放，靠近季节末就可以停止广告投放。例如，中秋佳节的月饼广告，一般提前一个月刊登广告。在靠近节前几天进入高峰，然后急速退出。

4）节假日时间广告策略。集中在节日来临之前和节令期间投放广告。特别适合零售企业和服务行业的广告投放。如国庆节黄金周，在迎佳节前的近10天左右时间就开始做广告，佳节期间还可以做些广告，直至佳节最后。

（2）广告发布时机策略。市场在发展过程中，有些时间节点往往具有特殊的意义价值，如节日期间、季节来临、某社会关注的事件出现的期间等。具体在广告发布策略上要把握好两种策略。一是如何结合方面的策略，二是如何选择方面策略。

1）广告发布时机结合策略，要求要注意做好三点。

A. 应结合环境事件，选择广告时机。如重要的文化、体育赛事活动。如一年一度的“畅游珠江”活动，提供相应商品的企业可以利用活动之前几天时间进行广告。里约奥运会，社会关注度高，体育频道每一个节目前或期间的广告插播效果都是比较理想的。里约奥运会第一网红、游泳界第一段子手傅园慧出了名，傅园慧即为冰露纯悦矿泉水代言广告，身着泳衣，不忘搞怪表情的她，手里拿的正是冰露纯悦矿泉水。

B. 应结合一些“黄金时间段”。除了大家都熟悉的中央电视台《新闻联播》节目前后的时间段，是企业争抢的广告好时段外，其实还有很多类似或者比之稍弱的黄金时段。如地方台的一些时间段，一些台某节目的好时段，如江苏卫视的《有缘非诚勿扰》、东方卫视的《金星秀》等。

C. 应结合一些具体时点。例如老年人用品，老年人一般有早起早睡的习惯，应当注意，老年人用品播出的时段。

2）广告发布时机选择策略，就是广告推出时间与商品进入市场的时间结合选择的模式。具体有三种模式可以考虑。

A. 先期投入市场。这就是在商品进入市场之前，广告就事前进行投入，为广告商品进入市场做好铺垫。例如，一些大牌企业，类似 iPhone 新产品推出，就是采用这样的策略。房地产企业基本上也是采用这样的策略，楼盘还没有真正上市，就开始大做广告，开始认筹卖房。

B. 同步进入市场。广告新商品与其广告同样的时间进入市场。这个策略在商店新品上市时常用，与 POP 同步；车展广告；会展广告等常用。

C. 延迟投入市场。新商品现在市场试销，等掌握一定的市场资料以后，才推出广告。这样无疑，在广告商品的目标定位、广告诉求、广告创意等方面都会是比较准确的。现在一般的新商品都是采用这样的模式。

（3）广告发布频率策略。广告是要借助重复效应来产生效果。所以，需要在较长时间以及播放当天的一定的反复次数来达成效应，具体广告播放的在频率上有两种策略，一种是固定频率广告策略，一种是变动频率广告策略。

1）固定频率广告策略，是指广告发布的频率，在计划播放期间是固定不变的。如在整个年度内，每天都在中央电视台《新闻联播》节目之后，播放 5 秒钟的企业形象广告。具体又包括两种方式。

A. 均匀间隔固定频率广告策略。上面提到的是每间隔 24 小时，即一天播放了一次。还可以是约定间隔 2 天、3 天或其他时间间隔来播放。这种策略的好处是很有规律，受众接触到一定时候，往往形成一种记忆上的习惯，产生到什么时间就出现什么广告这样的效果。

B. 递延频率广告策略。这种策略是播放的次数是固定的，但播放的时间间隔是“前短后长”，广告播放的时间更长，能够结合受众的遗忘规律增强广告效果。例如某则广告共播放 20 次，先每天播 2 次，共播 5 天；后每隔一天共播 2 天；后每隔 2 天播，共播 18 天。

2）变动频率广告策略，是指广告发布的频率，在计划播放期间是不固定而是可变的。具体可以细化运用。

A. 对于季节性、潮流性商品广告，可以采用波浪式变化频率广告策略。先每天播放 2 次，播了几天以后，改为每天播 3 次，再播几天后，再增加至每天播放 4 次，至高峰次数后，反过来减少次数播放。好处是能符合“潮流兴，潮流落”。

B. 对于节日性商品广告，可以采用递升型变化频率广告策略。广告在迎节日之前逐步增加，到节前一天则到了高峰，广告就“戛然而止”。

C. 对于文娱广告、企业酬宾促销让利广告，可以采用递降型变化频率广告策略。先比较多的播放频次，形成广告影响力，然后逐步缩小播放频次。

最后，要说明的是，广告时间和频率策略，应当结合具体市场的情况，组合运用才能够产生更好的效果，广告人应当不断去总结积累经验。

3. 竞争策略

市场的争夺包括对媒体受众和媒体的争夺。前面提到了广告受众具有媒体的接触习惯，所以，企业对媒体的选择是跟着受众走的，是不能放弃该媒体，而自己去开发一种新媒体的。所以，争夺是针锋相对的。如百事可乐和可口可乐，面对的市场对象都是年轻人，所以大家都在电视、体育营销相关媒体等媒体激烈地争夺；“怕上火喝王老吉”与“喝金罐加多宝”两家凉茶企业在电视上斗得火热；每年夏天啤酒企业都是在电视上鏖战正酣。这些例证，都说明了在广告媒体运用策略上还要考虑竞争的要求。

4. IMC 策略

20 世纪 90 年代经济发达的美国，唐·舒尔茨（Don E. Schultz）与罗伯特·劳特朋（Robert F. Lauterborn）、斯坦利·田纳本（Stenley I. Tannenbaum）共同提出了整合营销传播理论。整合营销传播策略围绕企业基本促销目标，将一切促销工具与活动一体化，即将一切消费者能够感受到的武器整合为一体，使企业的价值形象与信息以最快的时间传达给消费者。

⊙参考资料

1992 年，全球第一部整合营销传播（integrated marketing communication，IMC）专著《整合营销传播》出版，作者是美国西北大学教授唐·舒尔茨及其合作者斯坦利·田纳本、罗伯特·劳特朋。整合营销传播一方面把广告、促销、公关、直销、CI、包装、新闻媒体等一切传播活动都涵盖到营销活动的范围之内；另一方面则要求企业能够将统一的传播资讯传达给消费者。所以，整合营销传播也被称为 Speak With One Voice（用一个声音说话），即营销传播的一元化策略。

资料来源：百度百科，整合营销传播理论，http://baike.baidu.com/link?url=7ZQQ3qUL0JazhptYfd-ZkVTUI630pmh36aqraV4S728smQlrI4UdFjJtgRFXzM5wSqP421kOGUFd1xNIo4tJ1K。

企业要通过各种活动与市场发生联系，向市场展示了企业文化（价值观念、企业行为等）。其实，这些活动的目的都是一致的，是向市场发出自己的同样的一个"声音"。既然这样，企业无疑应该对外形成一个铿锵有力的共同的声音，"我们格力是最好的空调制造企业""我们万达是最有实力的企业""我们广百是最负责任的企业""我们恒大推出了最好的冰泉"等。这些活动包括一切传播活动，如广告（文娱节目赞助活动广告、体育赞助广告、公益广告等）、公关（企业形象塑造活动、新闻报道等）、现场促销与销售、产品与包装等。

在广告实施策略学习中提到这一策略，主要是要求运用广告策略时要结合企业整合传播的要求，达成一个震撼市场的巨大声音，如"恒大冰泉上市了"。

⊙小案例

恒大冰泉：借势营销的胜利

2013 年 11 月 9 日，在与首尔 FC 的决战开始前，广州恒大的球员穿上了胸前印有恒大冰泉的球衣，此前恒大拒绝了三星以每年 4 000 万元冠名球衣的合作。当晚广州恒大如愿以偿捧得了亚冠奖杯，恒大冰泉则几乎一夜成名。恒大冰泉的横空出世与广州恒大在足球赛场上的表现紧密相连，2013 年广州恒大在亚冠赛场上的胜利震惊了亚洲足坛，恒大获得比赛的胜利便是对自身品牌的最大广告。正如许家印算的账：在中央电视台打广告，1 秒大概 15 万元。恒大一场球有 25 家电视台现场直播，有 300 多家媒体报道，11 个运动员穿着印上了'恒大'两个字的背心，一个半小时的直播时间，如果做广告要多少钱？除了品牌在赛场上的展示，恒大在微博上的表现也堪称优秀，每场重要的比赛，官微都会进行同步文字直播，在重要比赛之前，恒大还会在微博上发布官方海报，11 月 9 日晚恒大"这一夜我们征服亚洲！下一步我们走向世界！"一条带有海报的微博获得超过 7 000 次的转发。恒大的这一线上线下整合营销的策略为其获得了极大的曝光量和品牌价值，而当 11 月 9 日晚恒大推出恒大冰泉的时候，这一切优势和价值便附加在了恒大冰泉身上。虽然恒大冰泉在电视、楼宇的广告仿佛让我们回到了 20 世纪 90 年代那个粗暴广告的时代，但毫无疑问越来越多的人因为广州恒大足球队而记住了恒大冰泉。

可口可乐昵称瓶：整合营销的力量

2013 年的夏天，仿照在澳大利亚的营销动作，可口可乐在中国推出可口可乐昵称瓶，昵称瓶在每瓶可口可乐瓶子上都写着“分享这瓶可口可乐，与你的___。”这些昵称有白富美、天然呆、高富帅、邻家女孩、大咖、纯爷们、有为青年、文艺青年、小萝莉等。这种昵称瓶迎合了中国的网络文化，使广大网民喜闻乐见，于是几乎所有喜欢可口可乐的人都开始去寻找专属于自己的可乐。可口可乐昵称瓶的成功显示了线上线下整合营销的成功，品牌在社交媒体上传播，网友在线下参与购买属于自己昵称的可乐，然后再到社交媒体上讨论，这一连贯过程使得品牌实现了立体式传播。当然，作为一个获得了 2013 年艾菲奖全场大奖的创意，可口可乐昵称瓶更重要的意义在于——它证明了在品牌传播中，社交媒体不只是 Campaign 的配合者，也可以成为 Campaign 的核心。

资料来源：虎嗅，https://www.huxiu.com/article/24467/1.html。

/ 实施任务 3/　结合广告项目进行广告策略运用的设计

1. 任务的组织

（1）各小组先结合项目进行讨论，各自拟订个人的方案，然后小组再进行讨论，确定出小组的最后方案。

（2）老师组织小组之间进行交流，由各小组结合实际项目设计的方案进行相互讨论和交流；老师负责说明和决策。

（3）学习小组将完善好的设计方案提交老师进行评定。

2. 任务实施的要求

（1）每位同学都要积极参与，发表自己的观点。

（2）策划的广告策略必须紧紧结合各种策略的要求。

（3）必须用电子文件和纸质文件将最后结果上交老师。

‖ 学习指导 ‖

1. 学习建议

这是一个内容非常丰富的项目。第一大部分围绕广告媒体展开学习，涉及了广告投放需要借助的各种媒体，应当对各种媒体的特性好好把握；媒体的传播能力和传播的效果是不一样的，可以借助一定的数量指标来评价，从而选择合适的媒体；选择媒体时需要考虑多方面的内容，用什么类型的媒体、不同类选谁、如何组合、同一类用什么媒体等；媒体的选择除了考虑数量指标以外，还需要考虑多种因素，如媒体的性质和特点、广告商品的特性、受众对象、国家法例法规要求、竞争、广告目标、广告费用等；还要掌握好媒体组合策略的运用。第二大部分围绕广告投放策略展开，涉及广告产品策略、市场策略、实施策略等。需要大家多结合一些成功企业的广告实战战例去认识和掌握好这一项目内容。

2. 学习的重点与难点

重点：选择媒体时需要考虑的内容

难点：广告媒体传播效果测评评价指标

3. 核心概念

广告媒体 广告投放策略 广告系列策略 收视率 千人成本

‖ 课后思考与练习 ‖

1. 单项选择题

（1）杂志的选择性和报纸相比是（ ）。

A. 稍弱一点 B. 强一点 C. 弱一点 D. 一样的

（2）一般来说报纸的覆盖面要比广播（ ）。

A. 广 B. 窄 C. 多 D. 少

（3）促销广告适合采用的媒体是（ ）。

A. 候车亭 B. 霓虹灯 C. 杂志 D. 报纸

（4）到达率高一般情况下（ ）会比较高。

A. 毛评点 B. 收视率 C. 暴露频次 D. 视听众暴露度

（5）收视率高一般情况下（ ）也会比较高。

A. 暴露频次 B. 毛评点 C. 视听众占有率 D. 视听众暴露度

2. 判断题

（1）媒体的运用越多效果会越好。（ ）

（2）视听众暴露度高表明看得观众看过的次数比较多。（ ）

（3）媒体是会不断发展和更迭的。（ ）

（4）媒体组合是不固定可变的。（ ）

（5）差别市场广告策略是针对市场做不同主题的广告。（　）

（6）广告媒体选择应当考虑竞争对手的情况。（　）

3. 问答题

（1）简要说明报纸和电视媒体的特性。

（2）简要说明广告媒体评价的数量指标。

（3）结合例子说明广告媒体选择的影响因素。

（4）结合例子说明广告投放策略。

4. 案例分析题

牵手“小鲜肉”宁泽涛，安慕希打响奥运营销第一枪

由于在某个时间段内具有极高的关注度和话题性，国际性体育赛事从来都被品牌主们视为不可错过的营销时机。毫无疑问，在早早贴上“奥运年”标签的2016年，国内外的品牌们自然又会掀起新一轮的奥运营销大战。在奥运的残酷赛场上，从来都只有冠军会被人们所记住，在奥运营销的“战场”上亦是如此。在距离2016里约奥运会不到4个月的当下，就已经有国内品牌率先打响了品牌奥运营销的第一枪——伊利安慕希牵手奥运冠军热门“小鲜肉”宁泽涛，发布全新奥运特别版安慕希。从冠名超高人气的现象级综艺《奔跑吧兄弟》开始，安慕希的品牌形象就与“运动”有了某种意义上的联系。在经过与2季节目的深度合作之后，安慕希在品牌认知度和美誉度上打下了一定的基础。2016年，安慕希将回归新一季《奔跑吧兄弟》的节目冠名。与此同时，第31届夏季奥运会也将于8月5日开幕——当常规的品牌营销重要节点遇上4年一次的全球化营销大事件，这样的机会没有理由不好好把握。因此，安慕希在继伊利携手姚明、刘翔、李娜、孙杨之后，签下了最有希望成为中国体坛新生代标志性人物的宁泽涛作为代言人。在结合《奔跑吧兄弟》宣传节点的同时，抢先一步打响了奥运营销的第一枪。这也就意味着，一旦宁泽涛在奥运赛场上成功夺冠，包括国内媒体在内的全球媒体都将为宁泽涛发声，短时期内的爆炸性集中式人物曝光加上全球范围内的话题讨论，由此所造成的影响力与声量让人不敢想象，其重大事件所产生的长尾效应更不容小觑。其次，宁泽涛作为体育明星加入到安慕希的代言人阵容中，与身为“跑男团”成员的Angelababy和李晨一同代言安慕希品牌，在国民综艺节目之外，为品牌联想增加了一个新的维度。这对于进一步提升消费者心目中安慕希的品牌形象和品牌美誉度，都有着极大的促进作用。因此，对于提前签下宁泽涛作为代言人的安慕希来说，实际上是买了一注回报率极高的彩票。再加上安慕希在奥运会开幕前便结合节目宣传节点和奥运营销提前布局计划，有效地实现了先声夺人抢占先机的营销效果。另外，站在品牌营销的战略高度上来看，安慕希借势奥运的策略体现了其对自身品牌发展的独到理解和全然不同的思维。从品牌形象塑造路径来看，安慕希早期主打“浓浓的超好喝”的美味诉求，其意在通过来自产品本真的功能体验，让消费者迅速形成感性的品牌认知；后一阶段，安慕希强调“蛋白质含量高出风味酸奶国家标准35%”，则是将其好喝的感性的主观功能体验，向理性的“高品质”品牌诉求过渡。包括在这一时期，安慕希开展的一系列“安慕希美食”活动，也在以强调“好喝”的主观体验外，潜移默化地传递出“高品质”的产品特点和品牌诉求。然而，产品的“高品质”不是一份检测报告书或者是一份认证文件能够确立的。从沟通层面上来讲，在通过理性沟通向消费者传递体现自身产品“高品质”特点的信息时，消费者心里能够产生的最大共识是“这个品牌自己说这个产品是高品质的”。对于这样的“高品质”品牌形象，消费者实际上是“不完全接受”的。所以，要想实现消费者对于“高品质”形象的“完全性接受”，安慕希还需要借助感性沟通来建立消费者对于品牌“高品质”形象的联想。于是，以“更快、更高、更强”为宗旨的奥运，成这一时期不可多得的营销良机。可以想象，通过宁泽涛加入品牌代言人这一合作形式，能够合理地将安慕希的品牌与奥运建立关联，在以宁泽涛本人的良好形象持续为品牌传播带来影响的同时，更以宁泽涛奥运夺冠热门的高水平运动员的印象，为安慕希贴上“高品质”的标签，实现了品牌高品质形象的塑造。不可否认，品牌主选择借势奥运，最主要的还是看中了其4年一度全球综合性体育盛会的传播价值——这也是每届奥运会品牌主们挤破头想要获得官方赞助商席位的最大动力。但是，安慕希选择搭载奥运的初衷，或许并不全是想借助全球瞩目的奥运进行简单的品牌传播而已。实际上，安慕希可能想要达到的目的是借助奥运会的高级别、高水准的品牌形象，来为安慕希品牌自身的“高品质”形象做背书，从而强化安慕希从基于产品的“浓浓的超好喝”的品牌形象到“高品质”品牌形象的延伸。因此，在奥运会开幕前4个月的时候，安慕希率先开启了奥运营销节奏，实现了先声夺人的目的，而在品牌营销的思维高度上，安慕希似乎也已经有了快人一步的优势。

资料来源：阅读频道，http://www.anyv.net/index.php/article-330032。

[案例分析要求] 要求认真结合案例分析认识：

（1）广告媒体运用的是什么策略？

（2）结合案例，简述广告投放策略运用。

项目 10

测定广告效果

★ 学习目标

知识目标

1. 认识广告效果的内涵、功能、特性。
2. 理解和掌握广告本身效果测定方法。
3. 理解和掌握广告销售效果测定方法。
4. 理解和掌握广告社会综合效果测定方法。

能力目标

1. 能设计广告效果测定的基本流程和主要内容。
2. 能结合具体广告项目运用广告效果测定方法。

⊙ 项目介绍

广告效果是广告策划活动产生的成果，是广告主和广告人最为关心的方面。广告效果测定的内容从总体上来说有三个方面，包括广告作品本身策划和设计制作的效果、促进销售的效果以及社会综合效果。本项目是围绕三大效果各自如何测定来展开的。先说明了广告心理沟通效果的测定，测定的方式可以在广告展播"出街"之前、实际展播过程之中、实际展播后来进行。由于展播前中后各个阶段的活动是不一致的，所以具体测定的内容和方法是不同的；而经济效果的测定可以通过定性和定量的方法来进行，定量的方法主要是同过一些指标的测定来反映；最后说明了社会综合效果测定，主要包括了广告对社会经济的促进和对社会文化的促进作用，这些就是本项目学习的主线条。

任务1 建立基本的广告效果测定理念

10.1.1 广果效果测定概述

广告是企业一项重要的投资，它的产出直接关系到广告目标、市场营销目标乃至企业目标的实现。企业广告主进行一定的广告投入后，最关心的是广告是否能够达到预期效果。而作为广告公司，在激烈的市场竞争下，也应不断总结提升策划水平，给客户做出满意报告。所以，广告策划活动还应包括对广告效果测定的策划。

1. 广告效果测定的要义与内容

广告是企业对外部市场发生的重要的信息影响，会有一定交流的效果。但和一般经济活动的效果有很大的不同。广告是企业与受众一种信息沟通，主要取决于受众是否能接受。

（1）广告效果是指广告传播后对受众所产生的影响以及所导致的相应反应的结果，具体包括对广告商品产生的销售促进作用、对受众心理产生沟通效果以及对社会产生的有利影响方面。

（2）广告效果测定的要义。广告作为企业的一项比较大的投资行为，广告主都很关注广告能产出多大的效果，要求广告公司提供效果分析的报告；广告公司也要做策划的检验，所以广告效果测定是广告策划活动必不可少的一环。所谓广告效果测定是指广告公司采用一定的广告市场对于技术，收集有关广告活动过程中有关广告效果方面的资料并加以分析评价，从而得出广告活动效果方面评价的一项活动。广告效果测定难度比较大、准确度较难估计，需要运用正确的方式方法和测评技术，尽可能做到高效、准确和有效。这些内容将在后面进行学习。

（3）广告效果测定的主要内容。根据广告诉求的原理，广告活动产生的效果过程包括广告诉求引起受众的注意、激发兴趣、强化欲望、产生印象记忆，直至导致购买活动，也就是常用到的 AIDMA 法则。可见广告产生的效果是多层面的，既可以导致直接的购买增长；又可以导致受众对广告商品留下了强烈的印象，在日后实施购买时产生一种好的态度倾向；再有就是在广告中所提出的良好观念，对社会的发展能起到促进作用。因此，我们可以从效果涉及的内容从性质上把广告效果划分为三类。

1）广告的心理沟通（诉求认知）效果，也称作广告本身效果，是指广告在促进受众观念形成或转化上所起到的作用。

2）广告的经济效果，即广告对商品所产生的具体的销售促进作用。

3）广告的社会综合效果，包括广告所产生的社会综合经济效益和社会效益。前者指的是广告对社会经济产生的作用；后者指的是广告对社会各方面发展所产生的有利的影响，包括对社会生活、社会文化等多方面所起到的作用。

⊙**小思考**

广告效果测定只需测定广告的销售效果吗？

2. 广告效果的特性

广告活动的效果与其他经济活动有不同，它产生的效果具有多个方面的特性，意义也是多方面的。

（1）广告效果的特性。广告能促使受众的消费观念和生活观念的形成、转化，从而产生购买的行为。购买行为的产生和实施是一个复杂的过程，所以，广告的效果亦表现出多种较复杂的特性，在广告效果测定中必须加以充分的认识。具体表现在如下七个方面：

1）时间滞后性。广告从产生效果快慢来划分，可以划分为速效性广告和迟效性广告。广告速效的效果比较显现，如一些换季商品甩卖、企业新开张等；更重要的是，广告还会产生迟效的效果。实际上根据AIDMA法则，受众往往要经过一定的时间才会进行真正的购买，可能由于还需要比较、购买时间影响、购买支付能力限制等因素，即广告产生了与广告当期延迟若干时间后才产生效果。广告产生的迟效效果能在消费者心目中产生较长远的影响，如消费者对产品及企业形象认识的变化。一般来讲企业的形象广告能产生较强的迟效效果。这就要求在测定广告效果时既要考虑广告的即效效果又要考虑广告的迟效效果，也就是说不能简单地从短期内的销售效果去判断广告效果。

2）累积效果性。某一时期的广告效果都是这一时期及以前的多次广告宣传积累的结果。所以，要求在测定广告效果时不能排除多个阶段的广告的综合作用。

3）效果的复合性。由于广告媒体投放策略一般都是采用媒体组合策略。所以，广告效果是多种媒体的广告综合作用的结果。因此，也要求不能将某时期的销售变化、消费的评价均作为当期某一媒体广告的效果。

4）间接效果性指广告除了会对直接接触到广告的受众产生影响，还会影响到与直接受众有关联的间接受众。除了访问调研时表达的或时机已经的购买，还会在日后较长时间产生重复购买的促进效果。所以要求在测定广告效果时还需要分析评价广告的间接效果。

5）效果的层次性指广告的效果既有心理或沟通效果、经济效果，又有社会效果；并且还可分为眼前效果和长远效果。所以要求在测定广告的效果时应尽可能做到全面。

6）效果的竞争性指广告的效果还会受市场上其他竞争对手的影响，包括竞争对手的广告，以及自己的和竞争对手的营销促销策略的影响。所以要求在测定广告效果时还必须客观地分析评价市场竞争环境的影响。

7）效果的两面性指广告不仅有促进商品销售增加的效果，也有延缓销售下滑的效果。如在商品的生命周期中的成长期广告应有促进商品销售增加的效果，而在衰退期广告应有延缓销售下滑的效果。所以要求在测定广告效果时应结合商品的生命周期，不能只从提高销售量方面去评定。

8）效果的整合性。时机上企业都在利用整合营销策略进行统一的“声音”传播，广告的效果不能不考虑其他整合营销因素的“帮助”，如公共关系轰动，正是企业进行社会公益的赞助，获得良好的口碑，广告也成为大家愿意另眼相看了的结果。所以，在测定广告效果时要加以必要的分析说明。

⊙小思考

*广告公司是否能在广告结束后马上调查得出相应广告效果报告给广告主？*㊀

3. 广告效果测定的意义

广告活动的效果直接关系到企业的产品销售和品牌形象树立，关系到企业的经济效益和发展，是广告主非常关心的问题，广告公司必须开展这一活动，并且通过精心策划、周密安排努力做到能给“广告主”满意的答复。具体而言，进行广告效果测定具有以下四方面重要意义。

（1）有利于加强广告主的经营管理决策。企业决策必须以事实为依据，一定时期的广告结束之后必须客观地检验广告是否达到预期的效果，包括被受众认知、品牌个性塑造、社会评价、销售的变化等方面，为进一步实施广告的战略策略的决策服务。

（2）有利于加强广告主广告进一步投放的信心。广告主对广告的效果是有一定认识的，但对广告的效果究竟有多大、是否合算，却没有多大把握。这会直接影响广告主的信心，也影响进一步的合作和广告投放。广告公司可以通过对广告效果进行科学的评估，客观地分析说明广告的效力效果，就能促使广告主加强进一步广告投放的信心。

（3）有利于提高广告策划活动的水平。广告效果的评估可以检验广告策划中所确定的目标是否正确，广告媒体的运用是否合适，广告发布时间与频率是否得当，广告主题是否突出，广告创意是否新颖独特等。具体来说，首先，广告效果的事前评估可以判断广告活动各个环节的优劣，以便扬长避短、修正不足，从而避免广告活动的失误，使广告活动获得更大的效率；其次，广告效果的事中评估，可以及时做出一些必要的调整；再次，广告效果的事后评估，还可以总结经验，吸取教训，为提高广告水平提供借鉴；最后，广告效果的评估还可以为广告活动提供约束机制，监督并推动广告质量的提高。

（4）有利于促进广告行业的发展。广告效果的评估，是运用科学的方法和手段对广告活动进行定性与定量分析，以判定广告的传播效果和销售效果。首先，

㊀ 不能。广告效果应包括广告的销售效果、广告的诉求认知效果、广告的综合效果三个方面，它具有很强的时间推移性。

它必须融合多种学科的专业技术，促进评估手段、技术和方法的发展进步。其次，广告效果的评估，还可以促使广告策划、设计、制作、传播水平的提高，从而使广告活动朝着更加科学化、规范化、系统化的方向发展，一方面，可以促使广告公司提高策划制作水平；另一方面，整个行业有统一的要求，可以促进广告行业的发展。

/ 实施任务 1/　结合具体项目进行广告决策因素的分析

1. 任务的组织

（1）各小组先结合自己确立的项目进行讨论，各自拟订个人的方案，然后小组再进行讨论，确定出小组的最后方案。

（2）老师组织小组之间进行交流，由各小组结合实际项目设计的方案进行相互讨论和交流；老师负责说明和决策。

（3）学习小组将完善好的设计方案提交老师进行评定。

2. 任务实施的要求

（1）每位同学都要积极参与，发表自己的观点。

（2）策划的广告决策因素分析必须紧紧结合项目实际。

（3）必须用电子文件和纸质文件将最后结果上交老师。

任务 2　广告心理沟通效果测定

广告效果测定的内容从性质上来说，可以分为三个方面，即广告心理沟通效果、经济效果和社会综合效果，下面先从广告心理沟通效果说明起。

10.2.1　广告心理沟通效果测定的基本认识

广告的 AIDMA 法则说明了广告实质是一种心理效应。所以，广告心理沟通效果是广告策划活动首先要求的一种效果，因为只有广告本身能具有良好的诉求认知效果，才更有可能产生实际的经济效果和社会综合效果。

1. 广告心理沟通效果测定的要义

广告心理沟通效果是指广告促使受众产生的各种心理效应，包括知觉、记忆、理解、情绪情感、行为欲望等诸多心理方面的效应。广告心理沟通效果测定的目的在于分析广告活动是否达到了预期的信息沟通效果，因为广告作用的机理在于促成受众心理的有利变化，所以，这一效果是至关重要的。

2. 广告心理沟通效果测定的特点

广告心理沟通效果测定是直接从广告作品本身接触消费者后所引起的各种心理变化作为评判广告效果的评价标准。由于广告只是促进广告商品销售效果的众多因素之一；广告金字塔理论（广告目标通常分为几个阶段）亦表明消费者一般要经过“知晓”“理解”“信服”“欲望”等几个阶段才能够采取实际行动，由此可见销售效果的获得只是心理效果进一步升华的结果而已。因此，以广告的心理效果来评判广告效果比直接以销售情况的好坏作为评价广告效果更加科学，它不是直接以销售情况的好坏作为评价广告效果的依据，而是以广告的注意度、知名度等间接促进产品销售的因素为根据的。由于是用广告作品本身作为评价对象，不受其他市场因素的影响，所测定结果比销售效果更具有代表性。

⊙**小案例**

万宁义猫求主广告，温馨又感人

香港万宁推出“猫咪故事”广告，万宁义猫跋山涉水，寻找到高山雪莲救自己的主人，广告浓浓的温情深深地打动了千千万万的受众，“爱在身边”的万宁的形象也深入人心。广告播出后被大量的网友转发，产生了强烈的“毒虫效应”，广告效果非常理想。

【分析提示】广告的本质是按照心理法则来进行的。广告主题创意只有首先引起人们的注意兴趣等心理效应才能最终促成购买。所以广告除了促进销售外，还存在诉求认知效果。而且广告的诉求认知效果是广告内在本质效果。广告效果测定必须测定这一效果才科学和完整。

3. 广告心理沟通效果测定的主要内容

广告心理沟通效果主要是指促成受众心理反应的效果，所以，可以借助一些相关的指标，基本上也是围绕 AIDMA 的生产情况来测定评价。

（1）注意度，也是“接触率”，主要目的是反映目标覆盖范围内，实际接触到的受众人数有多少。计算时按接触到广告人数占媒体覆盖面内总人数（媒体的受众）的百分比来进行，反映消费者是否接触到广告。例如广州日报每天的读者有 200 万，其中有 80 万人看到了恒大房地产广告，则该则广告的接触率为 40%。

（2）兴趣度，也是“阅读率”，主要目的是进一步确定“真正对广告感兴趣”的受众。方法是采用“不仅知道该商品和该企业（恒大碧海湾楼盘的广告），而且能够借由广告中企业的名称或商标（恒大）而认得该则广告的标题或插图”的人，占“充分看过广告的人”的百分比。它反映的是真正关注广告的人，对广告主题创意认识理解程度，对广告的记忆印象（如能记住了商标牌名，而再能辨出标题插图音乐等）。

（3）“欲望度”，也是“好感率”。好感无疑是购买欲望的基础，这是一项更深入更进一步的指标，指在看过广告的人之中，对企业及其商品产生了好感的人所占的百分比。例如，先前看到了恒大金碧湾房地产广告的 80 万受众中，有 48 万人对企业（恒大）及其商品（金碧湾）产生了好感，则该则广告的好感率为 60%。

（4）记忆度，也是“注目率”，主要目的是测定受众对广告印象记忆程度。计算时按照“能辨认出广告的人”占“先前已看过广告的人”的百分比来进行。例如，前例中 80 万名看到了恒大房地产广告的受众中有 56 万人能辨认出该则广告，则该则广告的注目率为 70%。

（5）行动度，也是“知名度”。这是一项更为深入的指标，指在看过广告的人之中，了解企业（恒大）及其产品（金碧湾等）的人所占的百分比。这项指标可以反映受众对广告商品和企业牌号的认知程度。无疑在广告后受众对企业及其产品的认知大大提高，广告的效果是很好的，说明受众对企业不但关注，而且是好感满满的，信任在不断累积。

（6）综合评分，是受众对以上项目的综合评价。方法是由选定的目标消费者（常作固定样本）或者广告专家，就广告的心理沟通效果进行综合评分。评分通常采用百分制或十分制，得分越高越好。

10.2.2　广告心理沟通效果测定的主要方式

广告心理沟通效果的测定，可根据时间先后顺序采取事前测定、事中测定、事后测定三种方式。

广告活动正式实施之前，对广告诉求的心理沟通效果进行预先测定，目的在于根据效果来调整作品和广告实施计划；广告活动进行过程中对该效果进行测定，目的在于发现问题，并及时调整策略；广告活动实施以后对该效果进行测定，目的在于评估广告活动是否达到了原定的目标。具体进行广告心理沟通（诉求认知）效果的测定，就应结合好此三种方式再相应采用不同的方法来进行。从广告效果测定的目的来分析，事前效果测定、事中效果测定和事后效果测定的最大差别，就在于事前效果测定、事中效果测定着重于诊断和及时调整；事后效果测定则着重于广告刊播后的实际效果。

1. 广告心理沟通效果事前测定

广告心理沟通效果事前测定是指在广告活动实施前对广告心理沟通效果所做的预先测定。广告人所策划的方案可能有多个有不完善的方面，通过事前效果测定可以确定广告方案，并在广告实际展露之前对其进行检验和完善。这种测验可在实验室、预播中进行。

（1）广告事前心理沟通效果测定的内容。事前测定的内容一般包括广告主题测试、创意概念测试、媒体的测定、文案表现及广告作品测试等方面。

1）广告主题测定。广告主题是一则广告的核心，像一根红线贯穿统率其他广告设计因素，包括创意、文案、形象、衬托等，并组合成一则完整的广告作品。所以应好好地测定被检测对象的反映，确认主题是否新颖奇特，富有吸引力。

2）创意概念测定。创意是广告主题的创造性表现，是一则广告的灵魂，直接决定广告的成败。创意也是广告主题的深化，与广告主题测试紧密相连，也常常同时进行。

3）媒体的测定。不同媒体有不同的传播广告的效果特性，广告受众接触媒体也有自己的习惯，所以应通过事前测定所采用媒体是否合适，媒体组合策略是否得当。

4）广告文案测定。文案是广告诉求的重要元素，一方面看文案是否有意义、情趣、隽永；另一方面又要看文案是否会累赘或冗长。

5）广告作品测定，要测定各个广告诉求元素组合的结果，即整个广告作品给被测试者的感觉。

（2）广告事前心理沟通效果测定的评价。广告事前心理沟通效果测定的主要优点表现在下面的两点。

1）能以相对低的成本代价获得相应效果评价信息。主要是与事后才进行心理沟通效果测定对比。一方面测定可以是小范围、实验模拟式开展，费用比较低；另一方面，广告还没有“出街”，不会造成没有效果的、巨大的，而又无法挽回的代价损失。

2）可以帮助广告人及时诊断并消除广告中存在的问题，有助于提高广告的有效性。

广告事前心理沟通效果测定同时也存在明显的不足，具体缺点表现在三方面上。

1）由于市场环境的多变，事前效果测定的结果不一定准确。今天的事前测定，效果不错或做了完善，可能到了实际播放的明天消费者、竞争对手等市场环境已经变了，所以，起码是不能完全代表实际的效果的。

2）测定大都是在受测者看了一次广告后进行的，无法测出他们接触多次广告后或在其他营销活动、整合营销配合情况下的广告反应。

3）一些广告形式的测定效果与实际效果往往不一致。例如，逆向诉求广告在事前测验中往往分数不佳，而其实际效果可能颇为成功。相反，幽默、轻松、娱乐性广告的事前测定结果往往比实际效果要好。因此，对广告事前效果测定的结果还要加以认真的分析。

2. 广告心理沟通效果的事中测定

广告事中效果检测就是在广告展露的同时，对广告心理沟通效果进行测定。主要目的是测定广告事前心理沟通效果测定中未能发现或确定的问题，以便尽早发现问题，及时加以调整。这种测验大多是在广告刊播或者宣传的地区，迅速开展广告市场调研，得出评价结果，从而为广告活动提供有益的建议。

（1）广告事中心理沟通效果测定的内容。广告市场环境是多变的，市场竞争日益激烈，广告受众的需求也在不断变化，等等方面，造成在广告实际刊播过程中常常会发生一些新的情况，影响到原定广告计划的实施。所以，目前越来越多的广告公司和广告主开始重视在实施广告战略和策略中加强对广告事中心理沟通效果的测定。

广告事中心理沟通效果测定的内容，侧重于广告作品给受众的印象。如对已刊播广告中主题创意的认识、对品牌厂牌印象的深刻程度等。

作品同时在多种媒体刊播并且注意可比性的情况下，还可做必要的横向比较。如电视媒体好，还是报纸媒体好。例如，房地产广告，原来在电视、报纸为主播放广告，现在基本上是以报纸为主，结合其他一些媒体组合。

（2）广告事中诉求认知效果测定的评价。广告事中心理沟通效果测定的优点，主要表现在两个方面。

1）能及时收集受众所反馈信息，迅速有效地加以纠正各种问题，调整广告战略和策略。

2）在实际市场中进行效果测定，所得结果具有真实、可靠的实际价值。

广告事中诉求认知效果测定的缺点，主要缺点表现在两个方面。

1）容易造成“以偏概全”，特别是广告效果的时间推移性、广告的累积效果性，在实施过程中进行测定很难反映得好。

2）只能对广告策略做局部的调整和修补，也就是说不能像事前心理沟通效果测定一样，进行整体的完善。如突然发现广告中广告语不够理想，那基本上市无能为力了。

3. 广告心理沟通效果的事后测定

广告心理沟通效果的事后测定指在某一阶段的广告展露活动完成之后，对广告心理沟通效果所做的测定。主要目的是在广告活动结束后，对广告心理沟通效果作较全面的评价。事后心理沟通效果测定一般在广告结束后一段时间来进行，具体测定时间要结合广告媒体和广告商品等因素来确定。

（1）广告事后心理沟通效果测定内容。广告事后可开展内容较广的心理沟通效果测定，包括对广告主题、创意意境、广告媒体、广告文案、广告作品等方面进行测定。

（2）广告事后心理沟通效果测定的优缺点。优点主要表现在比事前心理沟通效果测定、事中心理沟通效果测定要更加全面和准确，一般是作为判定广告心理沟通效果的根本依据。广告事后心理沟通效果测定的缺点，是在于广告投放已经结束，只能对广告心理沟通效果进行描述，无法对广告活动做进一步改变以求获得更大效果。

⊙小思考

测定广告心理沟通效果一般只在广告播放过程中进行吗？为什么？[⊖]

⊖ 不是的。广告诉求认知效果的测定，可根据时间先后顺序采取事前、事中、事后三种测定方式。

10.2.3 广告心理沟通效果测定的主要方法

测评广告心理沟通效果的方式可以分为事前测定、事中测定和事后测定，相应地运用的方法也可以分为三大类型。

1. 广告心理沟通效果的事前测定方法

方法多是采用在广告作品尚未正式刊播之前，通过一些定性方法为主来进行，如邀请有关广告专家和消费者团体进行现场观摩，审查广告作品存在的问题，或进行各种试验，对广告作品可能获得的成效进行评价。广告心理沟通效果事前测定常用的方法主要有以下八种。

（1）专家意见法，具体又包括有两种常用方法。

1）小组分析法。邀请一些广告专家、传播学家、心理学家、营销专家和广告主负责人员参加会议，对广告作品的主题、创意、文案、广告策略等方面实施后将可能会产生的效果做出预测、研究和论证，然后由广告策划人加以集中。再根据参加讨论人员的身份、工作性质、发表意见的权威程度确定一个综合权数，加以综合后作为测定效果的基础。

2）德尔菲法，属于专家意见法。由广告策划人员将广告的资料寄给有关专家，请专家做出判断；然后再将结合一些专家看法的新资料寄给有关专家请专家再做出判断，经过一定重复和综合，形成广告效果的结论。德尔菲法是一种比较简便的方法，但要注意事前的充分准备。要注意所邀请的专家的代表性，专家应包括理论和实战两类，还要注意所研究方向的综合代表性。专家人数应合适，不宜过多或过少，一般以 8 ~ 12 人为宜，少了影响代表性，多了则会造成不必要的浪费和综合的难度。

（2）消费者评分法。这种方法将可供选择的一组广告展示给一组消费者，并请他们对广告进行评比、打分。这种评比法用于评估消费者对广告的注意力、认知、情绪和行动等方面的强度。虽然这种测评广告实际效果的方法还不够完善，但一则广告如果得分较高，也可说明该广告可能有效。

（3）投射法。它是心理学上用来测量人格的一种方法，穿透人的心理防御机制，使真正的情感和态度浮现出来的一种技术。做法是把一些刺激情境展示给受试者，根据受试者的反应，判断他的人格类型和心理特征。例如给受试者一种无限制的并且模糊的情景，可以提供词语进行联想测试、句子和故事完成型测试、漫画测试等，要求受试者做出反应。由于这种情景说得很模糊，也没有什么真实的意义，所以，受试者能够不受干扰，也不容思索地根据自己的偏好来做出回应。根据此法的原理可用于广告动机、态度、意见、建议的深入调研。例如，测试广告的广告语“爱是无价的”是否理想，可以要被测试者谈“爱”的故事、描述等。

（4）深度访谈法。它属于一种深度调查技术，采用一种无结构的、直接的、个人的访问方法，是一种相对无限制的一对一的会谈法。如，《杨澜访谈录》就是这样开展的。根据此法的原理也可用于广告动机、态度、意见、建议的深入调研。

（5）组群测试法。这种方法是通过一群消费者同时观看（或收听）一组广告，对时间不加限制，然后要求他们回忆所看到（或听到）的全部广告以及内容，广告策划者可给予帮助或不给予帮助。消费者的回忆水平表明广告的突出性以及信息被了解或记忆的程度。在组群测试中，必须采用完整的广告以便做出系统的评估。组群测试法一次可以测试5～10则广告。

（6）仪器测试法。随着科技的发展，利用仪器测试受众的生理变化也在不断地创新与改进。在广告领域，作为一种重要的辅助手段，借助仪器测试广告作品效果的做法有很多，具体包括有视向测验法、皮肤测试法、瞬间显露测验法、记忆鼓测试法和瞳孔计测验法等。

⊙小知识

视向测验法

人们的视线一般总是停留在其关心与感兴趣的地方，越关心、越感兴趣，视线驻留时间就越长。视向测验器（eye camera），是记录媒体受众观看广告文案各部分时的视线顺序以及驻留时间长短的一种仪器。

根据被测试者的视线移动图和各部位注目时间长短的比例，可以预知：①广告文案的文字字体的易读性如何，从而适当安排文字的排列；②视线顺序是否符合广告策划者的意图，有无被人忽视或不留意的部分，如果有，则要进行调整；③广告画面中最突出或最吸引人的部分是否符合设计者的意图，如果不符，应立即予以调整。

视向跟踪测试能判别出一个广告的优点和缺点。例如，美丽动人的模特儿和令人神往的背景画面往往会分散观众对广告中的产品和品牌的注意力。客户可以在播出前防患于未然。有时候，色彩和图片也能吸引观众的视线并增加他们对广告的兴趣。

（7）场景测定法。本法采用提供一定的场景，观察受众接触广告后态度或购买行为的变化，来评价广告的心理沟通效果。下面是国外一些做法，可供学习参考采用。

1）汽车拖车测定法。为了更接近消费者做出决策的实际情况，在市郊商业区安置汽车拖车，以作为临时的工作试验室进行试验。在该模拟购买环境中，向消费者展示测试的产品并给他们选择一系列品牌的机会，然后请消费者观看一系列电视广告片，发给他们一些在郊区商店购买商品的赠券。广告策划者根据收回赠券数量的多少，判断广告片对媒体受众购买行为的影响力。

2）剧场测定法。将被调查者邀请到剧场观看尚未公开播映的电影片，同时插播一些电视广告片。在放映之前，请被调查者简述在多种商品类别中他们比较喜欢的品牌；观看以后，再让被调查者在不同类别商品中选择他们喜欢的品牌。被调查者偏好如果有发生改变，那么久可以据此得出电视广告片的效果。

3）电视广告控制法。它是 MCCLLLUM SPIELNMAN WORLDWIDE 公司开发的一套实验室程序。它使用代表 4 个城市的约 400 名受试者。首先，询问受试者近期内哪些品牌买得最多，从而测量原始品牌偏好，然后将受试者分成 25 人的小组，收看一个 30 分钟的节目。播放期间插入 7 条广告，其中有 4 条是受测广告，其余 3 条是控制广告（它们都有确定好的收视指标）。节目看完后，受试者要接受一次关于这些广告的回想测试。接着又播放一个 30 分钟的节目，并重播每个受测广告。然后，对品牌偏好进行第二次测试。出现品牌转换者（那些从近期最常购买品牌转换到受测广告中出现的品牌的消费者）所占的比重大小就能看出广告说服力的强弱。

（8）雪林（Schwerin）测定法。雪林测定法是美国雪林调研公司（SCHWERIN RESEARCH CO.）发明的测评广告心理效果的一种方法。该测评又分为节目效果测评法、测评广告效果法和基本电视测试法三种。

1）节目效果测评法。方法是召集一定数量有代表性的观众到剧场，广告策划者说明测试的标准以后，请观众按照个人的意见，对进行测试的广告评分定级。评分的级别通常是：A，有趣；B，一般；C，枯燥无味。这种测试完毕之后，再请观众进一步说明喜欢或讨厌广告节目中的哪一部分，并阐明理由；或者征求观众对广告节目的意见、建议。广告策划者对节目改进的意见进行统计、汇总，以作为今后设计或制作广告节目的重要依据。

2）测评广告效果法。与节目效果测评法的内容基本相同，都是通过邀请具有代表性的观众到剧场或摄影棚，欣赏要测评的各种广告片。与节目效果测评法的不同之处，在于在看广告片之前，根据入场者持票号码，要求媒体受众选择自己喜欢的商品。这些供选择的商品品牌中，既有将在广告片中播放的品牌，也有主要竞争对手的品牌。广告片播放完以后，请观众再一次做出选择，如果此次对所测试的广告商品品牌的选择度高，那么高出部分就是该广告片的心理沟通效果。测试完成后，再会将测试受众所选择的商品赠送给他们。当然，如果商品单位价值高，也可以赠送他们一些其他礼品。

3）基本电视测试法。较适合于电视广告片的广告心理沟通的事后测定，具体内容参见后面广告心理沟通效果的事后测定方法。

2. 广告心理沟通效果的事中测定方法

广告心理沟通效果的事中测定，是在广告已开始刊登或播放后进行的，可以直接了解广告受众在日常生活中对广告的反应，得出的结论也更加准确可靠。事中测定是在广告正式发布之后到整个广告活动结束之前对广告效果所做的测定，其目的是检测广告计划的执行情况。但这种测评结果对进行中的广告宣传的目标与策略一般很难进行修改。只有对具体方式、方法进行局部的调整和修改。常用的广告心理沟通效果事中测定方法有以下几种。

（1）市场试验法。先选定一两个试验地区刊登或播放已设计好的广告，另选定一条件相当的、尚未推出广告的对照地区。然后观察试验地区与对照地区。根据广告受众的反映情况、销售变化情况比较试验区与对照地区之间的差异，从而对广告的诉求认知效果做出测评。本方法简单实用，可以多加以运用。

（2）记忆法。在广告刊登或播放中调研受众的记忆程度，具体包括再确认法、回想法等方法，多用于印刷媒体广告的测定。再确认法是在广告刊载后向读者提供最近的报纸广告或者杂志广告，询问是否读过并探询记忆程度。回想法是询问调研对象最近看过读过什么广告，记得多少广告内容的方法。具体又分为不提供任何线索下的纯粹回想法和提供部分记忆线索下的辅助回想法。这些方法也是简单实用，可以多加以运用。

（3）现实直接测定法。多用于电视、广播广告心理沟通效果的测定，即随广告的播放现场直接测定效果。如美国尼尔逊公司在全国各地 1 250 个家庭的电视机里装上了电子监视器，每 90 秒扫描一次，每一个家庭的电视机只要收看三分钟以上的节目就会被记录下来。这是使用行为记录法的一个最典型的例子。而结合目前我国社会的发展，可以更为简单了，在得到被调研者配合的情况下，利用微信视频是非常容易做到的了。

（4）邮寄法。这种方法是通过邮寄调研问卷来调研受众意见评价的方法。一般采用报纸附调研问卷、派发、直接邮寄的形式进行。邮寄法一般要给回邮者一定报酬，以鼓励他们积极回函反馈信息。调研问卷通常以不记名的方式，要求被调研者将自己的年龄、职业、文化层次、家庭住址、家庭年人均收入等基本情况填在问卷上。调研表中尽量多采用一些开放式的问题，以便对广告的心理沟通效果进行测试。

（5）访问法。调研人员通过各种方式访问受众来了解受众对广告的反应。做法包括面访、电话访问、网络等方法。此法也要结合调研问卷来开展。注意要尽量多采用一些开放式的问题，以便对广告的心理沟通效果进行测试。

（6）固定样本连续调研法。选择广告刊播所覆盖的地区的一定家庭，要求从广告播出开始记录购买行为的变化，进行一段时期的连续追踪调查，再定期收集资料进行分析。

（7）监看法。选择一批消费者代表监看和收集刊播广告的意见，并向广告公司定期反馈。广告公司对这些资料加以整理和统计分析，把分析结果作为改进广告内容或广告表现手法的依据。

（8）分割测定法。分割接触法是利用机械的印刷方法，在同一期报纸或杂志上部分刊登广告部分不刊登广告进行比较（或发布两种不同的广告），调查当地受众或消费者的不同反映，从而比较得出所播放广告的心理沟通效果。

⊙小思考

请你思考如何采用较简单的方法在广告播放过程中测定广告诉求认知效果。[⊖]

3. 广告心理沟通效果的事后测定方法

广告心理沟通效果的事后测定虽然不能直接对已经完成的广告宣传进行修改或补充，却可以全面、准确地对已进行的广告活动的效果进行评估。因此，广告心理沟通效果事后测评的结论，一方面可以用来衡量本次广告促销活动的业绩；另一方面可以用来评价企业广告策划的得失，从而积累经验、总结教训，以指导以后的广告策划。

广告心理沟通效果的事后测定是指在一则广告刊登或播放过程结束之后，对广告的心理沟通效果进行测评。

（1）具体可有两种方式：一是在一则广告刊登或播放过程一结束，就立刻对其效果进行测评；二是在一则广告宣传活动结束后过一段时间再对其心理沟通效果进行测试。要注意如果测定的时间过晚、间隔时间太长，广告效果就可能被淡化，得出的结论也有可能不准确。

（2）常用的方法主要有以下几种：

1）要点打分法。此法是请被调研者就已刊登或播放过的广告的重要方面进行打分，各项得分之和作为该广告的效果评定等级。打分的具体内容如表 10-1、表 10-2 所示。

表 10-1　广告心理效果打分表

打分项目	打分的主要依据	该项满分值	实际打分
吸引力	吸引注意力的程度（创意）	20	
认知力	对广告诉求重点的认识程度	20	
说服力	广告引起的兴趣如何	10	
	对广告产品的好感程度	10	
行动力	由广告引起的立即购买行为	10	
	由广告唤起的购买欲望	10	
传播力	由广告文案的创造性而引起的传播程度	10	
综合力	广告的媒体效果	10	
合计		100	

表 10-2　得分档次与评定等级

0 ~ 50	50 ~ 60	70 ~ 80	80 ~ 90	90 ~ 100
差	一般	中等	好	优秀

⊖ 可考虑采用邮寄法、记忆法、访问法、固定样本连续调查法、监看法来测定。

2）基本电视测定法。广告心理沟通效果事前测定方法中曾提到的雪林测定法之一，较适合于电视广告片的广告心理沟通效果的事后测定。这种测试的目的在于客观地评价和判断电视广告片的优劣，以及用标准化的程序测验电视广告的效果。

测试项目主要有六个方面。

1）趣味反应。利用集体反应测评机，测评媒体受众对每一广告画面感兴趣的程度。

2）回忆程度。运用自由回答法，让媒体受众回忆广告片中的产品品牌、广告主名称、画面内容以及标语、口号等。

3）理解程度。运用自由回答法，让媒体受众指出该广告片的特色，并提出修改意见。

4）效果评定。采用问卷的形式，测试广告片留给媒体受众的一般印象，即广告片的一般心理效果。

5）购买欲望。让媒体受众说出有无购买广告产品的冲动或者欲望。

6）广告片的整体效果。让媒体受众对广告片做出整体的评价。

这种测验法的优点是客观、全面，能真正反映媒体受众的心理活动状况，取得的资料可信度高；缺点是操作技术性强，成本费用大，具体实施起来有一定的局限性。

（3）其他方法。广告心理沟通效果的事后测定方法还有很多，如询问法，通过调查人员通过各种方式向受众询问，来了解受众对广告的反应；邮寄法，通过邮寄调研问卷来调查受众意见评价的方法等，具体可学习市场调研与预测等相关课程掌握，在此就不一一赘述。

/实施任务2/ 结合具体广告项目设计广告心理沟通效果测定方案

1. 任务的组织

（1）各小组先结合自己确立的项目进行讨论，各自拟订个人的方案，然后小组再进行讨论，确定出小组的最后方案。

（2）老师组织小组之间进行交流，由各小组结合实际项目设计的方案进行相互讨论和交流；老师负责说明和决策。

（3）学习小组将完善好的设计方案提交老师进行评定。

2. 任务实施的要求

（1）每位同学都要积极参与，发表自己的观点。

（2）策划的广告心理沟通效果测定方案必须切实可行。

（3）必须用电子文件和纸质文件将最后结果上交老师。

任务3 广告经济效果测定

通过广告活动带动广告商品产品的销售，也就是能为广告投入带来可观的经济效果，是所有广告主所希望的。所以，广告效果测定必须把经济效果测定作为重点，开展多个指标的测定来反映广告的这一效果。

10.3.1 广告经济效果测定要义

广告经济效果测定是指从广告发布后商品销售量（或销售额）或利润的增减的幅度变化作为衡量广告效果测定标准的方法。作为广告主最关心的就是广告经济效果，所以它是最主要的测定内容。但要注意的是，根据市场营销学的原理，广告商品在市场上的销售变化是由多方面因素综合作用形成的，所以广告活动所产生的经济效果测定显得比较困难。这样，就要求在测定广告经济效果时应注意客观全面的做出分析。

10.3.2 广告经济效果测定的方式

广告经济效果的测定可采用广告刊播过程中和广告刊播投放结束之后来进行测定。但一般多在广告刊播投放结束之后进行测定。通常考虑到广告效果的特性，效果测试与广告刊播结束之间的时间间隔主要由媒体的性质决定，同时也要考虑目标市场上消费者的特点。如果进行测评的时间过早，广告的时间滞后性效果尚未充分发挥出来，得出的结论就不正确；如果测定的时间过晚、间隔时间太长，广告效果就可能淡化，得出的结论也有可能不准确。

10.3.3 广告经济效果测定主要方法

一是定性测定评价的方法，二是定量测定评价的方法，并要求在实际效果测定时要定量方法和定性方法相结合。

1. 主要的定性测定方法

广告经济效果测定的主要定性方法，有实地实验法和历史法等。

（1）实地实验法，就是通过实地的广告试验，考察广告效果。具体包括五种主要方法。

1）费用比较法。选择市场条件相当的几个地区分析不同广告投入产生的效果差异。例如广东的中山市与惠州市，两地市场从条件差不多，一个地方投入100万元，另一个地方投入150万元，然后以多投入地方销售有没有多增长，增长了多少等进行分析，如果多投入增长明显，则说明广告的经济效果是不错的。

2）市场试验法。这是选定一个地区市场作为对照“样本”，不做广告。再将做广告的、条件相当的一个或多个实验地区与之进行比较，看销售效果的差异的测定方法。例如，佛山作为参照样本，中山、东莞、惠州、江门、珠海等地与之相比较，看这些地区投入了几十万地方媒体广告后的效果。

3）区域比较法。选择两个条件相同的地区，一个地区投入广告而另一地区不投入广告，然后比较销售变化。它是市场试验法的特殊做法。

4）媒体组合比较法。实际在广告投放策略中，比较多的采用媒体组合的策略，可以，通过不同地区媒体不同组合带来的销售效果进行比较，分析广告费用与销售效果之间的关系等方面。

5）分割接触法。利用机械的印刷方法，在同一期报纸（或杂志）上发布两种不同的广告，或者是部分报纸（或杂志）刊登广告，部分报纸（或杂志）不刊登广告进行销售变化比较。此种方法目前在现实中采用不多。

（2）历史法。这是直接利用刊登广告前后销售情况的变化，加以定性分析评价的方法。如通过广告后，广告商品的库存水平大大减少的变化、订单的增加得出广告销售效果不错的结论。

总的来说，定性测定的方法简单实用，在广告销售效果测定中是不可或缺的方法，要和定量测定的方法结合起来运用。

2. 广告经济效果的定量测定方法

用数量结果来放映广告效果，将更为客观直观。具体是通过计算一些指标来放映广告的经济效果。

（1）广告销售效果的测定常用指标。方法主要是通过计算广告费用和销售额的相关比率指标来反应销售效果。

1）单位广告费用销售（或利润）增加额比率，也称为广告效益法，计算公式为

$$R=（S_2-S_1）/P\times 100\%$$

式中，R 代表比率；S_2 代表本期广告实施后的销售额（利润额）；S_1 代表本期广告实施前（上期）的销售额（或利润额）；P 代表本期投入的广告费。

一般来说，R 越大，广告效果越好；R 越小，广告效果越差。这种方法比较简单易行。

2）广告费比率，计算公式为

$$AC=P/S\times 100\%$$

式中，AC 代表广告费比率；P 代表本期投入的广告费；S 代表本期的销售量（销售额或利润额）。AC 的实质含义是指每销售单位产品所支出的广告费用。一般来说，广告费比率越小广告的经济效果越好；广告费比率越大广告的经济效果越差。

3）单位广告费用销售率。广告费比率还可以进行变化计算运用。

单位广告费用销售率 = 本期广告后销售额 / 本期广告费 ×100%

单位广告费用销售率的实质含义与广告费比率刚好相反过来，是指每单位广告费用所产出的产品销售。一般来说，广告费用销售率越小广告的经济效果越差；广告费比率越小广告的经济效果越好。

4）广告效果比率，计算公式为

$$E = (\Delta S/S)/(\Delta P/P) \times 100\%$$

式中，E 代表广告效果比率，ΔS 代表广告产品销售增加量（销售额或利润额），S 代表原来的销售量（销售额或利润额）；ΔP 代表广告费用增加额；P 代表原来的广告费用投入额。一般来说，广告效果比率越大广告的经济效果越好，广告效果比率越小广告的经济效果越差。

下面举一例，说明以上四项指标的计算。某企业 2016 年广告费投入为 100 万元，当年商品销售额为 1 000 万元；2017 年广告费投入为 200 万元，当年商品销售额为 4 000 万元，已知两年的平均销售利润率均为 15%，求反映广告效果的指标。

答：（1）单位广告费用销售（或利润）增加额比率

$$R = (S_2 - S_1)/P \times 100\% = (4\,000 - 1\,000) \div 200 = 10$$

（2）广告销售费用比率 $= P/S \times 100\%$ = 广告费用 / 销售额 $\times 100\% = 200 \div 4\,000 \times 100\% = 5\%$

（3）单位广告费用销售率 $= S/P \times 100\% = 4\,000 \div 200 \times 100\% = 2\,000\%$

（4）广告效果比率 $E = (\Delta S/S)/(\Delta P/P) \times 100\% = [(4\,000 - 1\,000) \div 1\,000] \div [(200 - 100) \div 100] \times 100\% = 300\%$

通过这四项指标，能比较清晰说明，多投入了广告，就能促进商品销售较快的增长，广告效果还是明显的。但是如何除去广告以外的其他因素致使销售量（额）增加的部分，却相当困难，所以，还是应当客观加以分析反映。

3. AEI 指标

AEI（advertising effectiveness index）称为广告效果指数。计算 AEI 的方法也称为小组比较法。具体方法是将一大组同性质的被检测者分为两个小组，一组是看过了广告，另一组是没有看过广告，两组人数可以是相等也可以是不相等的。然后统计各组情况，形成 4 种类型的情况，即"看过广告后买了商品""看过广告后没买商品""没有看过广告买了商品""没有看过广告也没买商品"。分别用 a，c，b，d 来代表各个类别。并用 n 代表被调研的总人数（两个组人数之和）。那么，表 10-3 就可以来反映。

表 10-3 AEI 指标

	看过广告的人数	没看过广告的人数	合计
购买了商品的人数	a	b	$a+b$
没有购买商品的人数	c	d	$b+d$
合计	$a+c$	$b+d$	n

形成有数量 b 的被检测者没有看过广告也购买了商品，说明市场还有除了广告以外的其他因素在发生作用，这部分的人的比例大致达到了 $b/(b+d)$，所以，要从“看过广告后买了商品”的人中，减去因广告以外因素影响而购买商品的人(不看广告也会买)，具体可以按照 $(a+c)\times[b/(b+d)]$ 计算。

这一计算是什么意思呢？这里，可以假设两组人数是相等的情况，就基本能领会其意思了。就按两组人数相等，则 $(a+c)=(b+d)$; $n=2(a+c)=2\times(b+d)=(a+c)+(b+d)$。由于 $(a+c)=(b+d)$，所以，$(a+c)\times[b/(b+d)]$ 本质结果就是 b。那么，用 $a-b$ 的结果就是大致反映“看过广告后买了商品”的人剔除“没有看广告也会买商品”的人，真正受广告影响而购买的人了。

这样，AEI 的计算，就可以按照下面的公式口径来进行。

$$AEI=1/n\times[a-(a+c)\times b/(b+d)]\times 100\%$$

下面举两个例子来说明公式的计算运用。

例如，恒大为了促进恒大冰泉的销售，投入了一次比较大规模的广告运动，广告后调研广告的销售效果情况，得到资料如表 10-4 所示，计算 AEI 指数反映效果。

表 10-4 恒大冰泉广告运动效果调研资料

	看过广告的人数	没看过广告的人数	合计
购买了商品的人数	280	100	380
没有购买商品的人数	120	300	420
合计	400	400	800

首先来验算一下 $(a+c)\times b/(b+d)$，因为调研的两组人的人数是一样的，都是 400 人，所以结果是 b，100 人。那 $a-(a+c)\times b/(b+d)$ 就是 $a-b$，本利就是 180。具体来计算 AEI。

$$\begin{aligned}AEI&=1/n\times[a-(a+c)\times b/(b+d)]\times 100\%\\&=1/800\times[280-(280+120)\times 100\div(100+300)]\times 100\%=22.5\%\end{aligned}$$

再举一例，科沃特为了促进商品销售，进行了一次有规模广告运动后，调研广告的销售效果情况，得到资料如表 10-5 所示，计算 AEI 指数反映效果。

$$\begin{aligned}AEI&=1/n\times[a-(a+c)\times b/(b+d)]\times 100\%\\&=1/900\times[280-(400\times 118\div 500)]\times 100\%=20.62\%\end{aligned}$$

表 10-5 科沃特广告运动效果调研资料

	看过广告的人数	没看过广告的人数	合计
购买了商品的人数	280	118	398
没有购买商品的人数	120	382	502
合计	400	500	900

这里要说明的是，效果指数还是有一定的不足的，比如说进行前后广告运动的比较，就不是科学，因为广告效果具有累积性等特性。所以，应当客观科学地加以分析运用。

总的来说，定性测定广告经济效果是简单、常用且不可缺少的，而通过定量的方法测定广告的经济效果，将更为客观、直接，所以，应当尽量多采用定量多项指标并结合定性方法来进行测定评价广告效果。

/实施任务 3/ 结合具体广告项目设计广告经济效果测定方案

1. 任务的组织

（1）各小组先结合自己确立的项目进行讨论，各自拟订个人的方案，然后小组再进行讨论，确定出小组的最后方案。

（2）老师组织小组之间进行交流，由各小组结合实际项目设计的方案进行相互讨论和交流；老师负责说明和决策。

（3）学习小组将完善好的设计方案提交老师进行评定。

2. 任务实施的要求

（1）每位同学都要积极参与，发表自己的观点。

（2）设计的广告经济效果测定方案必须实际可行。

（3）必须用电子文件和纸质文件将最后结果上交老师。

任务 4 广告社会综合效果测定

10.4.1 对广告社会综合效果的认识

1. 广告社会综合效果的要义

广告不但是对广告商品的品牌、企业牌号的起到宣传作用，而且对整个社会的经济和社会文化等方面都能起到很大的促进作用，把广告对社会经济、社会文化等起到的促进作用称为广告社会综合效果。

2. 广告社会综合效果的内容

广告是社会经济活动中一项非常重要的活动内容。

（1）对沟通产销起着巨大的促进作用。许多的商品订货会广告、商品博览会的广告为厂家商家之间搭起了信息“桥梁”。

（2）对生产与消费起着巨大的促进作用。可以说，现在的企业不做广告是行不通的，有了广告可以成就企业的成功，这一点，可以借助当今在市场红红火火的企业一直在广告不断投入得到说明和印证，如 P&G、百事可乐、可口可乐等。而没有打广告，企业的产品没有在更大范围让人知道，企业的实力也彰显不了，实践证明是行不通的，如躲在“深闺”的一些农村的传统食品，就是如此。

而广告对当今人们的生活消费也是起到很大的作用，一些新技术含量的商品是广告告诉我们的，如 4K 电视，一些新的生活方式是广告“倡导”我们的；如旅游广告“世界这么大，让我们去看看”；要买到自己心目中的商品，查看广告、留意广告是现在的人的一种重要途径，如购买汽车、房子，都是广告帮了大忙的，等等。

（3）广告对整个社会经济会产生影响。一方面，广告商品的高速发展，会带动上游企业的发展，另一方面，也会带动同类企业的发展。如碧生源减肥茶、常润茶对整个行业起到很大的促进作用，当然也包括上游的企业的带动发展。

（4）广告又是一种社会意识的大众传播，所提倡的观念对社会文化观念会产生很大影响。这点，在广告主题创意策划中做了说明，这是广告人一定要注意的方面。如脑白金所做的广告，它宣传“收礼只收脑白金”的观点，广告所产生的经济效果是显著的，大大促进了脑白金的销售，促进了相关产业链的发展，又一定程度上影响了同类产品的销售，产生了一定的综合经济效益；但在社会效果上，它所宣传的观念却引起了较大的争议。有的消费者认为它在倡导一种社会“不良”风气，形成了一定负面的效果，但也是“见仁见智”的，由此可见，广告策划活动中还必须注重广告还具有这一综合的效果。

为了好掌握，把广告的社会综合效果具体概括为广告所产生的综合经济效益和广告的社会效果。前者指广告对社会的综合经济作用；后者主要指广告对社会文化方面发展所产生的有利的影响。

10.4.2 广告综合经济作用测定方法

广告综合经济作用主要指广告商品的畅销可以带动相关同类产品或非同类产品、相关产业的发展，可以对整个社会经济起到带动作用。它的测定相对比较困难，主要可以采用定性分析的方法加以描述和肯定。如根据产品生命周期的原理，广告中的新产品进入成长期就会有很多其他产业投资者进入，带动了整个产业发展。具体可以借助“二手资料调研法”，收集一些行业的包裹、统计资料来分析说明。

10.4.3 广告社会效果的测定方法

广告社会效果主要指广告刊登或播放以后，对社会文化方面造成的影响（包括负面的影响)。如形成好的或负面的生活消费观念、价值观念、文化观念等。广告好的社会效果应该体现在以下两个方面：一是有利于树立正确的消费观念。正确的消费观念是促进消费购买的重要因素，直接影响到消费者的消费行为。二是有利于培育良好的社会文化观念，包括树立正确的价值观念、社会伦理道德、风俗习惯、宗教信仰等意识，如重视教育、爱护环境、节约使用资源、遵守公共秩序、尊老爱幼、遵纪守法等。对社会大众的观念变化的评判，它的测定可以通过问卷调研方式收集资料来进行定性分析判断。

总的来说，广告社会综合效果测定不同于广告的诉求认知效果和经济效果测定，广告策划者无法用直接的数量指标来衡量这种影响，只能依靠定性的方法作判断为主。

/ 实施任务 4/ 结合具体广告项目设计广告综合效果测定方案

1. 任务的组织

（1）各小组先结合自己确立的项目进行讨论，各自拟订个人的方案，然后小组再进行讨论，确定出小组的最后方案。

（2）老师组织小组之间进行交流，由各小组结合实际项目设计的方案进行相互讨论和交流；老师负责说明和决策。

（3）学习小组将完善好的设计方案提交老师进行评定。

2. 任务实施的要求

（1）每位同学都要积极参与，发表自己的观点。

（2）策划的广告综合效果测定方案必须切实可行。

（3）必须用电子文件和纸质文件将最后结果上交老师。

‖ 学习指导 ‖

1. 学习建议

本项目是广告策划活动的最后一环。广告效果作为广告策划活动的成果，是广告公司、广告主最为关心的方面，需要借助科学的方式方法把它测定和反映出来。整个学习应当明确线条，是围绕三大效果来展开的，即广告心理沟通效果、经济效果、社会综合效果。对于广告心理沟通效果，可以采用事前、适中和事后测定，内容非常丰富，应作为重点掌握好；对于经济效果，可以通过定性和定量方法进行测定，定量方法有包括了多项的指标，应当熟悉这些指标的运用，特别是 AEI 指标。社会综合效果主要是广告对社会经济的促进作用和对社会文化等方面的促进作用，实际例子很多，可以多结合实际例子去领会把握。

2. 学习的重点与难点

学习重点：广告心理沟通效果测定

学习难点：AEI 指标

3. 核心概念

广告效果测定 广告心理沟通效果 AEI 广告社会综合效果

‖ 课后思考与练习 ‖

1. 单项选择题

（1）杂志的选择性和报纸相比是（ ）。

A. 稍弱一点 B. 强一点 C. 弱一点 D. 一样的

（2）一般来说报纸的覆盖面要比广播（ ）。

A. 广 B. 窄 C. 多 D. 少

（3）促销广告适合采用的媒体是（ ）。

A. 候车亭 B. 霓虹灯 C. 杂志 D. 报纸

（4）到达率高一般情况下（ ）会比较高。

A. 毛评点 B. 收视率 C. 暴露频次 D. 视听众暴露度

（5）收视率高一般情况下（ ）也会比较高。

A. 暴露频次 B. 毛评点 C. 视听众占有率 D. 视听众暴露度

2. 判断题

（1）媒体的运用越多效果会越好。（ ）

（2）媒体组合是不固定可变的。（ ）

（3）视听众暴露度高表明看得观众看过的次数比较多。（ ）

（4）媒体是会不断发展和更迭的。（ ）

（5）差别市场广告策略是针对市场做不同主题的广告。（ ）

（6）广告媒体选择应当考虑竞争对手的情况。（ ）

3. 问答题

（1）简要说明报纸和电视媒体的特性。

（2）简要说明广告媒体评价的数量指标。

（3）结合例子说明广告媒体选择的影响因素。

（4）结合例子说明广告投放策略。

4. 案例分析题

脑白金广告采用系列广告策略，利用一对木偶夫妇跳各种摩登和拉丁舞，表现喝了脑白金的年轻态。

[案例分析要求] 要求认真结合案例分析认识：如何开展脑白金的广告效果测定。

课后练习题答案

项目 1

1. 单项选择题 （1）A （2）B （3）D （4）D （5）A

3.（1）高端贵族水。（2）有，主要是利用脍炙人口的爱情故事，引发广告受众的注意和兴趣。（3）包括环境因素、高端水消费人群、百岁山矿泉水。

项目 2

1. 单项选择题 （1）C （2）C （3）A （4）D （5）B

2. 判断题（1）对 （2）对 （3）对 （4）错 （5）对

4.（1）假设目标市场是针对广东卫视所覆盖地区下，主要包括广东卫视所覆盖地区的环境、目标对象心理、竞争对手等方面；（2）环境因素主要是广东卫视覆盖地区、年轻人为目标对象、珠江纯生啤酒为广告信息主体。

项目 3

1. 单项选择题（1）B （2）A （3）C （4）D （5）D

2. 判断题（1）错 （2）错 （3）对 （4）错 （5）错

4.（1）观念定位，比附定位和情感定位；（2）一个方面可以结合市场状况，延续原有定位；如果市场发展到一定阶段，也可以考虑“高端生活场景定位”。

项目 4

1. 单项选择题（1）D （2）A （3）B （4）D （5）B

2. 判断题（1）错 （2）对 （3）对 （4）对 （5）对

4.（1）30 岁以上的相对大龄女生；（2）SK-Ⅱ应针对广告目标市场对象进行社会阶层心理、年龄阶层心理、性别阶层心理、社会群体心理等方面的分析。

项目 5

1. 单项选择题（1）B （2）D （3）D （4）C （5）B

2. 判断题（1）对 （2）对 （3）错 （4）对 （5）错

4.（1）百年的情缘、百年的滋润；（2）美好的爱情；（3）广告主题的唯一性、独特性原则、新颖性原则、目的性原则。

项目 6

1. 单项选择题（1）C （2）D （3）A （4）D （5）A

2. 判断题（1）错 （2）错 （3）对 （4）错 （5）错

4.（1）以不在状态会惹女友不高兴为主要创意源；（2）可以结合戏剧性学说、USP 理论分析说明。

项目 7

1. 单项选择题（1）D （2）D （3）B （4）C （5）D

4.（1）可以用“形象思维”，想象到“纯真的笑脸”、清纯的山泉、纯洁的友情等；（2）可以结合顺向思维，策划一则“纯洁之花”为主题，广告展现的是一对恋人许诺相互关爱、相守支持，同时有“怡宝”的左右相伴。

项目 8

1. 单项选择题（1）C （2）C （3）D （4）A （5）B

3.（1）以情动人原则；（2）可以利用“意境法”，利用纯净的山水画面表现怡宝的“纯净”。

项目 9

1. 单项选择题（1）B （2）A （3）D （4）B （5）C

2. 判断题（1）错 （2）错 （3）错 （4）对 （5）对 （6）对

4.（1）冠名超高人气的现象级综艺《奔跑吧兄弟》；“安慕希美食”活动（2）IMC 策略。

项目 10

1. 单项选择题（1）B （2）A （3）D （4）B （5）C

2. 判断题（1）错 （2）对 （3）错 （4）错 （5）对 （6）对

4. 应通过广告诉求认知效果、经济效果和社会综合效果进行认真测定。

参考文献

[1] 周鸿铎．广告策划 [M]．北京：中国财政经济出版社，2000．
[2] 潘哲初．现代广告策划 [M]．上海：复旦大学出版社，1999．
[3] 严学军，汪涛．广告策划与管理 [M]．北京：高等教育出版社，2001．
[4] 赵兴元，金立其，刘红．广告原理与实务 [M]．3 版．大连：东北财经大学出版社，2006．
[5] 傅汉章，邝铁军．广告学 [M]．广东：广东高等教育出版社，1997．
[6] 樊志育．广告学原理 [M]．上海：上海人民出版社，2003．
[7] 崔晓林．现代广告原理与实务 [M]．青岛：青岛出版社，2001．
[8] 丁俊杰．广告学导论 [M]．长沙：中南大学出版社，2003．

普通高等院校
经济管理类应用型规划教材

课程名称	书号	书名、作者及出版时间	定价
商务策划管理	978-7-111-34375-2	商务策划原理与实践（强海涛）（2011年）	34
管理学	978-7-111-35694-3	现代管理学（蒋国平）（2011年）	34
管理沟通	978-7-111-35242-6	管理沟通（刘晖）（2011年）	27
管理沟通	978-7-111-47354-1	管理沟通（王凌峰）（2014年）	30
职业规划	978-7-111-42813-8	大学生体验式生涯管理（陆丹）（2013年）	35
职业规划	978-7-111-40191-9	大学生职业生涯规划与学业指导（王哲）（2012年）	35
心理健康教育	978-7-111-39606-2	现代大学生心理健康教育（王哲）（2012年）	29
概率论和数理统计	978-7-111-26974-8	应用概率统计（彭美云）（2009年）	27
概率论和数理统计	978-7-111-28975-3	应用概率统计学习指导与习题选解（彭美云）（2009年）	18
大学生礼仪	即将出版	商务礼仪实务教程（刘砺）（2015年）	30
国际贸易英文函电	978-7-111-35441-3	国际商务函电双语教程（董金铃）（2011年）	28
国际贸易实习	978-7-111-36269-2	国际贸易实习教程（宋新刚）（2011年）	28
国际贸易实务	978-7-111-37322-3	国际贸易实务（陈启虎）（2012年）	32
国际贸易实务	978-7-111-42495-6	国际贸易实务（孟海樱）（2013年）	35
国际贸易理论与实务	978-7-111-49351-8	国际贸易理论与实务（第2版）（孙勤）（2015年）	35
国际贸易理论与实务	978-7-111-33778-2	国际贸易理论与实务（吕靖烨）（2011年）	29
国际金融理论与实务	978-7-111-39168-5	国际金融理论与实务（缪玉林 朱旭强）（2012年）	32
会计学	978-7-111-31728-9	会计学（李立新）（2010年）	36
会计学	978-7-111-42996-8	基础会计学（张献英）（2013年）	35
金融学（货币银行学）	978-7-111-38159-4	金融学（陈伟鸿）（2012年）	35
金融学（货币银行学）	978-7-111-49566-6	金融学（第2版）（董金玲）（2015年）	35
金融学（货币银行学）	978-7-111-30153-0	金融学（精品课）（董金玲）（2010年）	30
个人理财	978-7-111-47911-6	个人理财（李燕）（2014年）	39
西方经济学学习指导	978-7-111 41637-1	西方经济学概论学习指南与习题册（刘平）（2013年）	22
西方经济学（微观）	978-7-111-48165-2	微观经济学（刘平）（2014年）	25
西方经济学（微观）	978-7-111-39441-9	微观经济学（王文寅）（2012年）	32
西方经济学（宏观）	978-7-111-43987-5	宏观经济学（葛敏）（2013年）	29
西方经济学（宏观）	978-7-111-43294-4	宏观经济学（刘平）（2013年）	25
西方经济学（宏观）	978-7-111-42949-4	宏观经济学（王文寅）（2013年）	35
西方经济学	978-7-111-40480-4	西方经济学概论（刘平）（2012年）	35
统计学	978-7-111-48630-5	统计学（第2版）（张兆丰）（2014年）	35
统计学	978-7-111-45966-8	统计学原理（宫春子）（2014年）	35
经济法	978-7-111-47546-0	经济法（第2版）（葛恒云）（2014年）	35
计量经济学	978-7-111-42076-7	计量经济学基础（ 张兆丰 ）（2013年）	35
财经应用文写作	978-7-111-42715-5	财经应用文写作（刘常宝）（2013年）	30
市场营销学（营销管理）	978-7-111-46806-6	市场营销学（李海廷）（2014年）	35
市场营销学（营销管理）	978-7-111-48755-5	市场营销学（肖志雄）（2015年）	35
公共关系学	978-7-111-39032-9	公共关系理论与实务（刘晖）（2012年）	25
公共关系学	978-7-111-47017-5	公共关系学（管玉梅）（2014年）	30
管理信息系统	978-7-111-42974-6	管理信息系统（李少颖）（2013年）	30
管理信息系统	978-7-111-38400-7	管理信息系统：理论与实训（袁红清）（2012年）	35